일본사상이야기 40

이 책은 長尾剛의 『日本がわかる思想入門』(新潮社, 2000)을 완역한 것입니다.

일본사상총서 4

일본사상이야기 40
Forty Stories on Japanese Thought

지은이   나가오 다케시(長尾剛)
옮긴이   박규태
펴낸이   오정혜
펴낸곳   예문서원

편 집   허경희 · 명지연 · 김효경
인 쇄   상지사
제 책   상지사

초판 1쇄   2002년 5월 10일
초판 2쇄   2004년 12월 15일

주   소   서울시 동대문구 용두2동 764-1 송현빌딩 302호
출판등록   1993. 1. 7 제5-343호
전화번호   925-5913~4 · 929-2284 / 팩시밀리 929-2285
Homepage http://www.yemoon.com
E-mail   yemoonsw@unitel.co.kr

ISBN 89-7646-154-1   03150

YEMOONSEOWON 764-1 Yongdu 2-Dong, Dongdaemun-Gu Seoul KOREA 130-824
Tel) 02-925-5914, 02-929-2284 Fax) 02-929-2285

값 9,500원

일본사상총서 4

일본사상이야기 40

나가오 다케시(長尾剛) 지음/ 박규태 옮김

예문서원

한국의 독자들에게

　　예전에 한국은 일본에게 형님 같은 나라였고, 아우인 일본은 한국으로부터 많은 문화를 배웠습니다. 그러다가 663년에 일본은 형을 돕기 위해 대선단을 보낸 적이 있습니다. 이것이 바로 '백촌강白村江의 전투'(660년 나·당 연합군에 의해 백제를 지원하는 일본 선단이 대패한 전투. 『일본서기』에 나오는 이 백촌강이 현재의 백마강이라는 설이 있으나 분명치는 않다*)라 불리는 전쟁이었습니다. 그 때 일본은 형을 돕고자 분투했습니다. 그러나 그 싸움에서 패한 후, 형제 사이는 언제부터인가 소원해지고 말았습니다.

　　16세기말 일본의 지배자였던 도요토미 히데요시는 그 형님 나라를 침략하려 했고, 그리하여 일본의 무사들이 형님 나라를 습격했습니다. 히데요시는 농민의 신분에서 일약 일본의 최고 지배자까지 올라 간 자수성가형의 대단한 노력가입니다. 이 점에서 일본인들은 지금도 히데요시를 아주 좋아합니다. 하지만 오늘날 일본인들은 그가 저지른 침략 전쟁은 옳지 못한 것이었다고 반성하고 있습니다.

　　그런데 20세기에 일본은 다시금 형님 나라를 침략했습니다. 그리고 히데요시의 시대보다 더 잔혹한 짓을 자행했습니다. 그 때 일본은 "나는 형보다 더 강해졌다. 따라서 형보다 위대하다"고 생각했던 듯싶습니다. 일본인은 폭력적인 강함과 진정한 위대함을 혼동했던 것입니다. 그것은 참으로 어리석은 오류였습니다. 현대 일본인들은 이런 크나큰 오류에 대해 깊이 반성하고 있습니다.

일본은 이처럼 많은 과실을 범했습니다. 그러나 그런 과실들을 반성하면서 이제는 한국과 일본간의 우호를 이루고자 원하고 있습니다. 물론 일본은 성장했습니다. 그리고 일본에서는 흔히 '장성한 형제는 서로 동격의 친구처럼 교류하면서 서로를 돕는 법'이라고 여깁니다. 때문에 한국에 대해서도 이제는 형제라기보다는 친구로서 깊은 우정을 맺고 싶어하는 거지요. 아무쪼록 이런 일본인들의 마음을 이해해 주시기를 바라마지 않습니다.

한국에는 위대한 역사와 사상이 있습니다. 마찬가지로 일본에도 일본의 역사와 사상이 있습니다. 일본인들은 대체로 자국의 역사를 좋아합니다. 물론 한국과 중국에 대해 잘못을 저지른 역사에 관해서는 부끄러움을 느끼며 반성하고 있습니다. 하지만 그 밖의 일본 역사에 관해서는 단순히 외국을 흉내내 온 것이 아니라 애써 우리의 것을 창출해 온 것이라 하여 자랑스럽게 여기고 있습니다. 그런 만큼 오늘날의 한국인들에게도 일본의 역사와 사상을 있는 그대로 이해 받았으면 합니다. 일본인의 사상은 야만적이지 않습니다. 일본인은 일본인 나름대로 예로부터 삶의 의미와 인간 세계의 이상을 사색해 왔습니다. 일본인들의 그와 같은 지적 노력을 한국인들이 알아주었으면 하는 것입니다.

올해는 한국과 일본이 공동으로 주최하는 월드컵이 열립니다. 한일간의 새롭고 아름다운 관계가 시작되는 해입니다. 이런 때 일본인의 사상을 정리한 이 책이 한국에서 출판된다는 사실은 제게 작지 않은 의미로 다가섭니다. 현대 일본인의 겉모습만 보는 것으로는 다 이해하기 힘든 일본의 전통사상에 대해 좀더 잘 한국인들에게 알릴 수 있는 기회라고 여겨지기 때문입니다. 또한 이제부터의 한일간 우호관계에 이 책이 조금이나마 도움이 될지도 모른다고 기대하기 때문이기도 합니다.

일본인 중에서도 젊은 세대는 일본의 역사와 사상에 대해 잘 알지 못합니다. 저는 이 점을 부끄럽게 생각합니다. 그래서 저는 지금부터라도 일본의 젊은이들에게 일본의 역사와 사상을 알려 주어야겠다고 다짐하고 있습니다. 그 때 한국의 여러분들에게 도움을 받아야 할 일이 있을지도 모르겠습니다. 그럴 수만 있다면 저는 한국을 진심으로 존경하게 될 겁니다. 아우로서가 아닌 가장 사랑하는 벗으로서 말입니다.

2002년 4월
나가오 다케시(長尾剛)

독특한 유혹으로서의 일본 사상

사람이 어떠해야 하는지, 세계의 본질은 무엇인지, 그리고 생명의 의의는 어디에 있는지 등의 문제에 관해 사색하고 분석하고 논리화하는 지적 작업의 산물을 우리는 '사상' 혹은 '철학'이라고 부른다. 그렇다면 이와 같은 사상이나 철학을 배우고 안다는 것은 과연 어떤 의미가 있는 것일까? 그것은 사람이 사람답게 산다는 것 즉 사람다운 정신에서 지적인 기쁨과 충족감을 얻는다는 것을 뜻한다. 그래서 그것은 인간의 참된 행복이 되지 않으면 안 된다. 우리는 그런 사상이나 철학을 우리 앞에 멋지게 펼쳐 보여 주는 이들을 '사상가' 혹은 '철학자'라 하여 친근감과 경의를 표하여 부르고 있다.

그런데 우리가 사상가나 철학자들을 생각할 때 먼저 떠오르는 이미지는 눈이 푹 들어가고 수염이 텁수룩한 남자의 얼굴이다. 예컨대 소크라테스, 플라톤, 에피쿠로스, 제논 등 우리에게 전해져 내려오는 고대 그리스 철학자들의 초상은 하나같이 이러한 이미지에 꼭 들어맞는다. 오늘날 일본인들은 사상이나 철학 하면 으레 고대 그리스에서 시작하여 그 후 유럽 지역에서 발달된 것이라고만 생각하는 경향이 있다. 말하자면 스콜라 철학, 르네상스, 영국 경험론, 사회계약사상, 프랑스 계몽사상, 독일 관념론, 실존주의, 사회주의 등 인류의 사상과 철학은 바다 건너 저편의 유럽 지역에서 역동적으로 발전해 왔고, 일본인들은 그것을 차츰차츰 받아들인 덕택으로 자신들의 정신적 요구를 충족시켜 왔다고 생각하는 것이다. 대부분의 현대 일본인들은 사상이나 철학에 대해 이러한 관점을 가지고 있는 것이 사실이다.

실제로 '문화인'들 중에서도 "일본인에게는 사상이 없다", "일본인은 인생의 지침을 가지고 있지 않다"는 식의 자조적이고 무책임한 말을 내뱉는 이들이 많이 있다. 이들은 상을 찌푸리면서 현대 일본인의 정신적 고갈과 황폐는 일본인 스스로 확고한 사상을 만들어 내지 못한 결과 때문이라고 말한다. 그럴 듯하게 들리는 주장이지만 이런 주장은 거짓이거나 오해에 불과하다.

과거 일본인들이 키워 온 '일본인의 지성'은 생각하듯이 그렇게 미약한 것은 아니었다. 일본인들은 그들 나름대로 끊임없이 인간 세상의 본질을 탐구하고 인생의 의의를 추구했다. 이러한 노력으로 축적해 온 일본의 지적 산물은 유럽 철학과 비교해 볼 때 분명 이질적 성격을 지니고 있지만, 그 가치만큼은 결코 유럽 철학에 뒤떨어지지 않는다. 그 지적 산물은 '일본 사상이라는 크나큰 독창성의 산물'로서 오늘날까지도 그 빛을 잃지 않고 있다.

하지만 오늘날 일본인들은 그 독창적인 사상과 철학을 거의 망각해 버린 듯이 보인다. 왜 그렇게 되었을까? 이는 일찍이 메이지유신 및 태평양전쟁의 종결이라는 역사의 큰 전환점에서 '버려야만 한다'는 강박관념으로 버리지 않아도 좋을 것까지 다 내다버렸기 때문이다. 그리고 그렇게 버린 것 중에 '지적 노력의 결실'인 일본 사상이 포함되어 있었기 때문이다. 그렇게 다 내다버리고 나서 "일본인에게는 사상이 없다"고 한탄하는 것은 매우 한심한 일이다. 그래서 일본인의 사상을 다시 캐내고 싶은 것이다. 일본 사상이라는 일본인 특유의 지성을 재구성함으로써 조금이나마 현대 일본인의 정신 세계에 도움이 되었으면 하는 것이다.

이 책은 이와 같은 필자의 오랜 소망을 관심 있게 보아 준 신조사 'OH! 문고' 편집부의 기획에 따라 새롭게 집필한 것이다. 이 책에는 역대 일본 사상의 풍부한 내용을 특별히 40가지 항목으로 모았으며, 일본의 사상가들과 관련된 에피소드를 포함하여 그것을 고대에서 중세 및 근세와 근대에 이르기까지 시대별로 구성해 보았다. 이 책은 독자 여러분들과 일본 사상 특유의 뛰어남과 즐거움과 재미를 공유하고 싶은 마음에서 쓰여진 것이다. 그러니까 이 책은 그렇게 아카데믹한 논문은 아니다. 그러니 그저 가벼운 마음으로 읽어 주었으면 한다. 이른바 '지금까지 인류의 사상과 철학의 모든 것'이라고 생각해 왔던 유럽 철학에 뒤떨어지지 않는 지적인 즐거움을 이 책에서 발견할 수 있었으면 하는 것이 필자의 유일한 바람이다.

따라서 본문 중에 인용된 문헌들은 일부러 모두 현대어로 의역을 했다. 고대에서 근세까지의 원전은 대개 한문이어서, 그것을 일본어로 고쳐 쓴 문장이든 혹은 그것을 직접 현대어로 번역한 것이든 일반인으로서는 그 문맥과 의미를 이해하기가 상당히 어렵기 때문이다. 또한 근대의 원전도 대개는 고전문학풍의 문어체로 쓰여져 있어서 읽기가 쉽지 않으므로 대담하게 의 역해 보았다. 원전이 말하고자 하는 바가 어느 정도 전달될 수 있도록 풀어 놓았다는 자부심을 가지고 있으나, 관심 있으신 독자 여러분은 후에 원전을 직접 찾아보시기를 바란다(원전 구절 중에서 특히 중요하다고 생각되는 경우는 예외적으로 원문 표현 그대로 본문 중에 인용하기도 했다. 뿐만 아니라 한문 그대로 표기한 경우도 있다).

나아가 중요한 인명이나 책명 및 핵심적인 구절은 작은따옴표 등으로 표시하였다. 독자 여러분들은 그런 부분을 특히 유의하여 읽어 주시기를 바란다. 이와 더불어 이 책은 어디까지나 '40편의 독립된 글모음'으로 기획된 것이므로 처음부터 끝까지 순서대로 단숨에 읽어야 할 필요는 없다. 그저 목차를 보고 흥미를 느끼는 부분부터 마음내키는 대로 읽어도 그만인 것이다.

다른 신조사 'OH! 문고'본들도 마찬가지겠지만, 편집장 사쿠마(佐久間憲一) 씨의 다대한 노력과 이 책을 담당한 편집자 아키야마(秋山洋也) 씨의 성실하고 센스 있는 편집 작업 덕택에 이 책이 나올 수 있었음을 밝히면서 이 자리를 빌려 감사의 뜻을 표하고 싶다. 이제 독자 여러분들은 이 책을 통해 일본인들이 무엇을 생각하고 사유해 왔는지 그 단면을 들여다보기 바란다.

2000년 8월

나가오 다케시(長尾剛)

감추는 꽃과 보여 주는 꽃: 일본 사상의 두 얼굴

오랫동안 '사상이란 무엇일까'에 대해 생각해 왔다. 아마도 그건 단순한 생각이나 느낌의 나열 혹은 집적만으로 가능한 것이 아니라 폭과 깊이에서 잘 짜여진 어떤 사유체계를 가리키는 말일 것이다. 이 때 그 사유체계의 폭과 깊이를 결정짓는 두 가지 기준을 떠올려 보자. 첫 번째 기준은 그것이 보다 큰 체계를 전제로 하느냐 아니냐의 문제와 관련이 있다. 즉 어떤 사상이 고유하고 완벽하게 독창적인 자기만의 사상이라고 주장하는 것은 일종의 나르시즘인 경우가 많다. 사상은 물이 높은 곳에서 낮은 곳으로 흐르듯이 그렇게 끊임없이 흘러 대양으로 모인다. 흐르지 않는 사상에서는 어김없이 썩은 악취가 풍겨 나오게 마련이다. 그건 죽은 사상이다. 살아 있는 사상은 결코 자기 완결적인 것일 수 없다. 그것은 보다 큰 사유체계로부터 자양분을 흡수하여 부단한 자기 변모를 추구해 나갈 따름이며, 어떤 고정된 틀에 묶이기를 거부한다. 사상이란 것이 무언가를 변화시키는 힘을 지닌 것으로 말해질 수 있는 까닭이 바로 여기에 있다. 스스로의 변화 가능성에 문을 열지 않는 것은 비단 사상뿐만 아니라 다른 어떤 것도 사람이나 세상을 변화시킬 수 없다. 이런 의미에서 어떤 사상이 요청하는 보다 큰 체계 또한 기본적으로 유목적인 체계라고 이해해도 좋을 것이다. 요컨대 고정된 그 무엇이 아니라 끝없이 움직이는 점들의 집합을 우리는 사상이라고 부르고 싶은 것이다.

어떤 사상의 폭과 깊이를 결정짓는 두 번째 기준은 그것이 과연 꽃을 피

왔는가 하는 비유적인 물음과 관계가 있다. 일 년 내내 피어 있는 것은 결코 참된 꽃이 아니다. 한 번 피고 지지 않는다면 그런 건 기껏해야 종이꽃에 불과한 것이다. 사상도 마찬가지다. 사상의 꽃은 한 번 활짝 피고 난 후에 언젠가는 지고 말 운명에 있다. 그러나 한 번 피어난 사상의 꽃은 결코 그냥 사라지는 법이 없다. 무수한 꽃씨들이 지는 꽃잎과 함께 사람들의 마음밭에 떨어질 것이기 때문이다. 그리고 그 꽃씨 안에는 한 번 흐드러지게 피고 난 후에 질 수밖에 없는 꽃의 운명에 대한 성찰적 꿈들이 숨어 있다. 이런 의미에서 꽃이야말로 참으로 자기 성찰적인 메타포라고 할 수 있다. 사상은 바로 하나의 꽃이다. 우리가 거기에 어떤 이름을 붙이든 간에 그 이름의 수인이 되어 언어의 감옥에 갇히지 않는 그 무엇이 사상에 존재한다면, 그건 아마도 사상이 하나의 꽃이기 때문일 것이다. 이처럼 자기 성찰적 꽃씨를 품고 있는 사상을 우리는 탁월한 사상이라고 부르게 된다.

이 책은 일본 사상에 대한 책이다. 일본 사상의 폭과 깊이는 어디에 있는가. 일본의 전통 예능인 노(能)를 집대성한 인물로 '제아미'라는 사람이 있다. 그는 『풍자화전』이라는 노 이론서에서 이렇게 적고 있다. "감추는 꽃을 알아야 한다. 꽃은 감추기 때문에 비로소 꽃이다. 감추지 않고 모든 것을 다 보여 주는 것은 더 이상 꽃이 아니다. 이것이 꽃의 본질이다. 무릇 모든 예술에는 감추어진 것이 있어야 한다. 감추는 것이야말로 아름다움을 낳는 커다란 힘이다." 이 책의 저자는 여기서 뛰어난 유현미의 사상을 보고 있다. 저자에 의하면, 이 때의 유현미란 여정을 즐길 줄 아는 미의식을 가리킨다. 달리 말하자면, 그것은 '지금 눈앞에 있는 모습'의 아름다움만을 즐기는 것이 아니라, 거기에 '감추어져 있는 모습'의 의미와 아름다움을 상상하는 미적 태도와 다르지 않다. 혹 일본 사상의 밑바닥에 이런 미의식이 흐르고 있는 것은 아닐까? 일본의 사상가들은 모든 것을 다 보여 주기를 꺼리기나 하듯 어느 시점에 가면 슬그머니 자기를 감추기를 좋아한다. 그래서인가 일본인 스스로 일본 사상에는 형이상학적 깊이가 결여되어 있다고 자탄한 것인지도 모른다. 하지만 제아미의 '감추는 꽃'의 자리에서 볼 때, 일본 사상에서의 그와 같은 '부재'는 오히려 가장 일본적인 빛깔로 비쳐지게 된다. 그 일본적인 빛깔은 깊이보다는 폭으로 번져 가는 채색의 탁월성을 보여 준다. 요컨대 일본 사상에는 알파에서 오메가까지 온갖 것들이 다 들어가 있다는 말이다. 거기에는 가장 고고하고 은은한 것에서부터 가장 즉물적이고 피비린내 나는 것까지 함께 뒤섞여 있다.

이 때 이 책의 저자는 일본 사상에 있어 가장 고고한 한 쪽 극단을 보다 큰 체계(가령 중국 사상)와 대비시켜 들여다보는 한편, 가장 즉물적인 또 다른 극단에 대해서는 자기성찰적 시선을 놓치지 않고 있다. 달리 말하자면, 저자는 '감추는 꽃'으로서의 일본 사상과 '보여 주는 꽃'으로서의 일본 사상 모두를 이 한 권의 책 속에 담고자 한 듯싶다. 그렇다면 구체적으로 일본 사상의 어떤 측면이 '감추는 꽃'이며 혹은 '보여 주는 꽃'이란 말인가? 이런 물음을 하나의 화두로 붙들고 놓지 않으면서 이 책을 읽는다면 의외로 많은 것을 얻게 될 것으로 기대된다. 사실 필자가 과문한 탓도 있겠지만, 지금껏 이 책처럼 일본 사상의 두 얼굴을 간명하고도 날카롭게 보여 주는 책을 만난 적이 없었다.

필자는 이 책의 구석구석에서 일본 사상에 대한 저자 특유의 따뜻한 애정을 느낄 수 있었다. 그런 온기를 읽는 이가 함께할 수 있다는 것은 책읽기가 주는 하나의 축복임에 분명하다. 하지만 그런 애정 때문인지 저자는 가끔 읽는 이로 하여금 '일본 사상'을 하나의 고정된 실체인 양 착각하게 만드는 오류를 범하고 있는 듯이 보이기도 한다. 물론 이는 저자만의 오류는 아닐 것이다. 그것은 대부분의 사상사 연구자들이 '~사상'에 대해 말할 때마다 범하기 쉬운 오류이기 때문이다. 그러나 사상은 고정된 실체가 아니다. 일본 사상을 하나의 고정된 실체로 단정지어 버린다면 사상을 읽는 즐거움이 절반으로 줄어들 것이다. 요컨대 한국에는 한국만의 고유한 사상이 있고 일본에는 일본만의 고유한 사상이 있다는 식으로 생각하지 말자는 거다. 그런 생각은 하나의 정교한 픽션일 수도 있기 때문이다. 따라서 그보다는 한국에는 한국인 자신에 대한 자기성찰적 사상이 있고, 일본에는 일본인 자신에 대한 자기성찰적 사상이 있는 거라고 생각해 보자. 그렇게 될 때 우리는 일본 사상을 읽으면서 동시에 우리 자신을 읽을 수 있게 될 것이며, 나아가 인간 일반의 사유라는 거울을 통해 일본인의 사유를 읽는 일까지도 시도할 수 있게 될 것이다. 어쩌면 그런 자리에서 우리는 '감추는 꽃'과 '보여 주는 꽃' 모두가 나 자신의 문제이기도 하며, 그럼에도 불구하고 우리 모두에게는 아직 피워야 할 꽃이 많다는 사실을 새삼 확인하게 될지도 모르겠다.

2002년 늦은 봄, 라일락 꽃잎이 떨어진 날에

옮긴이 박규태

일본사상이야기 40 —— 차례

제1부 고대편

제2부 중세편

본문과 각주의 * 표시는 역자의 주이다.

제1부

고대편

1

'일본인의 마음'의 기원은 어디에 있는가

1. 일본인은 외래의 새로운 사상을 어떻게 받아들였는가

과거 일본인들은 도대체 무엇을 생각했을까? 어떤 인생관과 세계관을 품고 있었을까? 오늘날 남아 있는 일본 사상에 관련된 여러 가지 문헌들을 통해 일본인들의 사상을 차례차례 살펴보기로 하자. 우선 고대 일본의 이야기부터 시작하겠다.

주지하다시피 고대 일본인의 마음을 전해 주는 문헌으로는 역사서인 『고사기古事記』(712년)와 『일본서기日本書紀』(720년) 및 와카(和歌)집인 『만엽집万葉集』(8세기 후반) 등을 들 수 있다. 그런데 6세기경에 이미 '외래 사상'인 불교와 유교는 일본 사회에 깊숙이 침투해 있었다. 즉 위 문헌의 성립은 일본인들이 이미 외래 사상을 접한 이후의 일이었다는 것이다. 그것은 위 문헌들이 내용적으로 외래 사상의 영향을 받았다는 것을 의미하며, 이런 점에서 볼 때

위 문헌들은 엄밀히 말해 순수한 고대 일본의 사상을 보여 준다고 말하기는 어렵다.

하지만 일본인은 새로운 사상과 조우하더라도 거기에 완전히 함몰되지는 않는다. 이것은 일본 사상의 특징 가운데 하나이자 흥미로운 점이다. 즉 일본인은 낡은 사상에다 새로운 사상을 접목하여 이른바 사상의 재생을 추구해 왔다. 다시 말해, 일본인은 결코 이전 사상을 버리지 않은 것이다. 이런 특징으로 인해 위 문헌에는 불교나 유교와는 분명 이질적인 고대 일본인 특유의 사상도 많이 남아 있다. 바로 그 부분을 발굴하여 재구성함으로써 고대 일본 특유의 사상을 말할 수 있게 되는 것이다. 그럼으로써 우리는 고대 일본의 사상이 현대 일본인 안에도 흐르고 있다는 사실을 발견하게 된다.

2. 일본인의 전통적 죄의식이란 무엇인가

그러면 먼저 『고사기』 신화를 실마리 삼아 고대 일본인의 사상적 특징에 관해 확인해 보기로 하자. 일본인들은 통상 질 나쁜 사람을 붙잡아 비난할 때 '더러운 녀석'이라고 말하곤 한다. 즉 일본인에게 '나쁜 것'과 '더러운 것'은 동의어이다. 이는 고대 이래의 관념으로서, 여기에 일본인의 전통적 '죄의식'을 설명할 수 있는 관건이 있다. '더럽다'는 것은 정상적인 상태에 얼룩이 부착된 상태를 가리킨다. 그런데 당연한 말이지만 얼룩은 물로 씻어 내면 지워진다. 즉 '더러워진 상태'는 그것을 씻어 냄으로써 간단히 '원래의 상태'로 되돌아갈 수 있는 것이다. 너무나 당연한 이 이야기는 그대로 일본인의 죄악관을 설명해 주기도 한다. 일본인들이 생각하는 '죄'라든가 '악'이란 올바른 상태(선한 상태)에 '부착'되어 그 올바른 상태를 왜곡하는 요소에 지나지 않는다. 그러니까 이런 얼룩은 간단히 씻어 내기만 하면 얼마든지 정화될 수 있다. 따라서 일본인들은 '선한 상태'를 '더러운 상태'와 반대되는 '깨끗한 상태'로 표현한다.

또한 죄라든가 악을 '부착된 것'이라고 해석하는 것은 그것이 인간의 내면적 요소가 아니라 '외부로부터 오는 것'임을 뜻한다. 달리 말하자면, 인간에게 죄와 악이란 처음부터 존재하는 것이 아니다. 즉 일본인들은 '인간이란 근본적으로 죄 많은 존재'라는 식으로 생각하지 않는다. 이런 인간관의 근본에는 인간에 대한 관대한 신뢰감이 깔려 있는 것이다.

『고사기』에 나오는 신화는 이와 같은 일본인의 죄악관에 대해 잘 말해 준다. 일본 국토를 '낳았다'고 전하는 부부 창조신 이자나기와 이자나미의 이야기가 그것이다. 이 신화에서 아내 이자나미는 많은 신들을 낳고 끝으로 불의 신을 낳다가 화상을 입어 죽고 만다. 혼자 남겨진 남편 이자나기는 죽은 이자나미를 만나고자 사후세계(黃泉國)로 그녀를 찾아 나선다. 사후세계에서 이자나미를 만난 이자나기는 현세[1]로 돌아온 뒤, 살아 있으면서 사후세계에 간 죄를 씻어 내기 위해 흐르는 여울물에서 몸을 씻는다. 이런 행위는 이자나기에게 있어 죄란 '자기 책임'을 뜻하는 것이 아니라는 것을 의미하는 상징적 행위라고 할 수 있다. 씻어서 털어 낼 수 있듯이 죄란 '부착물'에 지나지 않는 것이다. 이처럼 '죄를 씻어

---

1) '葦原中國', '아시하라노나카쓰구니'라고 읽으며 일본을 나타내는 옛말.*

내어 깨끗하게 만드는 행위'를 일본 신도에서는 '미소기'라고 부른다. 이 '미소기'라는 말은 오늘날에도 흔히 들을 수 있는 말이다.

3. 고대 일본인의 세계관

이자나기가 '사후세계로 죽은 자를 만나러 갔다'는 이『고사기』이야기에서 엿볼 수 있듯이, 일본인은 '사후세계'라든가 '신들의 세계'와 같은 초현실적 세계를 현실세계와 매우 가까운 장소(즉 비교적 간단히 갈 수 있는 곳)로 인식하는 경향이 있다는 것이다. 고대 일본의 세계관은 세 영역으로 이루어져 있다. 그것은 현실세계인 '아시하라노나카쓰구니'(葦原中國), 신들의 세계인 '다카마가하라'(高天原), 그리고 사후세계인 '요미노구니'(黃泉國)이다. 여기서 '다카마가하라'는 하늘에 있는 세계로 인식되고, '요미노구니'는 어둡고 지저분한 세계로 인식된다. 하지만 이 세 개의 세계는 '공간적으로 연속되어 있다'고 여겨졌다.

오늘날에도 일본의 조상신앙에서는 신이 된 조상이 '오본'(盆, 추석날*)이면 자손들이 사는 집으로 온다고 믿고 있다. 이런 사고방식은 사후세계와 신들의 세계가 현실세계와 멀리 단절되어 있다고 생각하는 곳에서는 성립하기 어렵다. 이처럼 일본인들은 사후세계와 신들의 세계와 같은 신비의 세계를 '공간적으로 가깝게' 느낄 줄 아는 감성을 고대 이래 줄곧 가지고 있었다. 달리 말하자면, 이런 감성은 '초현실적 혹은 신비적 세계를 그다지 특별 취급하지 않는다'는 것을 의미한다. 이는 곧 현실 세계를 중시하는 감각으로서 '지금 여기에서 사는 것이 중요하다'는 발상이다. 이것은 '인생을 즐겨야만 한다'는 매우 낙천적인 인생관으로 이어짐과 동시에 '죽음과 신의 세계로 도망친다고 해서 만사가 해결되는 것은 아니기 때문에 철저히 현실세계에 살지 않으면 안 된다'는 미래 지향적이고 역동적인 발상과 결부되기도 한다.

이후 일본 사상은 불교와 유교 등의 다양한 사상을 받아들였다. 그러면서 더 나아가 귀족 및 사무라이 등 사회적 계층에 의해 사상의 세련화가 진행되었다. 하지만 이미 말한 바와 같이 어떤 경우든 그 근간에 '현세적 삶에의 에너지'가 잠복되어 있음을 잊지 않는다면 일본사상사를 좀더 잘 이해할 수 있을 것이다.

4. 고대 일본인의 사회관과 자연관

그런데 일본인이 '더럽다'고 생각한 것, 즉 '악'이라고 인식한 것은 어떤 것일까? 한 마디로 이것은 '제멋대로 행동하여 사회 전체의 조화를 어지럽히는 것'을 뜻한다. 일본인에게는 고대 이래 오래된 감각으로서 개인보다도 공동체의 질서를 소중히 여기는 경향이 있다. 그래서 일본인은 공동체에 대한 봉사를 위해서라면 자기 희생도 불사하려는 감각을 가지고 있다. 이런 경향은『고사기』의 신화적 세계관에도 강렬하게 반영되어 있다. 사실 일본의 신들은 사람들에게 제사받는 존재이면서 동시에 스스로 다른 신을 모시는 존재이기도 하다. 즉 일본에서는 모두에게 신앙되는 '유일하고 절대적인 신'이란 존재하지 않는다. 다시 말해, 세계는 어떤 단 하나의 '절대적 지고자'를 위해 존재하는 것이 아니라는 말이다. 그 대신 일본인은 신과 인간이 상호 의존적인 존재라고 생각했다. 이는 유일 절대신을 인정하는 유대교나 이슬람교 등의 세계종교와는 매우 대조적인 일본인의 사상적 특성이라고 말할 수 있다.

이와 같은 세계 인식은 비단 인간 사회뿐만 아니라 더 나아가 자연세계 전체에도 확대하여 파악될 수 있다. 가령 기독교에서는 '인간이 인간을 위해 이용하는 것'이라는 측면에서 자연의 의의성을 찾는다. 왜냐하면 자연이란 '유일 절대자인 신이 인간을 위해 창조해 준 것'이기 때문이다. 그러나 일본인에게는 '혼자서 자연을 창조한' 절대적이고 강력한 신이란 애당초부터 존재하지 않았다. 그보다 일본인은 '자연=천지'가 '처음부터 존재했던 것'이라고 이해한다. 그리하여 일본인은 신들과 자연이 동등할 뿐만 아니라 '신은 자연에서 태어난다'라고 생각하기까지 했다. 이 때 인간적인 신(인격신)과 자연(자연신)은 일종의 '혈연관계'로 간주된다. 즉 이 세계는 신과 자연과 인간이 서로서로 도우면서 성립된다는 것이다. 바로 그렇기 때문에 일본인은 고대로부터 자연 그 자체를 숭배해 왔던 것이다. 이런 일본인에게는 거대한 고목 한 그루라든가 이끼 낀 바위조차 훌륭한 신앙의 대상이 된다. 말하자면 자연 자체를 하나의 신으로 섬기는 것이다. 이처럼 인격신과 자연신을 양립시키는 태도야말로 고대 신도의 본래 정신이라 할 수 있다.

물론 자연은 인간에게 자애롭기만 한 것은 아니다. 자연은 인간에게 풍부한 열매를 수여해 줌과 동시에 때로는 태풍이나 지진 혹은 한발 등과 같은 무서운 재해를 초래하기도 한다. 그러나 일본인들은 그런 은혜와 재앙의 양면성 모두를 부정할 수 없는 자연의 참된 모습이라고 생각해 왔다. 일본인에게는 재앙을 초래하는 자연 역시 신이었다. 고대 일본인은 이런 신을 '날뛰는 신' 즉 '황신荒神'이라고 표현했다. 하지만 이 황신은 결코 악마처럼 '신과 대립된 존재'는 아니었다. 가령 『고사기』 신화에 보면, 거대한 뱀 야마타노오로치를 퇴치하는 유명한 이야기가 나오는데, 거기에서 영웅으로 묘사되는 스사노오는 원래 매우 난폭한 인격신이자 황신이다. 그런데 다른 한편으로 괴물 야마타노오로치 또한 이른바 자연신으로서의 황신이다. 요컨대 이 신화 이야기는 주역과 상대역 모두가 황신으로 설정된 상당히 흥미로운 구성을 보여 준다.

공동체와 자연에 대한 일본인들의 이와 같은 신뢰는, 일본열도가 가지고 있는 천혜의 자연환경 속에서 풍부한 자연의 혜택을 맘껏 누려 온 일본인들이 농경민족으로 성립되었다는 사실에서 비롯하는 것으로 보인다. 농경민족은 농업이라는 공동 작업을 함에 있어 공동체의 질서를 존중한다. 그리고 은혜를 베풀어 주는 자연을 존중하지 않을 수 없다. 이는 너무나 자연스러운 귀결일 것이다.

이상에서 『고사기』 신화를 실마리로 하여 고대 이래 전통적 일본인의 '죄에 대한 인식', '세계관', '사회관', 그리고 '자연관' 등에 관해 간단히 살펴보았다. 그렇다면 일본인들은 『고사기』의 시대 즉 고대 일본으로부터 오늘날에 이르기까지 천수백 년이 지나도록 그 기나긴 세월 속에서 무엇을 생각해 왔으며, 어떻게 생각해 왔을까? 이제부터 본격적으로 일본사상사로의 여행을 시작해 보자.

2

왜 '천황은 존귀하다'고 하는가

1. 『고사기』와 『일본서기』의 중요한 키워드 '천황'

8세기에 편찬된 역사서 『고사기』와 『일본서기』는 고대 일본인의 다양한 사상과 감성을 잘 보여 주는 자료로서 일본사상사에 있어 매우 중요하다. 일본사상사를 파악하는 데에 가장 중요한 키워드가 '천황'인데, 이 천황의 근본적 의의를 결정한 것이 바로 이 두 권의 책이기 때문이다. 다시 말해, 이 두 권의 책을 만든 저자들의 최대 목적은 '천황의 의의'를 설명하는 데에 있었다. 1장에서 『고사기』로부터 고대 일본인의 다양한 사상을 읽어 낼 수 있음을 시사한 바 있는데, 그것들은 『고사기』를 쓴 당대인의 눈으로 보자면 부연적 설명에 불과한 것일 수 있다. 그렇다면 『고사기』와 『일본서기』에서 말하는 본질적인 주제와 내용은 무엇이었을까?

먼저 이 책들의 주제는 공통적으로 '당시 천황가가 일본 정통의 지배자임을 증명'하기 위한 자료집이라는 성격을 가진다. 그리고 그 내용은 '역대 천황의 업적을 기술함으로써 천황가가 대대로 일본을 통치해 온 역사를 재확인하는 것'으로 이루어져 있다. 그런데 여기에서 말하는 천황이란 『고사기』의 경우는 33대 스이코(推古) 천황까지로 보고 있으며, 『일본서기』의 경우는 41대 지토(持統) 천황까지로 보고 있다.

또한 이 책들은 형태와 내용에서도 각기 상이한 특색을 지니고 있다. 예컨대 『고사기』는 역사서라기보다는 문학서로서 여러 가지 신화를 모아 놓은 책이라고 할 수 있다. 한편, 『일본서기』는 시대순으로 역사적 사실들을 추적하는 편년체 형식으로 되어 있으며, 그 내용 또한 중국이나 한국의 역사를 대비하면서 기술하는 등 국제적 감각에 있어서도 뛰어나다. 『일본서기』는 객관적 데이터가 풍부한 역사 자료인 것이다. 『일본서기』에 비하자면 『고사기』는 그다지 객관적이지 못한 것이 사실이다. 하지만 『고사기』는 철저하게 천황중심적으로 천황가의 위엄을 더욱 부각시키고 있다는 점에서 『일본서기』보다 좀더 자세히 천황의 의의를 살펴볼 수 있는 책이다.

2. 덴무 천황과 복고주의적 정치운동

『고사기』와 『일본서기』의 편찬 작업을 착수하게 한 인물은 40대 덴무(天武) 천황(?~686)이었지만, 그는 이 책들이 완성되기 전에 죽었다. 말하자면 그는 이 역사서들을 편찬하는 조정 내의 프로젝트 팀을 구성한 인물이었던 셈이다. 여기서 오해가 없도록 한 가지 첨언할 것이 있다. 즉 초대 진무(神武) 천황 이하 8대 천황까지는 순전히 가공의 천황이라는 점이다. 대략 10대 스진(崇神) 천황부터 역사적 인물일 것이라는 설이 있기는 하나 그것조차도 확증할 수는 없다. 어쨌거나 이 책들에 기술되어 있는 모든 내용이 다 역사적인 사실은 아니다.

덴무 천황은 '다이카개신'(大化改新, 645년)의 완성자로 일컬어진다. 다이카개신이란 당시 조정 내에서 실권을 장악하고 있던 소가(蘇我)를 그 반대파들이 몰아 낸 쿠데타였다. 그 후 조정은 호족들에 의한 토지사유제를 폐지하고 지방행정 조직을 확립하는 등 일본을 '천황가를 중심으로 한 중앙집권 국가'로 다시 태어나게 했다. 이 쿠데타의 주역은 38대 덴지(天智) 천황(626~671)이었고, 덴무 천황은 그 덴지 천황의 친동생이자 후계자였다. 이 정치 개혁은 각종 제도를 정비한 덴무 천황대에서 사실상 완결되었다. 당시 일본은 중국(수당 시대)으로부터 지대한 문화적 영향을 받고 있었다. 다이카개신이란 이념적으로는 그러한 국내 상황을 독자적 문화를 구축했던 옛날의 이상적 상황으로 되돌리고자 하던 이른바 '복고주의적 정치운동'이었다. 하지만 현실의 구체적인 대책은 당나라 제도를 수입함으로써 채워 나가는 것이 고작이었다.

그런데 이런 복고적인 정치운동의 방향성을 논리적으로 뒷받침하기 위해서는 이전의 '이상적 정치 상황'을 하나의 역사로서 확인할 필요가 있었다. 이를 위해 역사서의 편찬이 요청되었던 것이다. 요컨대 『고사기』와 『일본서기』의 편찬은 당시 국내외를 향한 일종의 선전용 사업이었으며, 동시에 다이카개신의 정치 이념을 구현하는 문화적 사업이기도 했다.

3. 천황가의 전통성을 부정한 쓰다 소키치

고대 일본인들은 여러 가지 자연을 신으로 숭배했으며, 또한 무수한 인격신(인간과 동일한 형태와 의식을 가진 신)을 상정하여 숭배했다. 그 결과 일본 신들의 숫자가 수도 없이 많아져 통상 '팔백만 신'이라고 불려지게 되었다. 『고사기』는 이 신들에 관해 대담한 해석을 가하고 있다. 즉 천황가의 조상은 '다카마가하라'의 통치자인 아마테라스(天照大神)[1]이며, 모든 신들은 그녀를 중심으로 계통적으로 체계화되어 있다는 것이다. 나아가 여러 일본 씨족의 조상신들이 이 계통에 편입됨으로써 결과적으로 일본인들은 모두 천황가의 계보에 속하게 되었다.[2]

그렇다면 여기서 문제가 생긴다. 『고사기』나 『일본서기』가 말하는 천황가의 정통성이란 과연 정치 선전을 위해 날조된 '확신범의 거짓말'이란 말인가? 아니면 이 책을 만든 인물이 어느 정도 천황가의 정통성을 진심으로 믿고 그렇게 쓴 것일까? 만일 전자가 사실이라고 한다면 이 두 권의 책은 역사서이기는커녕 '악의에 찬 거짓 이야기'가 되고 만다. 실제로 패전 후 한때는 이 두 권의 책에 대한 부정적 평가가 내려졌고, 역사적 자료로서의 가치를 전혀 인정하지 않는 연구자들도 적지 않았다. 물론 전전에도 "『고사기』와 『일본서기』는 성립 당시에 정치 선전의 의미가 있었기 때문에 쓰여진 내용이 백 퍼센트 사실은 결코 아니다"라고 객관적 분석을

---

1) 아마테라스는 여신이다.
2) 첨언하자면 아마테라스는 다카마가하라의 통괄자이기는 하지만, 그렇다고 해서 절대적 우위성을 가지는 유일신은 아니다. 『고사기』에는 그녀가 다른 신을 섬기기 위해 옷을 직조한다는 이야기가 나온다.

한 연구자가 있었다. 그는 바로 일본 역사학사상에 있어서 일류급 학자였던 쓰다 소키치(津田左右吉, 1873~1961)이다. 일찍이 쓰다는 쇼와(昭和) 전기에 그와 같은 연구를 당당히 발표하였다. 이로 인해 그는 당시 군부와 우익으로부터 많은 탄압을 받았기도 했다. 그러나 일본 패전 후에는 그 반대 급부로 역사학계에서 쓰다의 주장이 부각되어 높이 평가받았다. 이런 평가가 다소간 과장되어 일부에서는 『고사기』와 『일본서기』가 백 퍼센트 위서라는 주장이 나오기까지 했다.

그러나 이러한 주장은 극단에 치우친 견해라고 볼 수 있을 것이다. 이 두 권의 책은 역사서로서 신뢰하기 힘든 구석이 많은 것이 사실이다. 하지만 황당무계해 보이는 신화적 내용이라 할지라도 당대의 고대 일본인들은 진실로 그렇게 믿었는지도 모른다. 이런 맥락에서 『고사기』와 『일본서기』는 고대 일본인의 마음을 전해 주는 자료로서 사상사적인 가치가 있는 문헌이라고 말할 수 있다.

『고사기』와 『일본서기』는 그 편찬 배경에 있어 '일본을 지배하는 천황가의 정통성'을 강하게 주장하기 위해 만들어진 것이었다. 그러나 이 두 권의 책이 완성된 8세기 당시의 시대적 상황이 역사 저편으로 멀리 사라진 후대에 이르러서도 일본인들은 여전히 이 책들을 계승해 왔다. 이는 곧 『고사기』와 『일본서기』에 기술된 고대 일본인의 마음이 후세에까지 면면히 흘러내려 온 증거일 것이다. 뿐만 아니라 8세기의 특수한 정치 배경과 관계 없이 '천황은 존귀하다'는 『고사기』와 『일본서기』의 테제를 후대 일본인들이 보편적으로 자연스럽게 받아들인 증거라고 할 수 있다. 이를테면 천황에 대한 이와 같은 독특한 감각은 '사상의 유전자'와 같은 것일지도 모른다. 일본사상사를 추적해 나갈 때 기본적으로 이 점을 염두에 둘 필요가 있다.

3

일본 제1호 사상가는 누구일까

1. 쇼토쿠 태자의 천황중심주의

무릇 사상이란 사물을 궁구하고 논리화하는 데 뛰어난 사람이 그가 살았던 사회와 시대로부터 '인간 마음의 양태'를 포착하여 자신의 분석과 판단에 의해 그것을 언어로 집약한 것이다. 사람이 산다는 것의 의의, 세계의 올바른 존재 양태, 그런 것을 나름의 논리로 표현한 것이 곧 사상인 것이다. 그런 작업을 하는 인간을 우리는 사상가라고 부른다. 그렇다면 일본사에서 제1호 사상가는 누구일까? 이 물음에 대한 답은 쇼토쿠(聖德, 574~622) 태자가 될 것이다. 그는 31대 요메이(用明) 천황의 장남으로 태어났으며, 생전에는 우마야도(厩戸) 황자라고 불려졌다. 쇼토쿠 태자라는 이름은 사후에 붙여진 칭호이다.

33대 여제女帝 스이코(推古) 천황의 시대에 20세가 된 그는 천황

대신에 정치를 집행하는 섭정이 된 이래 약 30여 년간을 정치가로서 살았다. 그 기간에 그는 '일본 최초의 성문법인 「헌법 17조」'를 제정하는 등 내정과 외교 및 일본 불교 문화의 융성에 커다란 발자취를 남겼다. 그가 살았던 시대의 국내 정치 상황은 소가(蘇我) 세력이 천황가를 능가하고 있었으며, 호족간의 분쟁이 그칠 날이 없었다. 그는 이런 혼란 속에서 씨족 문벌 정치를 청산하고 뛰어난 재능을 가진 인물을 등용하는 개혁을 추진했다.1) 그가 지향한 것은 '천황가를 중심으로 한 중앙집권 국가'였으며, 그 토대가 되는 정치 이념은 '불교'였다.

2장에서 다룬 다이카개신은 쇼토쿠 태자의 섭정 시대 이후의 일인데, 그 다이카개신의 정치 개혁은 태자의 정치 이념과 근본적으로 크게 통하는 바가 있다. 말하자면 쇼토쿠 태자가 역사에 남긴 업적은 다분히 정치가적인 것이었다. 그러나 그는 정치적 수완을 발휘함에 있어 특유의 사상을 배경으로 삼아 그것을 탁월하게 활용할 줄 알았다. 이런 의미에서 그는 탁월한 사상가였다고 말할 수 있다. 게다가 쇼토쿠 태자는 매우 일본적인 사상가였다. 다시 말해, 그는 '일본 사상가의 개척자이자 원형'이었다고 평가될 만하다. 이제 쇼토쿠 태자의 사상적 특징에 대해 살펴보자.

첫째, 무엇보다도 먼저 쇼토쿠 태자는 '천황'이라는 요소를 사회적 정의의 중심에 놓고 생각했다. 둘째, 그는 '화(和)'를 사회의 궁극적인 목적으로 삼았다. 셋째, 그는 '불교'와 '유교'라는 양대 외래 사상을 받아들여 거기서 독자적인 사상을 주조해 냈다. 이 세 가지 특징은 모두 일본 사상 전체에 공통적으로 적용되는 중

---

1) 이런 개혁 시스템을 관위 12계 제도라 한다.

요한 포인트다. 이것들은 일본의 사상가들이 각각의 상이한 관점을 넘어서서 대면하지 않을 수 없는 일본 사상의 보편적 과제인 것이다.

2. 불교와 유교의 수용

말할 것도 없이 불교는 인도에서 발양된 종교 사상으로서 개조開祖는 석가족의 왕실에서 태어난 고타마 싯타르타이다.[2] 한편, 공자를 개조로 하는 유교는 중국을 대표하는 철학 체계로 현실적인 처세술과 도덕을 설하는 경향이 강하며, 불교에 비해 종교성은 약하다. 이와 같은 유교는 오랜 세월을 지나는 동안 다양한 해석이 생겨났고, 같은 유교의 틀에 속해 있다 해도 인간관과 세계관에서 각각 독자적인 견해를 전개하는 제파로 나뉘어졌다. 이 석가와 공자는 모두 기원전 5, 6세기의 인물이다.

일본에서는 쇼토쿠 태자 시대에 불교가 본격적으로 수입된 이래 일본인의 사상에 심대한 영향을 끼쳐 왔다. 불교가 가장 일본적인 변용을 겪으며 일본인의 정신에 큰 영향을 미친 것은 가마쿠라(鎌倉) 시대였다. 그 후 불교는 오늘날에 이르기까지 일본 사상 속에 계속 살아 숨쉬고 있다. 한편, 유교는 불교만큼 일본에 정착하지는 못했다. 유교가 일본 사상에 중요한 요소로서 본격적으로 도입된 것은 에도(江戸) 시대에 들어서서였다. 에도 시대 사상가들은 같은 유교라 해도 어떤 유파의 유교를 주로 받아들이는가에 따라 각각 사상적 개성을 달리 했다.

---

2) 본서에서는 그의 호칭을 '석가'라고 통일하겠다.

일본 유교에 관해서는 나중에 다시 상세히 살펴보기로 하고 이쯤에서 다시 쇼토쿠 태자 이야기로 되돌아가 보자. 쇼토쿠 태자에게 불교와 유교를 가르친 스승들은 당시 일본에 귀화한 외국인들이었다. 쇼토쿠 태자는 불교를 고구려 출신의 혜자慧慈에게 배웠으며, 유교는 박사 각가覺哿에게서 배웠다. 이 두 명의 스승은 말하자면 그의 정치 고문이기도 했다. 쇼토쿠 태자는 이 두 스승에게 얻은 정보를 통해 국제 감각을 익힐 수 있었기 때문이다.

3. 「헌법 17조」에 나타난 일본 사상의 원형

무엇보다 먼저 쇼토쿠 태자의 사상을 엿볼 수 있는 문헌으로는 「헌법 17조」를 들지 않을 수 없다. 이 「헌법 17조」는 오늘날과 같은 의미의 헌법이 아니라 호족과 관료에 대한 도덕적 훈계를 설한 것이다. 여기에는 내용적으로 유교와 불교의 영향이 두드러지게 나타나 있고, 불교와 유교의 용어가 많이 사용되고 있다. 그러면 그 구체적인 내용을 다음에서 살펴보자.

'화和'를 귀하게 생각하여 다투지 않을 것을 항상 마음에 새겨 두어라. 사람은 모두 도당을 지으려 들며 사물을 공평하게 보려는 자가 적다. 때문에 분쟁이 생기는 것이다. 하지만 윗사람이든 아랫사람이든 서로 마음을 온화하게 가지고자 애쓰고 화목하게 이야기를 나눌 수 있다면 올바른 도리가 저절로 통할 것이다. 그러면 어떤 문제라도 해결될 것이다.(제1조)

여기에서 우리는 쇼토쿠 태자의 '공동체에 대한 동조'라는 도덕관을 잘 엿볼 수 있다. 그는 '권력자에게 복종하라'고는 말하지 않는다. 그보다도 서로가 서로를 뒷받침하는 것이 중요함을 설하고 있다. 이와 같은 발상은 실로 일본적인 사회의식이라고 할 수 있다.

다음은 「헌법 17조」 '제10조'의 내용이다.

마음의 분노를 다스려 겉으로 튀어나오는 성마름을 버리고, 상대방의 오류에 대해 성을 내서는 안 된다. 사람은 모두가 자기 생각이 있고, 거기에 집착하게 마련이다. 자신이 옳다고 생각하면 상대방은 틀리다고 생각하게 된다. 그러나 자신이 항상 성인일 수 없고, 상대방이 항상 어리석은 것만도 아니다. 사람은 모두가 '범인凡人'이다. 옳으냐 그르냐는 어느 누구도 정할 수 없다. 그러니까 상대방이 화를 내면 오히려 내게 어떤 오류가 있지는 않은지를 생각해 보아야 한다. 또한 나만이 옳다고 생각되더라도 주변 사람들의 의견을 잘 듣고 보조를 맞추어 행동하도록 하라.(제10조)

자기와 타인의 의견이 서로 다른 경우 '어떤 한 쪽만이 옳은 것은 아니다'라고 말하는 쇼토쿠 태자의 상대주의적 사고방식의 근저에는 인도 불교의 유명한 승려인 용수龍樹(나가르주나, 150~250년경)의 가르침이 깔려 있다고 말해지기도 한다. 즉 쇼토쿠 태자는 '일본적인 사회관에다 불교 사상을 대입'시킴으로써 그것을 설득력 있는 사상으로 승화시켰다. 이와 같은 '사상 전개의 방법' 또한 일본 사상의 중요한 경향이며, 이 점에서도 그는 일본 사상가의 원형이라 할 수 있다.

한편, 「헌법 17조」에는 다음과 같은 내용도 나온다.

삼보三寶를 깊이 숭경하라. 삼보란 불佛·법法·승僧을 가리킨다. 이는 존재하는 모든 것이 귀의할 곳이며, 모든 나라의 근간이다. 어떤 시대도 어떤

장소의 사람도 이 불법을 존숭하지 않으면 안 된다.(제2조)

여기에서 쇼토쿠 태자는 불교를 '인류 보편적 선의 가르침'으로 해석하고 있다. 이 제2조의 내용을 위에서 언급한 제1조와 함께 들여다보면, 그는 불교를 사후의 문제라든가 관념적인 철학으로서가 아니라 '현실적인 도덕'으로서 일본인들에게 전하고자 했다는 것을 알 수 있다. 이밖에 제4조에 기술된 '예禮의 강조'라든가, 제9조에 나오는 '신의信義의 중시' 등에서는 유교의 영향이 엿보인다. 이와 같은 「헌법 17조」에는 참으로 쇼토쿠 태자라는 사상가의 사상이 집대성되어 있다고 평가될 만하다.

4. 불교에서 마음의 평안을 찾다

한편, 쇼토쿠 태자는 마음의 평안을 불교에서 찾았다. 그는 세속에 몸을 맡긴 채로 불교에 귀의한(즉 재가 신도인) 스이코 천황을 위해 불교를 강의한다든지, 불교 교전의 주석서인 『삼경의소三經義疏』를 저술한다든지 하면서 적극적으로 불교 사상에 다가섰다. 그가 건립한 절은 저 유명한 호류지(法隆寺)를 비롯하여 일곱 군데(일설에는 열 한 군데)에 이른다. 그는 생애를 마감할 때 다음과 같은 유언을 남겼다고 하는데, 여기에는 불교에 대한 그의 마음이 잘 나타나 있다.

세간은 가상이고, 오직 부처만이 참이다.[3]

---

3) 『天壽國曼茶羅繡帳 銘文』.

또한 쇼토쿠 태자의 아내였던 다치바나노 오이라쓰메(橘大郞女)가 후세에 전한 바에 의하면, 쇼토쿠 태자는 한창 때에도 "이 현실 세계는 허무하며, 사람의 마음이 거할 참된 장소는 아니다. 다만 부처의 세계만이 진실하다"는 내용의 말을 했다고 한다. 그의 말 어디에도 다카마가하라라든가 요미노구니의 이야기는 나오지 않는다. 이로써 보건대 쇼토쿠 태자는 불교의 가르침에서 일본인의 새로운 '생사관'을, 그리고 자신에게 있어 유일하게 진실된 생사관을 보았던 것이다. 쇼토쿠 태자는 참으로 일본 사상에 크나큰 족적을 남긴 '사상의 혁명아'였다.

4

헤이안 불교는 나라 불교와 어떻게 다른가

1. 국가의 안녕을 기원한 나라 시대의 불교

'다이카개신'이라는 대규모의 정치 개혁이 단행되어 일본은 천황을 정점으로 하는 중앙집권 국가로 확립되었다. 국가 시스템이 어느 정도 안정되자 여유가 생긴 권력자는 이제 문화의 발전에 눈을 돌리게 된다. 그리하여 8세기 후반 당시의 45대 세이부(聖武) 천황은 적극적으로 당나라의 문물을 수입하였다.[1] 특히 그는 불교를 깊이 신앙하여 전국 각지에 관립 사찰(國分寺, 國分尼寺)을 세웠고, 그 센터로서 나라(奈良)에 도다이지(東大寺)를 건립하고 거기에 대불상을 조성했다. 즉 나라 시대의 불교란 국가 사업 그 자체였다. 불교 최대의 사명은 국가의 안녕을 기원하는 '진호국가鎭護國

---

[1] 이미 이 시기에는 '과거를 되돌아보자'는 식의 '고사기' 정신은 상당히 퇴색해 있었다.

家'에 있었으며, 따라서 승려들 또한 불교의 가르침으로 중생을 구제한다는 생각은 거의 갖고 있지 않았다.

나라 불교는 크게 여섯 개의 종파로 구분된다. 이를 '남도육종 南都六宗'이라 부른다.[2] 이런 구별은 불교 교의를 학문적으로 연구하는 '학파의 차이'에 불과할 뿐 '중생의 구제를 외면한다'는 점에서는 모두 오십보 백보이다. 요컨대 나라 시대의 승려들은 학자였으며, 이 세속과는 아주 동떨어진 존재였다. 오늘날로 비유하자면 국립대학의 교수와 같다고 할 것이다. 그들은 심리적으로 '진호국가'의 사명을 다하고 있다는 자부심을 품고 있었다. 그런데 이런 심리가 점차 '내가 일본을 지킨다'는, 지금 식으로 말하자면 부정적 의미에서의 직업적 자존심으로 바뀌어 갔다. 그러다 보니 쓸데없는 착각에 빠져 언제부터인가 그들은 조정 정치에까지 끼어 들게 되었다. 나라 시대 말기에는 조정에서도 불교계의 간섭에 질려 매우 곤란해했던 모양이다.

2. 사이초의 천태종

그 후 수도가 옮겨지고 헤이안(平安) 시대로 넘어갔다. 시대의 변천기에는 그에 걸맞는 개혁자가 나타나게 마련이다. 이 무렵에는 연구에만 몰두하는 나라 불교의 비현실적인 태도에 반기를 들며 "이런 게 참된 불교는 아니다. 나의 참된 염원은 불교의 힘으로 중생을 제도하는 데에 있다"고 주장하는 인물이 나타났다. 그가

---

2) 헤이안 시대에는 수도인 교토(京都)를 北都라고 했는데, 이에 대해 나라 시대는 南都라 한 것. 즉 이 호칭은 후대에 붙여진 것이다.

바로 사이초(最澄, 767~822)이다.

사이초는 오우미(近江)[3] 태생이다. 그는 12세 때 출가한 후 불교 연구에 정진하여 불교인으로서의 실력을 급속도로 쌓아 갔다. 사이초의 실력은 50대 간무(桓武) 천황에 의해 높이 평가되었고, 마침내 그는 중국(唐)으로의 유학을 허락 받았다. 원래 기성 불교인 남도육종에 불만을 품었던 사이초는 중국 유학을 통해 새로운 불교 교의를 배웠고, 그것을 일본으로 가지고 돌아와 새로운 종파를 세웠다. 그것이 '일본 천태종天台宗'이다. 사이초가 기성의 남도육종에 불만을 품었던 것은 거기에 '중생제도의 정신'이 희박하다고 느꼈기 때문이다. 그는 20세 때 스스로 불교 수행에 들어가는 각오로서 다음과 같은 문장을 써서 남긴 바 있다.

> 엎드려 원하옵건대 불교의 진리를 깨달은 경지를 혼자서만 맛보는 대신, 불교에서 얻은 마음의 평온을 혼자만의 것으로만 하는 대신, 이 우주의 모든 생물들이 함께 높은 깨달음의 경지에 도달하고, 이 우주의 모든 살아 있는 것들이 똑같이 진리를 맛보며, 마음의 평온을 얻을 수 있기를.(願文)

이것은 실로 사이초가 제대로 된 일념의 불교인이었음을 알 수 있게 하는 구절이다.

천태종은 중국의 천태산天台山에 살았던 지의(智顗, 538~597)라는 승려가 체계화한 가르침이다. 지의는 수많은 불교 경전 중에서도 『법화경法華經』을 최고라고 생각하여 그 가르침을 중심에 놓고 불교의 모든 내용을 정밀하게 재정리했다. 여기서 『법화경』은 『묘

---

3) 지금의 시가(滋賀) 현에 해당하는 옛 지명.*

법연화경妙法蓮華經』의 준말로서 석가의 가르침을 가장 심원하게 설한 경전으로 말해진다. 요컨대 천태종이란 '불교의 모든 요소를 깊고 면밀하게 정리정돈한 종파'이자 상당히 논리성에 뛰어난 철학적 종파였다. 말하자면 천태종은 엄밀한 지식인풍의 불교로서 사이초가 대단히 선호한 종파였다. 사이초는 귀국 후 히에이잔(比叡山)에 절4)을 짓고, 그곳을 본거지로 삼아 천태종의 보급에 전력을 기울였다. 그러나 그가 귀국한 시기에는 헤이안 귀족들 사이에 밀교가 크게 유행하고 있었다. 때문에 사이초의 천태종은 귀족들 사이에서 그리 널리 퍼지지 못했다.

3. 일본 귀족층을 매혹시킨 밀교의 신비주의

밀교는 말할 것도 없이 불교의 한 종파이다. 밀교는 원래 중국 불교와는 구별되는 '인도 불교의 최종적 형태'라고 말해진다. 이 밀교에서는 불을 숭배하는 등 신비적 요소를 도입하였으며, 논리성보다는 직관을 중시한다. 대체로 '밀교'라는 호칭이 '비밀 불교'를 의미하는 것이므로 이 종파에는 주술과 기도가 발달되어 있다. 오늘날에도 종종 주술적인 기도로 '호마護摩를 피우는' 장면5)을 볼 수 있는데, 이것이 바로 밀교의 주된 의식이다.

밀교 사상은 한 마디로 '대일여래大日如來' 신앙이라 할 수 있다. 이 신앙은 '대일여래라는 절대보편의 부처님이 이 대우주를 지켜

---

4) 이것이 후의 엔랴쿠지(延曆寺)이다.
5) 호마법에는 세 가지 효능이 있다고 한다. 질병과 재액을 피하는 息災, 현세 이익을 얻는 增益, 적을 저주하여 제거하는 調伏 등이 그것이다.

주신다'는 가르침이다. 사람은 수행에 의해 그 대일여래의 존재를 실감하고 일체감을 얻을 수 있다. 밀교에서는 이것이 가장 큰 행복이며 깨달음이라고 설명한다. 좋게 말하자면 대일여래는 결코 추상적이 아니라 구체적으로 존재하는 부처님을 의미한다. 대일여래의 이와 같은 강렬한 존재감 앞에서는 '무無의 경지'라든가 '공空의 경지'와 같은 철학적이고 사변적인 가르침은 그만 무색해지고 만다. 현실을 살아가는 인간의 즉물적인 감각에서 보자면 그렇다. 아무튼 대일여래는 '의지할 만한 부처님'이라는 것이다. 이러한 대일여래의 성격은 일본의 귀족들로 하여금 밀교를 '친근한 불교'로 느끼게 했다. 바로 거기에 밀교의 매력이 있었던 것이다. 나아가 신비스러우면서도 현세이익적 밀교 의식은 귀족들의 '즉물적 감각'과도 잘 어울렸다.

사이초는 귀족들로부터 밀교를 가르쳐 달라는 청을 자주 받았다. 사이초 또한 밀교의 존재를 알고 있었다. 사이초가 배운 천태종에는 창교 당시와는 상이한 다른 종파의 요소가 혼재되어 있어서 밀교라든가 선불교[6] 등의 요소도 거기에 함께 혼합되어 있었다. 따라서 그는 중국에서 밀교와 선불교에 대해서도 다소간 배운 바가 있다. 하지만 사이초는 어디까지나 천태종의 순수한 가르침만을 필사적으로 공부했을 뿐 다른 요소는 그다지 중요시하지 않았다. 이 점이야말로 사실상 가장 사이초다운 점이었다. 그러니 당연히 그가 중국에서 가지고 돌아온 자료에도 밀교 관련 자료는 거의 없었다.

하지만 이제 밀교 자료가 필요하게 된 사이초로서는 함께 유학

6) 선불교에 대해서는 10장 '일본 특유의 선종이 일어나다'에서 상술하고 있다.

했던 후배 승려가 밀교를 공부했다는 말을 듣고 그 후배에게 머리를 숙이면서까지 밀교 자료를 빌리고자 눈물겨운 노력을 하지 않을 수 없었다. 사이초라는 남자는 운이 없는지 아니면 서투른 건지 어쨌든 죽기까지 고생의 연속이었다. 사이초에게 밀교의 자료를 빌려 준 후배는 다름아닌 진언종眞言宗의 개조인 구카이(空海, 774~835)였다.

4. 구카이의 진언종

구카이는 사누키(讚岐)[7] 출신이다. 18세 때 중앙의 관리양성 학원에 입학함으로써 그에게는 장래의 학자나 관리로서의 길이 보장되어 있었다. 그러나 불교와 접한 이후 거기서 마음의 구원을 감지한 그는 학교를 중퇴하고 승려가 되었다. 그리고 사이초와 동행하여 중국 유학길에 올랐다. 이 때 사이초는 간무 천황이 돌보아 주는 인물로 유학생 가운데 가장 높은 지위에 있었고, 이에 비해 구카이는 거의 무명의 말단 유학생이었다. 구카이는 중국에서 주로 밀교를 연구했다. 이것이야말로 귀국 후 사이초와 구카이의 입장을 단숨에 역전시킨 요인이었다. 구카이가 가지고 돌아온 밀교 교의는 많은 귀족들을 만족시켰다. 또한 이들이 귀국한 후에 간무 천황은 이미 죽고 없었으며, 당시 천황이었던 52대 사가(嵯峨) 천황은 구카이를 친애했다.

구카이는 고야산高野山에 들어가 자신의 종파를 세웠다. 나아가 천황으로부터 교토의 동사東寺를 하사 받아 그곳을 밀교 도장으

---

7) 지금의 가가와(香川) 현에 해당하는 옛 지명.*

로 삼았다. 이것이 일본 불교 최초의 본격적 밀교 교단인 '진언종'이다. 진언종의 기본 경전은 『법화경』이 아니라 『대일경大日經』과 『금강정경金剛頂經』이다. 구카이는 자신의 밀교 가르침에 상당한 자신감을 가지고 있었던 것 같다. 그는 밀교 이외의 불교를 통틀어 '현교顯敎'라고 불렀다. 즉 자신과 다른 불교인들을 모두 '대립적 도식'으로 이해했던 것이다. 그리고 자신의 밀교만이 유일하게 올바른 도라고 생각했다. 대저 진언종이라는 이름 자체가 그런 자신감을 표출하고 있다. 즉 '진언'이란 자신의 가르침이야말로 '진실을 말한다'는 것을 가리킨다.

5. 헤이안 시대의 불교

밀교가 당시 귀족들로부터 강력한 지지를 받았다는 점은 앞서 언급한 바와 같다. 일본 귀족들에게 대일여래의 존재는 엄청나게 매력적으로 다가왔다. 구카이는 자신의 불교에 대해 다음과 같이 말한다.

> 불교의 가르침과 진리는 난해하고 멀기만 하다고들 생각하는 사람들이 많은데, 실제로는 우리 마음 안에 있다. 즉 아주 가까운 곳에 있다. 모름지기 진실이란 항상 바깥이 아니라 우리 마음 안에 있는 것이다.[8]

구카이는 따지고 분별하는 것이 중요한 것이 아니라 그저 대일여래를 느끼는 것이야말로 중요하다는 점을 말하고 싶어한 듯하다.

---

8) 구카이(空海), 『般若心經秘鍵』.

사이초의 천태종과 구카이의 진언종으로 대표되는 헤이안 불교의 씨름판 위에서 승리자는 명백히 후자였다. 그 결과 천태종은 사이초 사후 밀교의 주술적 요소를 대폭 받아들여 신비적인 의식을 거행하는 등 급속히 밀교화했다. 이리하여 후대에는 진언종 계열의 밀교를 (東寺의 밀교라는 의미로) '동밀東密'이라 하고, 천태종 계열의 밀교를 '태밀台密'이라 칭하여 구별하게 되었다. 양자의 차이는 내면적인 차이라기보다는 세상에서 어떻게 평가하느냐 하는 차이에 지나지 않는다.

사이초와 구카이 모두 나라 불교와 결별하고 새로운 불교의 바람을 불러일으켜 사람들을 구제하고 싶다는 열의를 품고 있었다. 그러나 두 사람이 선택한 방법은 크게 달랐다. 사이초의 천태종이 엄밀한 논리성과 깊이 있는 사색을 신조로 삼았다면, 구카이의 진언종은 대일여래의 구체적 존재를 전면에 내세우면서 대일여래와 일체를 이루는 신비적 의식을 강조했다. 어느 쪽이 더 종교 사상으로서 뛰어난가 하는 단순한 비교는 별 의미가 없을 것이다. 다만 현실적으로 볼 때 당시 사람들에게는 천태종보다 진언종이 보다 강렬하게 받아들여졌다는 것이다. 이 점에서 일본인과 사상의 관계에 대한 축도를 엿볼 수 있다고 해도 크게 과장된 말은 아닐 것이다.

사이초와 구카이가 구축한 헤이안 불교는 확실히 연구 일변도에 치우쳐 중생들을 돌보지 않는 나라 불교를 거부했다. 그러나 현실적으로 그들이 구제하고자 했고, 또 구제했던 것은 어디까지나 도성의 귀족층이었지 서민들은 아니었다. 때문에 헤이안 다음 시기인 가마쿠라 시대가 되면 생각 있는 불교 사상가들은 이 헤이안 불교까지도 부정하고 서민들을 위한 불교를 모색하게 된다. 하지만 이러한 용기와 개성을 가진 가마쿠라 불교의 사상가들은 모두 사이초의 천태종을 거쳤으며, 히에이잔에 들어가 불교인으로서의 길을 걷기 시작했다. 이 점을 아는 사람이라면 사이초와 구카이 중 누가 사상사적으로 승리자인지를 간단히 결정하기가 어렵다는 사실을 알게 될 것이다.

5

신불습합을 합리화한 본지수적설

1. 자연발생적 종교인 '신도'

어려운 경우에 처해 사람의 지혜를 넘어선 보다 큰 힘에 기대고자 할 때, 일본인들은 "가미사마(神樣), 호토케사마(佛樣), 도와주세요"라는 말을 무심코 내뱉곤 한다. 그러다가 결국 일이 잘 풀리지 않으면 그들은 "가미도 호토케도 없는 건가"라고 탄식한다. 일본인들에게 신불神佛 즉 가미(神)와 호토케(佛)는 동격이며, 함께 나란히 숭배하는 대상이다. 일본인은 이 둘 중에서 어느 한 쪽만을 숭배한다거나 하지는 않는다. 여기에 일본 사상의 중요한 특징이 있다.

불교가 한반도를 경유하여 일본에 전래된 것은 6세기경의 일이다. 그러나 그 이전부터 일본인은 고유의 종교를 가지고 있었다. 말할 것도 없이 '신도神道'가 그것이다. 그런데 신도는 불교와 비교해 볼 때 아주 다른 종교 유형을 가지고 있다. 무엇보다도 신도에는 교조가 없다. 불교에는 석가가 있고, 기독교에는 예수라는 교조가 있다. 이런 교조의 언행에 의해 교의가 정해지고 신자들이 모인 종교를 흔히 '세계종교世界宗教'라 부른다. 그러나 신도는 전혀 이런 부류의 종교에 해당되지 않는다. 신도의 가장 원시적인 형태는 일본열도라는 자연환경 속에서 일본인이 농경생활을 영위하던 중 자연발생적으로 성립된 것이다. 세계종교에 비해 이는 지방적인 '민족종교民族宗教'라고 할 만하다.

이런 신도의 형태는 신사神社를 중심으로 조직적 제사 의례를 거행하는 '신사神社 신도'와 집 안 정원 앞에 신을 모시는 민간 신앙적 '민속民俗 신도'로 대별할 수 있다.[1] 그러나 현실적으로는 각각의 유형이 밀접하게 연관되어 있으며, 어떤 경우든 교조는 없다. 일본인의 사회생활 속에서 자연스럽게 생겨난 신앙심이 언제부터인가 종교가 된 것이다. 이것이 신도의 실체다.

2. 불교와 신도의 공존을 모색한 신불습합의 역사

처음부터 상이한 형태로 출발한 불교와 신도가 일본이라는 곳에서 만났을 때 곧바로 공존의 길이 열린 것은 결코 아니다. 불교가 전래되었을 때, 당시 유력한 호족 사이에서는 불교를 수용할 것인가 아닌가를 둘러싸고 격렬한 논쟁이 있었다. 수용파(숭불파)의 중심은 소가(蘇我)였고, 반대파(배불파)의 중심은 모노베(物部)였다. 이들의 주장은 각각 다음과 같다.

---

1) 이밖에도 天理敎처럼 특정 조직자가 세운 '敎波 신도'도 있다.

우선 숭불파의 경우는 "중국에서도 한국에서도 불교가 융성하고 있는데, 일본에서만 불교를 거부해서는 국제적으로 고립되고 만다"는 주장을 내세웠다. 이는 '국제 감각'에 기초한 견해였다. 이에 비해 배불파의 경우는 "일본에는 팔백만 신들이 있는데, 다시 외국의 신을 받아들인다면 팔백만 신들의 노여움을 살 것이다"라고 주장하였다. 이는 '국내 정세'를 배려한 견해라고 할 수 있다.

여기서 흥미로운 점은 배불파의 의견에서 엿보이는 신불관神佛觀이다. 요컨대 당시 일본인들에게 있어 불교란 '외국의 신'을 믿는 이미지로 비쳐졌으며, 그 의의가 인생론이나 정신론의 차원에서 파악된 것이 아니라는 점에 주목할 만하다. 불교의 신 또한 어디까지나 신도의 신들과 마찬가지로 인간에게 혜택이나 혹은 재앙을 초래하는 존재로 여겨졌던 것이다. 나아가 "그런 외국 신을 받아들이면 일본 본토박이 신들이 언짢아할 것이므로……" 운운하는 점도 흥미롭다. 일본인은 실로 신들을 인간과 비슷한 존재로 이해했던 것이다.

결국 숭불파 세력이 강해져서 일본이 대대적으로 불교를 수용한 것은 역사가 말해 주는 그대로이다. 그런데 여기서 '종래의 신도를 어찌할 것인가'라는 문제가 부상했다. 하지만 일본인은 새로운 사상을 받아들일 때 결코 이전의 사상을 버리지는 않는다. 그러므로 여러 방면에서 불교와 신도의 공존을 모색한 것은 일본인에게 매우 자연스러운 선택이었다. 이것을 '신불습합神佛褶合'이라고 한다.

이러한 신불습합에는 가령 '신도의 신이 불교에 귀의'하는 불교 우선의 유형이 있는가 하면, '신도의 신이 불교 사원을 수호'하는 신도 우선의 유형도 있다. 그런데 뭐니뭐니 해도 나라 시대는 '국가불교'의 시대였다. 다카마가하라의 최고 신 아마테라스의 '자손'으로 말해지는 천황가가 불교의 옹호자였으므로, 그 공존 유형은 불교 우선이 대세를 이룰 수밖에 없었다.

3. 부처의 모습이 신도 신의 모습이라는 '본지수적설'

나라 시대에 이어 헤이안 시대에는 '신불습합을 합리화하는 발상'이 성립하는데, 이것이 바로 '본지수적本地垂迹'이다. 여기서 '본지'란 요컨대 정체正體를 의미한다. 즉 '부처가 본래의 원천'이라는 말이다. 그리고 '수적'이란 그 부처가 '임시적 모습'으로 이 세상에 나타났다는 것을 가리킨다. 즉 '본지수적'이란 '부처가 일본인들을 구제하기 위해 신도 신의 모습으로 변신하여 이 나라에 나타났다'는 내용이다. 고대 이래 일본의 신들은 사실 '부처의 임시적 모습'이었다는 것이다.

이러한 설명에 의하면, '지금까지 신도를 신앙한 것은 사실 불교의 부처를 숭배한 것'이므로 불교 신앙은 신도에서 불교로 바뀐 것이 아니다. 말하자면 신도와 불교 모두를 신앙하는 일에 어떠한 모순도 없다는 것이다. 이는 실로 편리한 발상이며, 지극히 '일본적인 사상'이었다고 말할 수 있다.

헤이안 시대 말엽에 본지수적 사고방식은 널리 보급되었으며, 많은 신사에서 '우리 신의 정체는 사실 부처님'이라는 식의 설명이 흔히 행해지게 되었다. 그 '부처로서의 정체'는 아미타불과 관음보살이 제일 많다. 아미타불은 극락세계를 통괄하는 부처이며,

관음보살은 보타락산補陀洛山이라는 불국佛國에 사는 부처이다. 아미타불과 관음보살 모두 이 세상의 모든 생물을 구제해 준다고 여겨진다. 헤이안 시대 말엽에서 가마쿠라 시대에 걸쳐 일본인들은 불국(淨土)에 대한 강렬한 동경을 품어 왔기 때문에, 이 부처들은 일본인들의 마음속에 매우 고마운 존재로 남아 있다. 즉 이 아미타불과 관음보살은 '부처 중에서도 가장 위대하고 인기 있는 부처'였던 것이다. 그러니까 신도 신의 정체를 이 중 어느 하나로 하기만 하면, 그 신은 대단한 신으로 간주될 수 있었다.[2]

이와 같은 본지수적 사상은 천태종과 진언종 모두에서 새로운 교의로서 수용되었다. 천태종의 경우 그것은 '산왕일실山王一實 신도'로 불려졌고, 진언종의 경우는 '양부兩部 신도'로 불려졌다. 이 중 '양부 신도'라는 명칭은 이후 진언종의 일종파를 벗어나 일반적인 본지수적 신도의 호칭으로 쓰여지게 된다.

4. 본지수적설에서 반본지수적설로

그러면 가마쿠라 시대 이후 신도와 불교의 관계가 어떠했는지에 대해서도 살펴보자. 사상의 조류에는 항상 반동이 있게 마련인데, 가마쿠라 시대에 본지수적과 정반대되는 주장이 신도계로부터 생겨났다. 즉 그들의 설명에 의하면, "일본의 신이야말로 세계를 지배하는 위대한 존재이며, 불교는 일본의 신이 외국에 나타난 임시적 모습이었다"는 것이다. 이른바 이것이 '반본지수적反本地

---

2) 본지수적을 과학적으로 증명할 수 있는 것은 아니므로 그렇다고 주장하면 그런가 보다 했을 것이다.

垂迹' 사상이다. 이러한 사상을 주장한 신도를 '이세(伊勢) 신도'라고 한다. 한편, 무로마치(室町) 시대에는 이세 신도를 더욱 발전시켜 유교 사상의 요소를 도입한 신도가 나타난다. 그들은 "유교는 가지와 잎이고, 불교는 꽃과 열매이며, 이 모든 것을 밑받침하는 뿌리가 바로 신도이다"라고 설명한다. 이것은 '유일唯一 신도'이다. 그리고 에도 시대에는 더욱 더 불교에 대해 부정적으로 보는 '스이카(垂加) 신도'라든가 '복고復古 신도' 등이 나타나는데, 이에 대해서는 23장에서 다시 살펴볼 것이다.

이처럼 일본인은 고유의 토착 종교인 신도와 매력적 외래 종교인 불교 가운데 어느 하나를 취하고 다른 것을 배제하는 태도로 임하기보다는 어떻게 해서든 양쪽을 공존시키고자 애써 왔다. 이에 대해 '자기한테 편리하게 제멋대로 해석해 온 것에 불과하다'고 평가할 수도 있을 것이다. 그러나 이러한 '옛 사상과 새로운 사상의 융합'이야말로 일본 사상의 커다란 특징이자 장점이기도 하다. 본지수적은 확실히 설득력에 있어 약점을 가진 '문제 있는 사상'일지도 모른다. 하지만 여기서는 본지수적을 '내적 깊이를 지닌 일본 사상'이라고 해석하고 싶다. 이런 의미에서 "가미사마, 호토케사마, 도와주세요"라는 기도는 일본인들의 매우 진솔한 외침이라고 말할 수 있겠다.

6

여성에 의한, 여성을 위한 헤이안 귀족문화

1. 여성들에 의해 꽃피운 귀족문화

오늘날에도 교토(京都)는 사람들에게 우아한 동경을 품게 한다. 시대가 변해도 교토에는 헤이안 귀족문화의 향기를 풍기는 단아한 공기가 흐르고 있다. 이러한 교토의 이미지는 지금까지도 일본인의 마음속에 계속해서 남아 있는 것이다.

헤이안 중기 이후가 되면 일본 특유의 귀족문화가 성숙하고, 중국 등지에서는 볼 수 없는 미의식과 사상이 발달하게 된다. 하지만 당시의 남성문화는 중국문화의 모방에서 벗어나지 못하고 있었다. 즉 일본 특유의 귀족문화는 남성이 아니라 '여성'들에 의해 만들어지고 꽃피웠던 것이다.

이 귀족문화의 상징으로서 우선 여성들의 문자가 있었다. 헤이안 시대의 남성 귀족들이 공식적으로 사용한 문자는 한자와 한문이었다. 그러나 이 무렵에는 이미 가나(仮名) 문자가 발명되어 사용되고 있었다. 가나는 일본어 음을 표기하기에 적합한 문자로서 고안되었음에도 남성 귀족들은 이 가나 문자를 사용하려 들지 않았다. 가나 문자는 주로 여성들이 사용하고 있었다. 가나 문자는 일기, 수필, 모노가타리(物語)[1] 등 정치와는 무관한 여성들의 사적인 글을 짓기 위한 도구로서 사용된 것이다. 때문에 한자를 '남필'(男手, 오토코데), 가나를 '여필'(女手, 온나데)이라 하여 구별해서 부르기도 했다. 오늘날의 시점에서 돌아볼 때, 귀족문화의 사상과 감성이 남김 없이 기록되어 남을 수 있었던 것은 결국 일본어를 자유롭게 표현할 수 있는 가나로 쓰여진 문헌 즉 여성들에 의해 쓰여진 문헌들 덕분인 것이다.

당시 가나로 많은 글을 남긴 여성들은 뇨보(女房)라 불려지던 지위의 여성들이었다. 여기서 뇨보란 궁중과 사원 혹은 고급 귀족의 자택에서 일하던 여성들을 가리킨다. 말하자면 전문직 여성인 셈이다. 직장인 궁중에 그녀들의 '방'이 주어졌으므로 이런 호칭이 붙여진 것이다. 귀족 자녀의 교육이라든가 기타 문서 전달 및 허드렛일이 그녀들의 주된 업무였다. 뇨보들은 이런 업무 수행을 위한 기능으로서 읽기와 쓰기는 물론 와카(和歌) 등의 귀족 문화적 교양을 습득하는 것이 필수였다. 뿐만 아니라 그녀들은 이런 단순한 기능을 넘어서서 사상과 감성까지도 '귀족적 센스'를 갖추지 않으면 안 되었다.

이와 같은 헤이안 시대의 귀족문화를 한 몸에 지녔던 뇨보들 중에서도 특히 두드러진 능력을 발휘하여 역사에 이름을 남긴 두 명

---

1) 일종의 소설 형식.*

의 여성이 있다. 이 두 여성은 거의 동시대를 살았으며 누구에게도 뒤지지 않을 만큼 탁월했다. 하지만 그녀들의 삶의 방식은 매우 대조적이었다. 우리는 이 두 여성이 남긴 작품을 비교해 봄으로써 헤이안 귀족문화의 사상을 다중적으로 파악할 수 있다. 여기서는 두 사람의 인품을 잘 보여 주는 단적인 사례를 한 가지씩만 들어 검토하기로 하겠다. 이 두 명의 여성은 세이 쇼나곤(淸少納言, 966?~1025?)과 무라사키 시키부(紫式部, 978?~1014?)를 말한다.

2. 세이 쇼나곤의 귀족적 가치관

세이 쇼나곤은 당시 가인으로 유명했던 하급 귀족 세이겐 모토스케(淸原元輔)의 딸로 태어났다. 그녀의 이름 가운데 '세이'(淸)란 세이겐의 성을 의미한다. 또한 '쇼나곤'이란 그 권한이 그리 크지 않은 조정의 서류를 취급하는 직명이다. 그녀의 근친 중에 누군가가 이 직명을 가지고 있어서 그녀가 세이 쇼나곤이라고 불려지게 된 듯싶다. 이러한 연유로 그녀의 본명은 알 수 없다.

그녀의 부친 세이겐 모토스케는 재능 많고 기묘한 구석이 있는 사람이었다고 전해진다. 부친에게 교육을 받은 세이 쇼나곤은 어릴 때부터 노래와 학문(한문)에 뛰어났고, 성격도 부친을 꼭 빼어 닮았다고 한다. 28세 때 그녀는 66대 이치조(一條) 천황의 부인인 사다코(定子)[2] 밑에서 뇨보로 일하게 된다. 그 후 10여 년 동안 그녀의 궁정 생활이 계속되었다. 직장인 궁정에서 그녀는 참으로 재기발랄했다. 고상한 궁정생활 속에서 그녀는 물을 만난 물고기처

---

2) 후지와라노 미치타카(藤原道隆)의 딸.

럼 지냈다. 세이 쇼나곤은 궁정에 모인 귀족들과의 기지에 찬 응수로 대응했으며, 그녀 스스로 이러한 생활을 매우 즐겼다.

특히 세이 쇼나곤은 뛰어난 문학적 재능으로 일본 문학사상 최초이자 최고봉의 수필 문학인『마쿠라노소시』(枕草子)를 저술했다. 그녀는 영리하고 예민한 감성을 소유한 여성이었지만, 사상면에서는 특별히 개성적이라고 할 만한 것은 없다. 하지만 이『마쿠라노소시』에서 우리는 그녀의 예민한 감성과 아울러 당시 헤이안 귀족들의 일반적 사고방식을 엿볼 수 있다.

> 흥을 깨는 것이 여러 가지 있지만, 방위方違3) 관계로 들렀는데도 대접이 소홀한 집은 정말 재미없다. 또한 지방에서 보내 온 편지에 선물이 들어 있지 않은 것도 아주 재미없다. 하지만 헤이안에서 지방으로 보내는 편지는 안에 여러 가지 헤이안 소식이 적혀 있을 것이므로 그것만으로도 충분하다.4)

이러한 사고방식은 뻔뻔스럽게 여겨질 수도 있으나, 세이 쇼나곤의 입장에서는 '상대방에 대한 배려가 부족한 인간'을 비난하고 있는 것이다. 그녀는 또한『마쿠라노소시』에서 "남자든 여자든 뭐니뭐니해도 남에 대한 배려가 첫째다"라고 적고 있다. 그런데 여기서 이 배려를 표시하는 구체적 방법이 손님을 접대한다든가 혹은 편지를 보내면서 선물을 동봉하는 등 '경제적 기반이 없으면 할 수 없는 것'뿐이었다는 점은 매우 귀족적이라고 할 것이다. 귀족들에게 있어 '마음만의 접대'는 인정되지 않는다. 사람다운 올

---

3) 점을 쳐서 방각이 나쁜 곳에 갈 때는 길한 방각의 집에 일박하고 난 후에 가야만 한다는 미신.
4) 세이 쇼나곤(淸少納言),『마쿠라노소시』(枕草子).

바른 사교는 거기에 상응하는 금품이 따라야 한다는 것이다. 이런 발상은 '우월감을 느끼고 싶어하기 때문'이라든가 혹은 자기과시욕에 의한 것이 아니라 지극히 자연스러운 감각으로 생겨났다는 점에서 우리는 그것을 귀족적 발상이라고 보는 것이다.

또한 편지와 관련된 『마쿠라노소시』의 구절은 명백히 수도 헤이안을 특별시하는 태도를 보여 준다. 이는 헤이안에 사는 사람들이 느끼는 향토애와 같은 단순한 것이 아니다. 그것은 중화 사상의 표출이기도 하다. 중화 사상이란 원래 중국인의 사고방식으로서 '자기 문화권이야말로 세계의 중심이며, 다른 지역은 문화와 무관한 야만의 땅'이라고 보는 철저한 자기 긍정 및 타자 배척의 사상이다. 헤이안 귀족층이 지녔던 교양의 기본은 중국에 있었으므로, 그들은 '헤이안이야말로 일본열도 유일의 문화 지역'이라고 생각했다. 이와 같은 '헤이안적 중화 사상'의 감각은 계층과 시대를 넘어서서 오늘날의 일본인들에게도 남아 있는 것이 사실이다. (물론 오늘날 일본의 수도는 헤이안이 아니라 에도 막부가 있던 곳이지만).

3. 무라사키 시키부의 귀족적 숙세관

한편, 무라사키 시키부는 명문 후지와라 가문에 속한 후지와라노 다메도키(藤原爲時)5)의 딸로 태어났다. 그녀 또한 본명은 알려져 있지 않다. '시키부'란 여관女官을 가리키는 말로서 일종의 필명이었다. 그녀가 살았던 시대에는 후지와라 일족 중에서도 후지와라노 미치나가(藤原道長, 966~1028)6)의 문류가 권세와 번영을 독

---

5) 연대 불명. 헤이안 시대의 한문 시인.*

점하고 있었다. 시키부의 부친인 다메도키는 하급 귀족 정도의 생활자였고, 그녀의 모친은 그녀가 어렸을 때 세상을 떠났다. 부친은 그녀에게 애정을 듬뿍 주는 한편, 엄격한 교육을 시켰다. 그 덕택에 그녀의 학문(한문)은 웬만한 남자 귀족들과 비교할 수 없을 정도로 높은 수준에 이르렀다. 하지만 그녀는 이른바 '건방진 여자'로 취급받고 싶지 않아서 뇨보가 된 이후부터는 자신의 학문적 능력을 일부러 감추었다.

시키부는 28세경에 학식과 재능을 인정받아 이치조 천황의 부인인 쇼코(彰子)7)를 섬기게 된다. 즉 그녀는 세이 쇼나곤과 같은 궁중에서 일한 것이다. 그 무렵의 사적 수기인 『자시키부닛키』(紫式部日記)를 보면, "세이 쇼나곤이라는 여성은 한문 교양을 함부로 자랑하지만 잘 살펴보면 틀린 곳이 많다"고 적고 있다. 이 기술은 시키부 자신의 학식이 진짜임을 나타내려고 한 점과 동시에 그녀가 직장 동료인 세이 쇼나곤(같은 방을 쓴 건 아니지만)을 어떻게 생각했는지를 짐작하게 해 준다. 이와 아울러 의도적으로 그것을 사람들에게 공개적으로 발언하는 대신 사적인 기록으로 남겼다는 점에서 우리는 그녀의 인간성의 한 단면을 보게 된다.

시키부에게 있어 한문 서적을 배운다는 것은 단순히 한문의 기법이나 표현 방식을 몸에 익히는 것을 뜻하지 않았다. 즉 그녀의 한문 실력은 단순한 지식의 축적만이 아니라 그 내용까지도 읽어낼 수 있는 수준이었다. 다시 말해, 그녀는 한문 서적을 문학으로 흡수함으로써 인생에 대해 사려 깊이 생각할 줄 아는 여성이었던

---

6) 헤이안 중기의 공경.*
7) 후지와라노 미치나가의 딸.

것이다. 그녀는 22세 때 40대 중반의 나이 많은 남성 귀족으로부터 열렬한 프로포즈를 받아 결혼한다. 하지만 남편은 결혼 후 겨우 2년 만에 죽었고, 그 사건 이후 그녀는 인생의 허무함을 온몸으로 경험하게 된다.

시키부는 말할 것도 없이 유명한 『겐지모노가타리』(源氏物語)의 저자이다. 여기서 이 장편소설의 내용을 일일이 소개할 수는 없지만, 이 작품의 중요한 특징 한 가지를 언급하자면 등장인물들의 죽음에 관한 묘사가 많이 나온다는 점이다. 오늘날의 시점에서 보면, 그 등장인물들이 죽음을 운명으로 받아들여 체념의 슬픔에 잠긴 채 너무도 순순하게 운명을 수긍하는 태도가 상당히 의아할 정도이다. 가령 주인공 히카루 겐지의 아내 무라사키노우에가 몸이 허약해져 결국 죽음에 임박했을 때, 무라사키노우에를 마치 어머니처럼 경모하는 아카시(明石) 중궁 부인8)이 이런 노래를 부른다.

가을바람이 불듯이 사라져 버리고 한 순간의 시간조차 이파리 위에 머물지 못하는 이슬. 그렇게 덧없는 모습을 누가 '다만 풀잎 위의 세계'라고 생각하겠는지요. 우리들 인간도 이런 이슬 같은 운명이지요.

이 노래에서 인생을 자기 힘으로 헤쳐 나가는 에너지는 보이지 않는다. 거기에는 죽음이라는 '가장 피할 수 없는 운명' 앞에 섰을 때 그것을 받아들일 수밖에 없다고 하는 체념의 경지만이 엿보일 뿐이다. 이와 같은 경지는 확실히 헤이안 귀족들의 인생관 그 자체였다. 인생이란 태어나기 전부터 결정된 것으로 당사자의 힘으로

---

8) 히카루 겐지와 아카시노키미 사이에서 태어난 딸.

는 바꿀 수 없는 운명이라는 것이다. 이것을 숙세宿世라 한다. 헤이안 시대 말기 한발 등 자연 재해를 배경으로 한 이 '숙세관'은 귀족들의 인생관으로 점차 강하게 정착되어 갔다. 시키부는 자신의 다양한 인생 경험으로부터 그와 같은 인생관을 일찍부터 깊이 몸에 익혔고, 그것을 『겐지모노가타리』라는 장편소설의 테마로 삼았던 것이다.

그러나 두 여성의 만년은 모두 불운했고 조용했다고 한다. 그녀들이 각기 내면에서 키워 온 '귀족적 사상'은 그녀들 개인의 인생뿐만 아니라 헤이안 시대라고 하는 역사의 거대한 양상에 있어서도 언제까지나 그 화려함을 유지하게 하는 힘이 되지는 못했다. 그것이 바로 귀족의 한계라고 말할 수 있을 것이다. 이윽고 헤이안으로부터 멀리 떨어진 동쪽 지방에서 귀족과는 아주 다른 에너지로 가득 찬 거친 사람들과 그들의 정신을 지탱하는 새로운 사상이 일어나기 시작한다. 사무라이의 시대가 온 것이다.

제2부

중세편

7

무사도, 그 긴 역사의 시작

1. 사무라이의 역사적 기원과 그 정의

1192년 정이대장군征夷大將軍이 된 미나모토노 요리토모(源賴朝,
1147~1199)에 의해 가마쿠라 막부가 본격적으로 출발했다. 이 때부
터 약 7백여 년간 일본은 무가武家 정권의 시대가 된다. '전투를
위한 인간'인 사무라이(武士) 계급이 나라를 통치하는 상황이 된
것이다. 이와 같은 상황은 일본 특유의 체제를 보여 주는 것으로
동아시아권인 중국이나 한국의 역사에서는 보이지 않는다. 이런
의미에서 '사무라이 계급의 인생관과 사회관'은 일본 사상의 커다
란 특성을 이루는 소재가 된다. 그렇다면 도대체 사무라이란 무엇
일까? 우선 사무라이의 정의부터 확인할 필요가 있다.

가마쿠라 시대 이전인 헤이안 시대는 말할 것도 없이 귀족의 시
대였다. 그렇다면 이 귀족에 대립되는 계층이 사무라이인가? 아니

다. 미나모토노 요리토모의 일족인 미나모토 씨족은 9세기에 재위했던 56대 세이와(淸和) 천황의 자손들이다. 즉 세이와 천황의 손자인 쓰네모토(經基)가 '진수부장군鎭守府將軍'이라는 지위를 부여받아 미나모토 성씨를 칭한 것이 그 시작이었다. 그리고 쓰네모토의 아들 미쓰나카(滿仲)가 무사단(전투원 집단)의 우두머리로서 그 지위를 확립했다. 여기서 '진수부'란 교토 조정과 적대 관계에 있던 동북 지역 세력의 남하를 막기 위한 이른바 국경수비대[1]인데, 거기서 근무하는 자는 자연히 군인과 전투원이었다. 그들은 '병사' 혹은 '활을 든 자' 혹은 '사무라이'(侍) 등으로 불리었다. 일찍이 천황의 황자가 궁성을 떠나 직책을 얻어 전투원(군인)이 된 것이 유서 깊은 사무라이의 출발점이었다. 이처럼 사무라이란 본래 '궁성을 떠난 하급 귀족'이었으며, 전투의 전문가를 가리킨다. 그러나 세월이 지나면서 그들은 일정한 지역에 뿌리를 내리고 스스로 토지를 개간하여 사유 전답을 경영하게 된다. 이로써 사무라이에게는 개간지주 혹은 영주이자 토지소유자라고 하는 또 하나의 측면이 부가된다.

그러니까 역사적 맥락에서 볼 때 사무라이란 '비농민'이었다는 점에 주목할 만하다. 일본에서 '모든 농민이 완전한 토지소유자 혹은 토지권리자가 된 것'은 아주 최근의 일로써 2차 세계대전 이후부터이다. 일본의 패전에 따라 점령군이 일본의 법 체계를 발본적으로 뜯어고친 결과, 농지가 해방되어 일본 사상 최초로 어떤 제약도 없이 토지가 농민의 손으로 건네진 것이다. 그 이전까지의 일본 역사에서 '농민'이라고 불려진 계층은 어디까지나 '그 토지

---

[1] 말할 것도 없이 이 무렵 교토 조정은 일본열도 전역을 완전히 지배하지는 못했다.

의 소유자 혹은 권리자에게 지배되어 농업에 종사하는 피지배계층'을 가리켰다.[2] 즉 사무라이란 토지의 권리를 가진 자이므로 처음부터 '농민을 지배하는 입장'에 서 있었다. 하지만 그렇다고 해서 일본의 사무라이를 '농민과 대립되는 자'라고 자리매김하는 것은 다소 지나친 단순화이다. 일본 사무라이의 특징은 그들이 스스로 토지를 경작하고 농민과 함께 농업에 종사하는 것을 관습적으로 받아들였다는 점에 있다. 이런 점에서 보면 역시 일본은 계급과 계층을 넘어선 농경 민족이라 할 수 있다. 가마쿠라 사무라이는 대개 논밭 일에 종사하고 있었으며, 그 후의 역사에서도 생각 있는 사무라이들은 '흙투성이가 되는 일'에 그다지 저항이 없었다 (물론 체면상 다소 부끄러워하는 측면이 없는 것은 아니었다).

오늘날 일본에는 많은 성곽이 남아 있는데, 그 성곽을 축성할 때 영주(大名)는 직접 현장에서 일을 하였으며, 영주의 부인 또한 취사를 담당하곤 했다. 이런 의미에서 일본의 사무라이는 같은 지배자 계층이라 해도 중국이나 한국 혹은 유럽의 역대 지배자층인 왕후 귀족들에 비해 훨씬 더 일반서민과 가까운 존재였다고 말할 수 있다. 많은 현대 일본인들이 자신의 조상으로서의 사무라이 계층에 대해 느끼는 향수도 일본 사무라이의 이와 같은 특수성 때문일 것이다. 그리하여 사무라이란 '하급 귀족의 자손', '전투의 전문가', '토지 소유자' 등으로 정의 내릴 수 있다. 이와 같은 정의에 입각한다면 미나모토노 요리토모와 가마쿠라 막부에 대한 역사적

---

2) 물론 무가 정권하의 농민은 생산자로서 어느 정도 독립성을 유지하고 있었다. 말하자면 그들은 '農奴'는 아니었다. 그러나 이동의 자유는 없었으며, 토지의 매매도 크게 제한 받는 등 그 실태는 어디까지나 피지배자에 머물러 있었다. 이런 상황의 농민을 '隷農'이라 부른다. 이들은 농노보다는 좀 나은 입장이었다.

의미 부여가 비교적 쉽게 풀릴 수 있으며, 사무라이의 사상과 인생관의 근본 또한 잘 파악될 수 있을 것이다.

2. 가마쿠라 막부를 연 미나모토노 요리토모

미나모토노 요리토모가 그만큼 용이하게 사무라이 집단을 결집시켜 다이라(平氏)를 타도하고 막부를 열 수 있었던 것은 무엇 때문이었을까? 이에 대해서는 요컨대 사무라이의 정의와 관련하여 설명할 수 있다. 첫째로 요리토모가 당시의 황자였던 모치히토오우(以仁)로부터 '다이라 토벌 명령'을 받았으며, 그 때문에 그는 다른 사무라이 집단의 숭경을 받았다는 점을 들 수 있다. 즉 요리토모의 배후에는 조정이 있다는 선전 효과를 발휘함으로써 사무라이들이 요리토모를 신뢰할 수 있었던 것이다. 둘째로 그가 사무라이의 우두머리로서 개인의 토지 소유권을 보증해 주었다는 점도 무시할 수 없다. 즉 요리토모는 토지 사유를 공적으로 인정해 주었던 것이다. 셋째로 그의 군단이 매우 강했다는 점도 물론 빼놓을 수 없을 것이다.

요리토모가 모치히토오우의 명령을 최대한 활용하여 자기편을 늘려 간 상황은 『헤이케모노가타리』(平家物語)에도 나온다. 요리토모 아래에 결집한 사무라이들에게 있어서는 요리토모의 개인적 카리스마도 중요했지만, 조정이라는 뒷배경 또한 중요했다는 사실은 '사무라이란 역시 귀족의 후예'라는 점을 여실히 보여 준다. 결국 사무라이들에게 '귀족의 피'가 흐르고 있었기 때문에 교토에서부터 멀리 떨어진 동부 지역에서도 여전히 천황(교토의 조정)의 권위가 통할 수 있었던 것이다. 하지만 다른 한편, 현실적으로 당시 정통성을 지닌 정권은 어디까지나 교토 조정이었고, 사무라이들은 개간한 토지의 소유권을 법적으로 인정받지 못했다. 이 토지 소유권을 보증해 준 인물이 요리토모였다. 그러므로 사무라이들에게 있어 요리토모는 현실적으로 의지할 수 있는 인물이었다. 요컨대 요리토모는 사무라이들이 가진 '이념으로서의 황실 숭배'와 '현실 문제로서의 영지 보증의 욕구'에 대해 교묘히 조종할 줄 알았던 고단수 정치가였던 것이다.

그런데 요리토모가 막부를 열면서 얻은 지위는 정이대장군이다. 이 지위는 '무가 우두머리의 직책'으로서 차후 아시카가(足利) 가문과 도쿠가와(德川) 가문으로 계승되어 갔다. 이 때의 '이夷'란 중국 사상에서 유래한 말로 '중앙의 문명을 알지 못하는 야만인'을 뜻한다. 여기서 '중앙의 문명'이 중국의 경우 중국 황제와 관련된 것이라면, 일본의 경우는 천황가(조정)와 관련되어 있음은 말할 나위도 없다. 일본 사상 최초의 정이대장군은 헤이안 시대가 개막된 해인 794년에 임명받은 오토모노 오토마로(大伴弟麻呂)라는 인물이었다. 이와 같은 정이대장군은 조정에 대항하는 북방 세력을 제압하기 위해 설치된 직책이다.

한편, 가마쿠라 시대에 있어 '이夷'란 구체적으로 오쿠슈 후지와라(奥州藤原) 씨족의 집단을 가리킨다. 그들은 헤이안 중엽부터 거반 동북 지방의 독립국이었다고 하지만, 결국 요리토모에게 멸망당한다. 즉 정이대장군이란 '천황가에 대항하는 세력을 제압하기 위한 군사 집단의 리더'3)를 의미한다. 요리토모는 이 직책을

---

3) 일본열도가 무가 정권에 의해 통일된 후의 무로마치 막부와 에도 막부에서도

자신에게 부여해 주도록 천황에게 청원을 넣었다. 일본열도를 지배하에 놓기 위한 이른바 '면허장'을 손에 넣고자 한 것이다. 그리하여 그는 형식적으로 천황 밑에 들어감으로써 지배자로서의 권위를 공고히 하고자 했다.

이상에서 가마쿠라 막부의 개창을 전후한 시기에 사무라이가 어떻게 정의 내려질 수 있는지를 살펴보았다. 거기서 우리는 사무라이라는 계층이 필연적으로 가지는 사상과 인생관의 근본을 엿볼 수 있다. 먼저 그들은 대체로 귀족의 혈통을 가진 조상의 후예로서 일본 귀족의 특징인 '천황에 대한 숭경심'을 지니고 있었다. 때문에 모치히토오우의 명령이 요리토모 군의 결집에 큰 효과를 발휘할 수 있었던 것이다. 나아가 사무라이들은 세이와 천황의 흐름을 잇는 미나모토 가문의 요리토모를 존숭했다. 요리토모 본인 또한 형식적이라고는 하지만 천황 밑에 들어감으로써 자신의 정권(가마쿠라 막부)을 정당화하는 길을 택했다.

3. 사무라이의 아이덴티티

사무라이들은 원래 개간 지주 혹은 토지 소유자이며, 따라서 자신의 아이덴티티를 당연히 토지에서 찾았다. 이리하여 사무라이가 자신의 영지를 지키고, 그 영지를 자손에게 물려주며, 나아가 영지의 확대를 꾀하는 것은 이른바 '사무라이의 숙명적 본능'처럼 되었다. 일본에는 '일생현명一生懸命'이라는 말이 있다. 이 말은 사실 '일소현명一所懸命'에서 '소所' 대신에 '생生'이라는 한자를 붙

이 직책은 전통으로서 계승되었다.

여 만들어진 말이다.[4] 본래의 '일소현명'이란 '한 곳에 목숨을 건다'는 뜻으로서 가마쿠라 사무라이들의 영지에 대한 집착과 각오를 엿볼 수 있는 말이다. 요컨대 사무라이에게 토지란 목숨 그 자체였다. 가마쿠라 시대에서 무로마치 시대를 거쳐 전개된 저 피비린내 나는 전국시대 또한 토지를 추구하는 사무라이들의 본능에서 비롯된 현상일지도 모른다.

지금까지의 설명에서 알 수 있듯이, 사무라이 사상은 본래 불교나 신도와 같은 종교를 배경으로 가지고 있지 않다. 무사도가 일종의 종교성을 띠는 것은 후대에 이르러 '종교적 요소가 덧붙여진' 결과일 뿐이다. 그런 의미에서 그들은 원래 '전투의 전문가'라는 '비정한 살육자 집단'이며, 타인을 죽이는 일뿐만 아니라 자신의 죽음에 대해서도 비애라든가 종교적 죄의식을 품지 않는다. 가령 이는 미나모토와 다이라 사이의 전쟁을 묘사한 고전 『헤이케 모노가타리』에 나오는 다음과 같은 '미나모토 군대의 각오'에서도 잘 엿볼 수 있다.

> 전투가 시작되면 부모도 자식도 내리쳐라. 가족이 죽는 것도 당연하다. 죽으면 그 송장을 밟고 넘어 싸움을 계속할 뿐이다. 그러나 다이라 군대의 사무라이들은 부모가 전사하면 공양을 올리고 자식이 전사하면 탄식하며 슬퍼한다. 우리들 미나모토의 사무라이는 그런 나약한 짓은 하지 않는다.

오늘날의 시각으로 보자면 다이라 쪽이 더 '옳은' 것 같지만, 이 구절은 그만큼 사무라이란 전투의 전문가가 되지 않으면 안 된다

---

4) '一生懸命'과 '一所懸命'은 비슷하게 '잇쇼켄메이'라고 읽는다.

는 것을 말해 주고 있다. 이런 맥락에서 볼 때, 다이라 군대가 철저하지 못했던 것은 그들이 교토를 본거지로 하여 너무 '상류 귀족의 풍습'에 익숙해져 버린 결과라고 이해할 수 있겠다. 이는 오히려 다이라 군대로 하여금 사무라이로서의 아이덴티티를 잃어 버리게 만들었다. 그러나 이와 같은 사무라이의 본래적 사상과 인생관도 시간이 흐르고 세상이 바뀜에 따라 점차 달라진다. 그렇다면 무사도라는 하나의 사상적 조류는 어떤 변모를 겪었을까? 그리고 그 변화는 본질적인 것이었을까? 아니면 시대에 영합한 표면적인 변화에 불과한 것이었을까? 역사를 관찰하면서 이런 변화를 추적해 가는 작업은 매우 흥미로운 일이 아닐 수 없다.

8

'무상관'에 젖은 은자의 사상

1. 혼돈의 시대

헤이안 말엽부터 가마쿠라 초엽에 걸친 일본은 일본사상사에 있어 흔치 않은 혼돈의 시대였다. 그 혼란의 주된 원인은 교토 조정의 힘이 쇠약해진 데 있었다. 일본 전국의 토지를 교토의 공가公家[1]가 관리하는 중앙집권 국가체제(율령제)는 신흥세력인 무사층이 각 지역의 실질적 지배자가 됨으로써 완전히 붕괴되었다. 나아가 중앙의 정치적 상황도 후지와라의 단독 지배 시대가 끝나고 천황 일족들이 넉살좋게 정치에 나서게 된다.[2] 이와 함께 후지와라에 붙어 녹을 먹던 중류 귀족들이 지방 무사층과 결탁했다. 한편, 귀족문화의 지지하에 번성했던 헤이안 불교는 이 무렵 도저히 '부처를 모시는 자'

---

1) 조정.*
2) 이를 院政이라 한다.

라고는 생각할 수 없을 정도로 세속적 힘을 축적했으며, 다수의 군
사력(승병)을 지니게 되어 사사건건 조정을 견제하고 나섰다.

이런 상황 속에서 중앙 정계에 진출한 다이라노 기요모리(平淸盛,
1118~1181)[3]는 독재자 기질을 발휘했다. 해외 무역에 착목한 그의 정
치적 안목은 나쁘지 않았지만, 앞을 멀리 내다보지는 못했다. 그리
하여 그는 '수도로는 바다를 낀 곳이 좋다'는 이유로 수도를 교토에
서 후쿠와라(福原)[4]로 옮기는 '천도遷都'를 실제로 단행(1180년)해 버
렸다. 그러나 이 천도는 원래 치밀한 계획 없이 일개 정치가의 머리
에서 나온 무모한 정책에 불과한 것이었다. 결국 천도는 대실패로
끝났고, 다시금 수도가 된 교토는 더 이상 볼 것도 없을 정도로 황폐
해 있었다. 게다가 이 시기는 천재지변이 자주 일어났다. 물론 우연
이었겠지만 지진, 한발, 태풍 등이 끊임없이 겹쳐 일어나서 당시 사
람들은 그것을 보고 '신불의 노여움'이라고 생각했을 정도였다.

2. '무상관'이라는 일본 특유의 사상

그칠 줄 모르는 전란과 골육상쟁에다 불교계의 부패까지 겹쳐
바야흐로 세상 꼴이 말이 아니게 되자 사람들은 산다는 것에 허망
함을 느끼게 되었는데, 이는 자연스러운 귀결이라고 할 것이다.
그러나 그런 덧없음을 단순한 자포자기로 몰고 가기보다는 하나
의 사상으로 발전시켜 거기서 인생의 지침을 길어 올린 당시의 탁
월한 사상가들이 있었다. 그들은 대개 '은자隱者'라고 불리었다.

---

3) 헤이안 후기의 무장 정치가.*
4) 고베(神戶) 시에 있는 지명.*

여기서 은자란 사회적 지위와 재산을 자신의 의지로 던져 버린 채 산야에서 가난한 은둔 생활을 하던 사람들을 가리킨다. 그들은 세속 생활을 끊음으로써 정신적으로 평온한 삶을 추구했다. 예컨대, 그들은 문학과 음악 등의 예술에 대해서는 오히려 적극적으로 즐길 줄 알았다. 또한 비록 은자의 생활이 세속 생활과 단절되었다고 할지라도 '세속에 사는 다른 사람들'과의 관계를 완전히 끊은 것은 아니었다. 입신출세 등의 세속적 실리와 무관한 은자에게 있어 타인들이란 어떠한 의심도 없이 순수한 눈으로 만날 수 있는 상대가 된다. 은자는 그저 새나 꽃을 대하는 듯한 마음으로 인간의 아름다움과 추함을 있는 그대로 바라보면서 상대방이 말을 걸어오면 같이 응대한다. 만일 불쾌하다고 생각되면 그 자리를 피한다. 그런 식으로 사람들과의 관계를 유지한다. 즉 은자는 타인에 대해 관찰자 혹은 방관자의 태도로 임했던 것이다.

은자라는 '일본 특유의 사상가 유형'이 역사적으로 등장하는 것은 가마쿠라 초기 무렵부터인데, 그 후에도 오늘날에 이르기까지 은자는 일본 어딘가에 계속 존재하고 있다. 후대의 사례를 들자면, 에도 시대의 가인歌人 마쓰오 바쇼(松尾芭蕉, 1644~1694)야말로 은자의 삶의 방식을 산 대표적 인물임에 틀림없다. 또한 근대 문학 사상 최고의 천재 아쿠타가와 류노스케(芥川龍之介, 1892~1927)도 은자의 정신성을 지니고 있었다. 이런 은자들의 고아한 정신을 뒷받침하는 사상적 토대는 '무상관無常觀'이다.

그런데 무상관은 본래 불교의 사상이다. 그것은 석가가 주창한 불교의 근본 이념이라고 전해진다. 이 무상관이 의미하는 것은 다음과 같다.

이 세상에 존재하는 것은 모두가 '상常이 아니다'. 즉 영원히 변치 않는 것은 아무것도 없다. 아무리 견고한 것이라 해도 반드시 언젠가는 멸한다. 인간의 재산도 권력도 그리고 목숨도 영원할 수는 없다.

그렇지만 이런 설명은 그저 현실의 모습을 서술한 객관적 분석에 지나지 않는다. 불교에서는 이 사실을 확인함으로써 거기서 인간의 약함을 반성하고 새로운 인생관을 끌어낸다.

인간이 고통을 느끼는 것은 무상을 무상으로 인정하지 않기 때문이다. 사람은 돈이나 지위 그리고 고통을 언제까지라도 영원한 것이라고 생각하고 싶어한다. 그러나 실제로는 영원하지 않다. 그것이 분하고 안타깝다. 이런 기분이 고통으로 이어진다. 그러니까 무상함을 인정한다면 저절로 고통도 사라질 것이다. 그러면 지위나 돈이 아무리 갖고 싶더라도 결국 그런 것은 사라지고 말 것이므로 지금 이 순간순간 있는 그대로의 자신에게 만족하면 그만 아닌가 하는 생각을 갖게 된다.

은자는 이와 같은 불교의 무상관을 받아들임으로써 인생의 허무함을 긍정하면서 뒤돌아봄 없이 그 허무함에서 '삶의 에너지'를 얻었던 것이다.

3. 은자의 인생관

이런 은자들의 계층이 형성될 수 있었던 것은 일본적 불교의 특징이 그 배경에 깔려 있었다. 무릇 불교의 승려란 정식으로 사원의 허가를 받아야 비로소 얻을 수 있는 지위이다. 속인이 '나는 오늘부터 승려다'라고 선언한다 해서 바로 승려라고 인정받는 것은 아니다. 승려는 일종의 '면허취득의 수속'을 필요로 한다. 이런 절차는 '득도得度'라고 불려졌으며, 종파에 따라 엄격하게 형식화되어 있었다.

그런데 일본 불교의 경우, 득도하지도 않은 채 제멋대로 승려 모습을 하고 개인적으로 종교 활동을 하는 자가 불교 전래 초기부터 나타났다. 그들은 "불문에 귀의하는 것은 순수하게 마음의 문제인데 무슨 면허가 필요한가"라고 생각했다. 그리하여 그들은 사원과 관계 없이 개인적으로 불교 수행에 힘썼다. 이런 승려를 '사도승私度僧'이라 한다. 사도승은 이른바 '반승반속半僧半俗'의 입장이다. 물론 그 중에는 엉터리도 있었을 것이다. 하지만 그들은 대체로 서민들 가까이 다가가 설법을 했고, 서민들을 돕는 데 힘썼으며, 정규 승려들보다 더 많은 사랑과 존경을 받은 경우도 적지 않았다.

예를 들면 나라 시대의 고승 교키(行基, 668~749)도 사도승이었다. 그는 많은 사람들로부터 사랑을 받았으며, 인적 동원력을 구사하여 다리를 세우는 등 사회 토목 사업을 행하기도 했다. 지금으로 말하자면, 그는 '나라 시대의 사회 복지를 실현한 인물'이었던 것이다. 즉 일본 불교의 역사를 통해 사도승은 배척되기보다는 오히려 세상에 널리 알려진 존재로 나타난다. 이런 사도승의 전통이 가마쿠라 시대 무렵에 은자와 결부되었던 것이다. 은자들은 사도승과 마찬가지로 '반승반속'의 입장에서 조용히 인생을 마주 대하였다.

한편, 중세 시대 은자를 대표하는 인물로는 가모노 조메이(鴨長

明, 1155?~1216)와 요시다 겐코(吉田兼好, 1283?~1352?) 두 사람을 들
수 있다. 그들은 은자의 인생관을 잘 보여 준 사상가로 평가받고
있다. 수필 문학의 백미로 알려져 있는 조메이의『호조키』(方丈記)
와 겐코의『쓰레즈레구사』(徒然草)와 같은 작품들은 이들 은자의
사상을 잘 보여 주고 있다.

조메이는 교토의 시모카모(下鴨) 신사에서 네기(神主 밑의 신직)로
봉직하던 가모 가문의 차남으로 태어났다. 가마쿠라 초기의 인물
인 그는 중년기까지 와카와 비파 등을 즐기며 자유로운 생활을 보
냈다. 그러나 그는 50세 무렵에 궁정 내의 출세 경쟁에서 패한 이
후 인생에 낙담하였다. 그리하여 세상의 무상함을 분명히 깨닫고
만년의 인생을 은자로서 보냈던 것이다. 조메이의『호조키』는 은
자가 되기까지 그의 인생 경험을 은자의 시점에서 비판적으로 되
돌아본 작품이다. 여기에서 그는 최종적으로 현재 자신의 모습마
저도 '아직 은자로서의 깨달음을 얻지 못했다'고 반성하는 내용을
담고 있다.

세상을 피하여 산과 들에서 지내는 것은 속세의 집착을 끊고 부처의 길로
들어서기 위한 것이었다. 그러나 부처의 수행자답게 깨끗한 마음을 가지고
있지 못한 것이 아니냐고 자문자답해 보아도 문제는 해결되지 않는다. 다만
부처의 구원을 추구하면서 아미타불을 읊조리는 수밖에 없는 것이 지금의
나이다.[5]

이처럼 조메이는 사상가이기 이전에 인간으로서 정직한 사람이

---

5) 가모노 조메이(鴨長明),『호조키』(方丈記).

었다. 그는 인간에게 있어 은자의 인생이 하나의 귀한 삶의 방식임을 이해하면서, 거기에 간단히 도달할 수 없는 인간의 약함을 자신의 문제로서 정직하게 토로했다. 또한 이『호조키』에서 그는 후쿠와라 천도에 관해 기술하고 있는데, 이 부분은 하나의 탁월한 르포적 성격 띤 것으로 은자라는 지위가 세속에 대한 관찰자이기도 하다는 점을 잘 보여 준다.

한편, 겐코는 남북조 동란기의 인물로 교토의 요시다(吉田) 신사 신관의 집에서 태어났다. 원래 그의 성은 우라베(卜部)이다. 젊은 시절에 많은 귀족들과 교분을 가진 바 있는 그는 20대 무렵에 이미 염세적이 되었고, 30세를 전후하여 은자가 되었다. 그의 경우에는 은자가 된 후에도 속세의 사람들과 많은 교분 관계를 지속하였다. 하지만 이는 은자로서 한 발 물러난 입장에서의 관계였다.

겐코의 생애 언제쯤『쓰레즈레구사』가 쓰여진 것인지는 분명치 않지만 그 내용은 속세의 인간을 실로 예리하게 관찰한 기록이다. 그의 시선에는 인간의 속된 본성을 있는 그대로 받아들이는 온유함이 배어 있으며, 그저 냉담하게 '은자의 무상관'만을 표출하고 있지는 않다. 그렇다고 해서 그가 속세에 어떤 미련을 가지고 있었던 것은 아니다. 다만 속세를 인정하고 허용하면서도 자신은 속세의 물질적 가치관과는 상이한 인생을 살고자 했을 따름이다. 『쓰레즈레구사』에는 이와 같은 은자의 고독한 각오가 잘 나타나 있다.

나의 인생은 이미 실패의 연속이다. 지금이야말로 참으로 속세의 속박을 모두 버려야만 한다. 신의도 더 이상 지키지 않을 것이다. 예의도 신경 쓸 필요가 없다. 그런 것들 또한 속세에 얽매이는 것이기 때문이다. 이와 같은 내 기분을 알지 못하는 이들은 마음대로 나를 '광인'이라고 불러 다오 제정신이 아닌 박정한 남자라고 말해 다오 은자로서 사는 나는 더 이상 속세를 비판하거나 속세로 인해 괴로워하거나 하지 않는다. 무슨 칭찬을 받아도 기뻐하지 않는다.6)

이는 참으로 격한 고백이다. 그러나 이런 격렬함은 겐코의 비장한 각오를 보여 주고 있으며, 그 이상으로 인간의 인간으로서의 '각오를 실천하는 아픔'에 애타는 그의 심정을 잘 보여 주고 있다.

조메이와 겐코는 은자의 사상을 명확히 드러냈을 뿐만 아니라 그 사상의 실천이 철저한 고행의 길임을 스스로의 인생을 통해 보여 주었다. 그들은 자신들의 삶을 통해 독특한 사상을 보여 준 일본의 대표적 사상가라고 할 것이다.

---

6) 요시다 겐코(吉田兼好), 『쓰레즈레구사』(徒然草).

9

불교가 활짝 꽃핀 가마쿠라 시대

1. 서민의 구원을 문제 삼은 가마쿠라 불교

지금까지의 일본사에서 가마쿠라 시대만큼 불교가 찬란하게 꽃핀 시대는 없었다. 호넨(法然, 1133~1212), 신란(親鸞, 1173~1262), 잇펜(一遍, 1239~1289), 에이사이(榮西, 1141~1215), 도겐(道元, 1200~ 1253), 니치렌(日蓮, 1232~1282) 등과 같은 독창적이고 탁월한 불교 사상가들이 한 시대에 집중적으로 나타났던 시대가 바로 가마쿠라 시대이다. 이 시대를 돌이켜보는 자는 이 점에 감탄하게 된다.

가마쿠라 시대의 불교는 몇몇 새로운 종파의 발흥을 보았다. 그러면서도 거기에는 모든 종파에 공통된 이른바 '시대정신'이 존재했다. 불교를 '일반인들을 위한 사상'으로서 재이해했다는 점이 바로 그것이다.

나라 시대로부터 헤이안 시대에 걸친 불교는 천태종과 진언종[1]

을 포함하여 그 대부분이 '진호국가'로서의 종교였으며, 학문으로서의 종교였다. 그 시대의 불교는 귀족이라는 극히 일부의 사람들하고만 결부되어 있었고, 그들의 권력을 지켜주기 위한 기도를 행하는 것을 주된 목적으로 하고 있었다. 특히 헤이안 말기의 승려들은 권력자에게 빌붙었으며, 나아가 스스로 무장(승병)하기까지 했고, 탐욕스럽게 세속적인 부를 추구했다. 또한 불교계 내부에서는 서로 '위계'를 다투는 '출세 경쟁'이 끊이지 않았다. 부분적으로는 옛 경전에 대한 학문적 연구가 없는 것은 아니었지만, 그것은 결국 사람들을 구제하는 것과 인연이 먼 경박한 시험 공부 같은 것에 불과했다.

이러한 현실의 불교계에 의지하지 않고, 독자적 정신력과 불교 해석으로 이 혼란기에 인생의 의의와 구제를 보여 주었던 사람들이 바로 '은자'였음은 8장에서 언급한 바 있다. 그러나 많은 일반인들은 자신들을 구원으로 인도해 줄 힘을 필요로 했다. 그들의 절실한 원망에 부응하고자 한 것이 바로 가마쿠라 불교였다. 그리하여 가마쿠라 불교는 일반인들을 구제하는 것을 커다란 공통의 목적으로 삼았다. 이를 위해서 불교는 농민이든 하급 사무라이든 모두가 이해할 수 있고 납득할 수 있는 것이 되지 않으면 안 되었다. 또한 교리가 알기 쉽고 단순하면서도 사람들에게 안도감을 줄 수 있을 만큼 강력한 것이 되지 않으면 안 되었다. 이것이 가마쿠라 불교의 교리를 대체로 간단하고 실천적으로 만든 요인이다.

그 결과 가마쿠라 불교는 필연적으로 어떤 종파든 '배타적'이라는 특징을 가지게 되었다. 사람들에게 '이런 가르침도 있고 저런

---

1) 4장 '헤이안 불교는 나라 불교와 어떻게 다른가' 참조

가르침도 있다'는 식으로 마음대로 선택할 수 있도록 하는 것은 얼핏 공정한 태도처럼 보일는지 모른다. 그리고 그러한 다양한 선택지를 아는 것이 불교를 폭넓게 연구하기 위해서 필요할지도 모른다. 하지만 일반인들은 불교 연구자들이 아니다. 그런 선택지의 제시는 고민의 씨앗밖에는 되지 않는다. 보다 비판적으로 말하자면, 그러한 공정성은 어떤 구원의 길이 좋을까 하는 최종적 결정을 내려주지 않은 채 사람들을 풀어 놓는다는 의미에서 종교로서의 책임 회피 태도라 할 수 있는 것이다.

가마쿠라 불교는 그와 같은 '아무래도 좋다는 공정성'을 최선으로 여기지 않는다. 오히려 가마쿠라 불교는 자신의 가르침으로 중생을 제도하고자 했으며, 그 신념과 자신감으로 사람들을 움직이고자 했다. 그리하여 가마쿠라 불교는 "이런 가르침도 있고 저런 가르침도 있을 수 있다. 그러나 올바른 가르침은 오직 우리 종파뿐!"이라고 잘라 말한다. 이런 에너지야말로 가마쿠라 불교의 본질적 특성이라고 할 수 있다.

2. 호넨과 정토종

앞서 가마쿠라 불교에 몇몇 종파가 있다고 언급했는데, 이는 크게 세 가지 계통으로 나눌 수 있다. 첫번째가 흔히 '염불종念佛宗'이라 불리는 '정토계淨土界'이고, 두 번째는 에도 시대로부터 근대에 걸쳐 일본사상사에 커다란 영향을 끼친 '선종계禪宗界'이며, 세 번째는 철저한 배타성과 단순성에 있어서 가장 가마쿠라 불교답다고 평가될 만한 '일련계日蓮系'이다. 앞에서 거론한 불교인들을 이 세 계통에 대응시키자면, 정토계에는 호넨과 신란과 잇펜을, 선종계에는 에이사이와 도겐을, 그리고 일련계에는 니치렌을 각각 들 수 있다. 그럼 먼저 정토계의 불교인들부터 소개하기로 하겠다.

호넨은 미마사카(美作)에 근무하던 공무원의 아들로 태어났다. 9세 때 그의 부친은 권력 투쟁에 휘말려 한밤중에 습격을 받아 비명횡사하고 말았다. 호넨의 부친은 멋진 인물이었다. 그는 아들에게 "적을 미워하지 마라. 만일 네가 복수를 생각한다면 싸움은 그치지 않을 것이다"라는 유언을 남겼다고 한다. 부친의 유언에 따라 승려의 길을 택한 호넨은 15세 때 히에이잔에 들어가 천태종을 배운다. 하지만 앞서도 언급했듯이 당시의 히에이잔은 세속에 찌들어 있었다. 호넨은 이런 히에이잔에 환멸을 느끼고는 새로운 불교의 길을 모색하기 시작한다. 그러다가 24세 때 석가상에 매달려 기도하는 대중들의 모습을 보고는 그들을 구제하는 것이 불교 본연의 길임을 깨닫고 어떻게 해야 좋을지 그 방법을 찾기 시작했다. 이 때 그가 발견한 방법이 바로 '전수염불專修念佛'이라는 것이다. 호넨의 나이 43세 때의 일이다. 무릇 서방 극락정토를 주재하는 부처인 아미타불은 모든 인간을 평등하게 구제하고자 했다. 그런 구제를 받기 위해서 단지 '아미타불'의 명호를 소리내어 부르기만 하면 된다. 그러면 아미타불이 그 소리를 듣고 구제해 줄 것이다. 이것이 '전수염불'의 가르침이다. 즉 누구라도 간단히 할 수 있는 '염불을 외운다'는 행동만으로 인간은 부처님에게 구원받을 수 있다는 것이다.

만일 불당과 불탑을 건립하고 불상을 만들지 않아서 왕생할 수 없다고 한다면 일부의 부자들만이 왕생할 수 있다는 말이 된다. 만일 불교를 깊이 공부하고 지혜를 연마한 자들만이 왕생하는 것이라면 역시 극히 일부의 사람들만이 왕생의 자격을 가지게 된다. 그러나 아미타불은 모든 사람들에게 자비의 마음을 일으키시어 몇몇 소수의 사람들만이 구원받는 일이 없도록 하셨다. 그저 염불을 외우는 '칭명염불稱名念佛'만으로 왕생할 수 있도록 하신 것이다.[2]

아미타불을 믿고 염불을 외우는 불교의 수행법은 물론 헤이안 시대에도 있었다. 그러나 '염불만으로 충분하다'고 잘라 말한 것은 호넨이 처음이었다. 전수염불에는 "우리들 인간은 결국 어리석은 자들이므로 자력으로 왕생할 수 없다. 그러니 부처의 자비에 기대야 한다"는 인간관이 근본에 깔려 있었다. 자력으로 구원을 손에 넣을 수 없으며, 어디까지나 아미타불의 자비에 의지하는 수밖에 없다는 것은 바로 '타력본원他力本願'의 신앙이다. 하지만 이는 인간 불신과 자기 혐오라는 부정적 인생관과는 무관하다. 부처라는 '큰 존재'를 믿음으로써 소탈하고 겸허한 마음의 소지자가 될 수 있다는 것이다. 이는 부처에게 의지함으로써 평안을 얻게 된다는 것이며, 그런 다음에야 일상에서 안심과 빛을 찾을 수 있다는 것이다.

이와 같은 호넨의 종파를 '정토종'이라고 불렀는데, 이 정토종에 귀의한 신자들이 대단한 기세로 퍼져 나갔다. 교토와 그 주변은 물론 기타리쿠(北陸)와 도카이(東海) 지역으로까지 교세가 증가했다. 무엇보다 염불을 외우기만 하면 돈도 능력도 필요 없었기 때문이었다. "그렇다면 나도 구원받을 수 있겠네"라며 모두가 기

2) 호넨(法然), 『選擇本願念佛集』.

뻐했던 것이다. 하지만 그 결과 호넨은 정토종의 확산을 두려워한 헤이안 시대 이래의 구종파들로부터 집요한 박해를 받게 된다. 이들은 조정을 움직여 호넨을 시코쿠(西國) 지방으로 유배 보냈으며, 그 때가 호넨의 나이 75세 때의 일이다. 그러나 호넨은 이런 부당한 시련을 조용히 받아들였다. 유배에서 풀려난 호넨은 교토로 돌아온 후 80세의 나이로 한 생애를 마쳤다.

3. 호넨의 순수한 계승자, 신란과 잇펜

한편, 신란은 호넨의 수제자로서 호넨과 연류되어 유배를 당했던 인물이다. 신란은 하급 귀족의 아들로 교토에서 태어나 9세의 어린 나이로 불문佛門에 귀의했다. 『우관초愚管抄』의 저자이기도 한 지엔(慈圓)[3]의 문하에 들어간 그는 20여 년간 천태종 수행을 계속했다. 그러나 당시의 불교계에서 구제의 가능성을 찾지 못했던 그는 히에이잔을 떠나 호넨을 만나게 되었다. 그 때 호넨의 나이는 69세였고, 신란은 29세였다.

신란은 '전수염불'의 가르침에서 깊은 신앙심을 얻음과 동시에 호넨이라는 인간의 인간성에 깊이 매료되었다. "스승이신 호넨이라면 그에게 속임을 당해 지옥에 떨어진다 해도 후회는 없다"고 자신 있게 선언할 만큼 그는 호넨이라는 인물에게 반해 버린 것이다. 호넨이 시코쿠로 유배 갔을 때, 그는 에치고(越後)[4]로 유배당했는데, 그 후 그의 생애를 보더라도 호넨을 연모하는 마음에는 한

---

3) 11장 '두 권의 책에서 일본인의 역사관을 읽는다' 참조.
4) 니가타(新潟) 현의 옛 지명.*

점의 의혹도 없었다. 이 점에서 신란은 호넨의 순수한 후계자라 할 수 있다. 그는 호넨의 가르침을 보다 철저하게 밀고 나가는 방향성으로 자신의 사상을 형성했다.

이와 같은 신란의 가르침은 '정토진종淨土眞宗'이라고 불린다. 그는 전수염불의 타력적 성격을 보다 철저하게 추구하여 이렇게 설명한다.

> 염불이란 '비행비선非行非善'의 것이다. 염불을 외우는 자의 상태란 '외워야지'라는 의지를 가지고 외우는 것이 아니다. '이것이 좋은 거야'라고 의식해서 외우는 것도 아니다. 아미타불이 우리 인간들을 불쌍히 여기시어 염불을 외우도록 한 것이다. 사람이 '자기 힘으로 염불을 외우는 것'이라고 생각해서는 안 된다.[5]

다시 말해, 이 말은 염불을 창하는 지극히 간단한 행위조차 실은 사람의 힘으로 하는 것이 아니라는 것이다. 그리하여 신란은 "아미타불 앞에서는 인간이란 완전히 무력한 존재이다. 무력하기 때문에 구원받을 수 있다"고 말한다. 이런 신란의 사상을 가장 잘 드러내는 말이 저 유명한 "선인도 왕생하는데 하물며 악인이랴"[6] 하는 구절이다. 선인조차 왕생할 수 있는데, 하물며 악인이 왕생하는 것이 당연하다는 이 말은 일견 모순되는 말처럼 보인다. 사실은 여기에 신란의 인간관이 깊이 깔려 있다. 신란에 의하면, 인간은 모두가 무력한 존재다. 때문에 그가 말하는 선인이란 '인간의 무력함을 모르고 자력으로 선행이 가능하다고 잘난 체하는 자'

---

5) 신란(親鸞), 『탄니쇼』(歎異抄).
6) 같은 책.

를 가리키며, 악인이란 '자신의 어리석음과 악함을 자각하는 자'를 뜻한다. 따라서 선인은 자신의 잘못된 자신감으로 인해 부처의 자비에 선선히 의지하려 들지 않는다. 이에 반해 악인은 부처의 자비에 기댈 수밖에 없다는 점을 알고 있다. 그러나 부처는 그렇게 잘난 체하는 선인도 구원해 주신다. 하물며 악인이 구원받는 것은 당연하지 않느냐는 말이다. 이리하여 정토종과 정토진종은 가마쿠라 시대의 무력한 민중들의 마음을 제도해 주었다.

한편, 잇펜은 호넨과 신란보다도 후대(가마쿠라 후기)에 등장했다. 그는 이요(伊預)7) 출신으로서 정토종을 공부했다. 그리고 염불에다 서민적인 춤의 요소를 추가함으로써 보다 하층 사람들의 마음을 부처의 구원에 눈뜨게 하고자 했다. 그의 종파는 보통 '시종時宗'이라고 불리지만, 이런 이유로 세간에서는 시종을 '염불춤(오도리넨부쓰)'이라고 칭하기도 한다.

이상과 같은 호넨, 신란, 잇펜에 의한 염불의 가르침은 일본 불교의 깊이 있는 자비의 사상으로서 오늘날까지도 면면히 살아 숨쉬고 있다.

---

7) 에히메(愛媛) 현의 옛 지명.*

10

일본 특유의 선종이 일어나다

1. 불립문자로서의 선

가마쿠라 불교 중 '선종계'에는 에이사이가 개창한 임제선臨濟
禪 종파와 도겐이 시작한 조동선曹洞禪 종파가 있다. 이 선종계에
서는 발을 모으고 조용히 호흡을 가다듬으면서 잡념을 씻어 내고
정신을 집중한다. 그리고 이를 통해 신비스런 직관을 획득한다.
이처럼 신체를 사용한 수행이 이른바 '선禪'이라는 거다. 선은 원
래 고대 인도에 전해져 온 정신수양의 방법이었다. 그것을 석가가
불교의 수행 방법으로 받아들임으로써 선은 불교의 중요한 요소
가 되었다.

선은 6, 7세기에 중국 불교에서도 중시됨으로써 불교 수행법으
로 확립된다. 이런 불교 수행법의 목적은 선에 몰두함으로써 부처
와 일체가 되는 체험을 얻는 데에 있다. 그런 체험이 곧 '깨달음'

이라는 것이다. 선은 원래 직관이 가장 중요한 요소이므로 문장으로 그 가르침을 전하는 전통은 없다. 이를 '불립문자不立文字'라한다.

하지만 스승으로부터 제자에게 '선으로 깨달음을 열기 위한 힌트'가 전수되는 경우가 있다. 이는 스승이 제자에게 어떤 질문을 던지면 제자는 그 해답을 생각해 냄으로써 깨달음에 다가서는 방식이다. 이런 선의 질문을 '공안公案'이라 한다. 그런데 '깨달음의 힌트가 되는 질문'이라 해도 애당초 직관적 수행이므로 명쾌한 논리와는 거리가 멀고 의미를 알 수 없는 추상적 질문이 될 수밖에 없다.

나쓰메 소세키(夏目漱石)[1]가 젊었을 때 선 수행에 도전한 유명한 에피소드가 있다. 그 때 그는 '부모가 생겨나기 전의 얼굴이 무엇인지 생각해 보라'는 공안을 받아들고는 제대로 대답하지 못한 채 단념했다는 이야기가 전해진다. 이 공안인즉 '양친이 아직 태어나지 않았을 때의 나 자신은 무엇인가'라는 질문으로 보인다. 이런 것은 대체로 논리적으로 답변하기 힘든 질문이다. 선의 공안이란 이와 같은 내용인 것이다.

2. 에이사이와 임제선

고대 중국의 경우를 보면, 8세기 무렵 중국 불교에서 선이 완전히 뿌리를 내렸고, 시대적으로 더 내려와 12세기 무렵에는 선이 유력한 종파로서 정착하게 되었다. 그 중 '공안'을 중시하는 '임제

---

1) 36장 '이데올로기를 넘어선 사회정의' 참조.

종'과 공안을 사용하지 않고 다만 전적으로 앉은 채로 명상하는(座禪) 수행 방법을 중시하는 '조동종'이 대표적 유파였다.

일본의 경우는 가마쿠라 시대에 에이사이와 도겐이라는 두 명의 승려가 중국(宋)에 유학한 뒤 각각 이 양대 유파의 선을 수입하여 독자적 해석을 가했다. 그리하여 '일본 특유의 선종이 시작'된 것이다.

에이사이는 빗추(備中)2)에 있는 신사 신관의 아들로 태어났다. 그는 14세 때 불문에 귀의했고, 천태종의 승려가 되었다. 그 후 두 차례에 걸친 중국 유학을 통해 당시 선불교가 큰 불교 세력을 이루고 있음을 알게 된 그는 임제선을 공부했고, 귀국한 다음 임제선을 일본에 전파하는 데에 진력했다.

> 사람의 마음이란 위대한 것이다. 하늘의 높이는 헤아릴 수 없다. 그러나 사람의 마음은 그 하늘보다도 높다. 땅의 깊이는 측량할 수 없다. 그러나 사람의 마음은 땅보다도 더 깊다. 그런 사람의 마음의 크기를 깨닫는 것이 곧 선이다.3)

이것은 에이사이가 선의 경지를 어떻게든 언어로 설명하려 한 말이다. 그 진의가 읽는 이에게 실감나게 전달될지 아닌지에 대해서는 논외로 하더라도, 이 구절은 에이사이의 선불교에 대한 열의와 헌신의 정도를 짐작하게 해 주는 대목이다.

임제선은 하급 사무라이 등을 중심으로 퍼져 나갔다. 원래 '전투의 전문가'이자 죽음과 항상 친숙한 사무라이들에게 선에 의해

---

2) 지금의 오카야마(岡山) 현 서부에 해당하는 옛 지명.*
3) 에이사이(榮西), 『興禪護國論』.

얻어지는 '부처와의 일체감'은 죽음의 공포를 털어 버릴 만큼 크나큰 생의 충만감이 되었으리라고 여겨진다. 에이사이는 이런 의미에서 많은 사람들을 구제한 탁월한 사상가였다. 그러나 문제는 그의 사상성보다는 인간성에 있다. 그는 헤이안 시대 이래의 구불교로부터 임제선을 지키기 위해 전적으로 당대 권력에 빌붙었던 것이다. 앞서 들었던 에이사이의 저서 제목이 『흥선호국론興禪護國論』이라는 점에서도 짐작할 수 있듯이, 그는 임제선을 "악을 몰아내고 국가 권력을 지키는 참된 '진호국가'의 가르침"이라고 주장한다. 물론 이는 가마쿠라 막부의 지지를 얻으려는 속셈이었다. 임제선은 이렇게 시대 권력에 편입됨으로써 무로마치 시대로부터 에도 시대에까지도 계속 융성할 수 있었다. 그러나 사상사의 차원에서 보자면 에이사이의 방식은 좋은 평판을 얻지는 못했다.

3. 도겐과 조동선

이에 비해 조동선을 일본에 전파한 도겐은 철저히 금욕주의적인 사람으로서 일체 권력 근처에도 가지 않았던 승려이다. 도겐은 귀족의 아들로 태어나 어려서 부모를 잃고 13세 때 천태종 승려가되었다. 그러나 교단 내의 권력 다툼에 염증을 느껴 히에이잔을 떠나 에이사이의 제자로 들어갔다. 이윽고 에이사이의 수제자와함께 중국(宋)에 유학하여 거기서 조동선을 배워 귀국 후에 이를널리 전파했다.

조동선은 공안을 쓰지 않고 다만 전적으로 좌선만을 하는 선종이다. 이를 '지관타좌只管打坐'라 한다. 그러면 도겐은 왜 임제선이 아닌 조동선을 선택한 것일까? 그는 다음과 같은 말을 남기고 있다.

> 나는 어리석거나 또는 둔하기 때문에 깨달음을 얻지 못한다고 자신을 비하하는 것은 잘못이다. 이 세상에 살아 있는 동안에 깨달음을 추구하지 않는다면 언제 깨달을 수 있단 말인가? 깨달음이란 구하면 반드시 얻을 수 있다.[4]

여기서 도겐은 어떤 사람이라도 선을 통해 깨달음을 얻을 수 있음을 역설한다. 물론 이는 그의 확신이라기보다는 '그랬으면 좋겠다'는 희망 사항이었을지도 모른다. 즉 누구라도 선의 깨달음을 추구하기를 바랐던 그로서는 그 수행 방법이 단순한 '좌선'만으로 충분하다고 주장하는 조동선에 크게 공감했을 것이다. 그는 "이것은 누구라도 할 수 있다"고 기뻐했을 것이고, 그래서 조동선을 자신이 걸어갈 길로 선택한 것이었으리라.

도겐은 또한 불교가 일반적으로 여성을 '부정의 원천'으로 천시하는 데에 대해 정면으로 반론을 펼친 인물로도 유명하다. 그는 "여자에게 무슨 죄가 있다는 건가, 남자에게 무슨 덕이 있다는 건가?"[5]라고 하여 여성 차별의 통념을 강하게 비난했다. 즉 그는 불교 사상가이기 이전에 평등주의자였으며 휴머니스트였다. 이러한 그의 인간성이 그로 하여금 조동선에 입문하게 만든 원인이었다고 여겨진다.

도겐의 설명에 의하면, 좌선이란 '나와 주변 세계가 하나'라는 진실에 눈뜨는 것이라고 한다. 원래 이 세계는 하나의 대존재이며,

---

4) 도겐(道元), 『正法眼藏隨聞記』.
5) 도겐(道元), 『正法眼藏』.

따라서 자신이 '세계에서 독립된 일개 존재'라고 자각하는 것은 사실은 오류다. 좌선을 하면 자신이 '대존재 안에 녹아 있는 존재'라는 점을 실감하게 될 것이다. 그리고 지금까지의 자각이 잘못되었다는 사실에 눈뜨게 된다. 이것이 바로 깨달음이라고 도겐은 설명한다.

> 불도를 안다는 것은 참된 자기를 안다는 것이다. 참된 자기를 안다는 것은 지금껏 '이게 나다'라고 생각해 왔던 '잘못된 자각'을 지워 버리는 것이다. 잘못된 자각을 지워 버린다는 것은 자기를 본래의 자기 상태로 되돌리는 것이다.6)

이와 같은 깨달음의 상태에 도달하는 것을 '신심탈락身心脫落'이라고 한다. 잘못된 자아의식을 벗어 버린다는 의미이다.

좌선이라는 행위를 가장 중시하는 도겐은 마침내 좌선이 '깨닫기 위한 방법'임을 넘어서서 아예 '깨달음 그 자체'라고까지 단언했다. 좌선이란 깨달은 마음 자체가 형태를 입은 것이라는 말이다. 좌선의 이와 같은 의미를 이해하지 못한 채 그것을 단순한 '수행 방법'이라고만 생각하는 동안에는 참된 깨달음에 이를 수 없다. 이를 '수증일여修証一如'라고 한다. 여기서 '수修'란 수행을 뜻하고, '증証'은 깨달음을 가리킨다. 요컨대 도겐의 사상이란 "인간은 본질적으로 깨달음을 얻을 수 있는 힘을 지니고 있으며, 그 힘은 좌선이라는 '깨달음의 형태'에 신체를 부합시키는 것만으로도 발휘된다"는 것이다. 이는 '인간의 능력에 대한 전면적 신뢰' 위에

---

6) 같은 책.

세워진 사상이다. 때문에 "노력은 반드시 보답 받는다. 보답 받으니까 노력하라"와 같은 '자력 구제의 사상'으로서 전개되었다. 이는 '인간을 무력한 존재로 규정하는 타력본원의 사상'인 정토계와는 완전히 대조적인 사상이다. 이와 같은 조동선 또한 무사층을 중심으로 하여 당시 많은 귀의자들이 있었다. 도겐 자신은 에치젠(越前)[7]에 절을 세워 거기서 좌선에 정진하는 성실한 인생을 보냈다. 이 두 유파의 선종은 정토계와 나란히 가마쿠라 시대에 많은 사람들을 제도했다.

4. 니치렌과 일련종

이런 가마쿠라 불교 유파들을 송두리째 부정하면서 "참된 구제는 오직 우리 교단에만 있다"고 주장한 자가 있었으니, 그가 바로 니치렌이다. 니치렌은 아와(安房)[8]에서 어부의 아들로 태어났다. 12세 때 불문에 들어가 약 20년간을 천태종 수행으로 보냈다. 그는 원래부터 외곬 기질의 남자였다. 그는 오로지 '절대적이고 유일한 구제'를 추구하였으며, 여러 경전을 연구한 결과 마침내 『법화경』만이 유일무이한 최고의 경전임을 확신하기에 이르렀다.

그러나 이와 같은 그의 '발견'은 별로 특별한 것이 아니다. 무릇 『법화경』은 불교의 중요한 경전 중의 하나로서 쇼토쿠 태자도 이 경전을 중시했으며, 천태종의 기본 경전도 이 『법화경』이다. 또한 도겐 역시 그의 저서 『정법안장正法眼藏』에서 『법화경』을 많이 인

---

7) 후쿠이(福井) 현 중북부에 해당하는 옛 지명.*
8) 치바(千葉) 현 남부에 해당하는 옛 지명.*

용하고 있다. 요컨대『법화경』은 고대로부터 줄곧 일본 불교를 받쳐 온 가장 기본적 경전인 것이다. 그러니까 니치렌이 주장하는 특징은『법화경』을 중시했다는 점이 아니라『법화경』만을 인정하고 다른 가르침은 모두 부정했다는 점에 있다. 그에 의하면 "오로지『법화경』만을 신앙하고 다른 가르침에는 일체 관여하지 않는다"는 자세로 일관하지 않으면 구원은 없다는 것이다.

이와 같은 신앙의 구체적 방법으로서 "나는『법화경』을 믿습니다"라는 의지 표현으로서의 '나무묘법연화경南無妙法蓮華經'이라는 구절을 외우기만 하면 된다는 것이다. 실은 이 단순성이야말로 니치렌의 가르침이 갖는 탁월성이다. 난해한『법화경』을 신앙의 대상으로 하면서도 누구나 거기에 참여할 수 있는 단순성이 당시 사람들에게 환영받았던 것이다. 다만 문제는 타종파에 대한 그의 공격적 비판이 지나쳤다는 점이다. 그는 '염불무간선천마念佛無間禪天魔 진언망국율국적眞言亡國律國賊'이라고 외쳤다. 이는 "정토교는 무간지옥에 빠지고, 선종은 악마의 가르침이며, 진언종은 나라를 망치고, 헤이안 불교로 전통 있는 율종은 나라의 적이다"라는 의미이다. 그러니 그가 주변으로부터 박해를 받지 않을 수 없었을 것이다. 이처럼 불교계 전체를 적으로 삼은 결과 그의 포교 생활은 내내 불우하기만 했다.

그러나 니치렌의 가르침은 이렇게 과격한 만큼 한편으로 순수했으며, 그것이 일부 사람들의 마음을 움직여 '일련종日蓮宗'이라는 하나의 종파를 형성하게 된다. 이 일련종은 에도 시대에도 여전히 탄압을 받았다. 이처럼 비참한 역사가 계속되었음에도 불구하고 일련종이 일본에서 사라지지 않은 것은 "『법화경』을 믿지 않으면 구제는 없다"는 너무나 확신에 찬 니치렌의 신념 때문이었다고 여겨진다. 이런 신념이 일련종에 계속 이어졌기 때문이다. 이런 의미에서 니치렌의 정열적 사상 또한 '중생제도의 가마쿠라 불교' 그 자체였다고 말할 수 있다.

11

두 권의 책에서 일본인의 역사관을 읽는다

1. 중세에 역사서가 많이 쓰여지게 된 이유

가마쿠라 시기에서 무로마치 시기에 걸친 중세라는 시대는 역사서가 많이 쓰여진 시대였다. 이 시대에 사무라이라는 신흥 세력이 역사의 무대에 등장했으며, 그 때까지 일본의 문화를 주도했던 귀족들과 승려들은 보조역으로 밀려나고 만다. 이렇게 처지가 바뀌게 되자 승려들은 왜 그렇게 되었는지를 반성하게 되었고, 그 결과 적극적으로 역사서를 쓰게 된 것이다. 따라서 이 시대에 나온 역사서의 작가들은 이른바 지식층의 엘리트 귀족과 승려들이었다.[1] 이들에 의해 생산된 수많은 역사서에는 '헤이안 시대의 귀족문화를 그리워하는 필치로 쓰여진 것', '사무라이 세력에 대한 원한과 증오가 표출된 것'이 있는가 하면, 이와 대조적으로 '사무

---

1) 대체로 이 시기의 무사층은 역사서를 쓸 만한 지적 수준에는 이르지 못했다.

라이의 발흥을 찬미하는 것' 등 제각각 다양한 작가의 입장이 잘 나타나 있다. 그 가운데 작자의 사회적 지위를 넘어서서 '일본인의 역사관'이라는 보편적 테마를 잘 엿볼 수 있는 상이한 유형의 역사서 두 권을 살펴보도록 하자.

2. 지엔의 『우관초』와 현실주의 역사관

그 첫번째 유형은 지엔(慈圓, 1155~1225)이 쓴 『우관초愚管抄』이다. 지엔은 가마쿠라 초기에 활동한 천태종의 승려이다. 그는 가인歌人으로서도 유명하며, 네 차례나 '천태좌주天台座主'[2]에 취임한 적이 있는 불교 사상의 거물이기도 하다. 지엔이 쓴 『우관초』는 그 자신의 특유의 역사관에 기초하여 고대에서 가마쿠라 초기까지의 일본사를 기술한 책이다.

먼저 지엔의 역사관에 대해 설명하자면 "역사가 평화로 귀결된다면 그것은 필연적 운명의 결과라고 이해할 수 있다"는 것이다. 이런 사고방식에 따라 지엔은 사무라이 세력의 발흥을 호의적으로 보고 있다. 즉 역사서의 사실은 당초부터 '그렇게 되도록 정해져 있다'는 것이다. 때문에 현실로서 일어난 사무라이의 대두도 가마쿠라 시대가 평화로운 한에 있어서는 "일어날 만한 것이 일어난 것이지 결코 잘못된 상태는 아니다"라는 식으로 설명된다. 지엔은 지배자가 누구이든 간에 평화로운 치세로 귀결된 시대는 '운명에 잘 따른 시대'로서 긍정한다. 한편, 전란의 시대에 대해서는 당시의 지배자가 '운명에 거스른 시대'라 하여 그것을 비난한다.

---

2) 천태종을 총괄하는 최고 지도자.

『우관초』의 내용은 구체적으로 다음과 같다. 무릇 일본의 고대란 천황이 혼자서 어떤 보좌도 없이 훌륭하게 치세를 했던 '왕위王位의 정법시대'였다. 그런데 이윽고 '신대神代의 분위기'가 상실되고 만다. 그 때 쇼토쿠 태자가 나타남으로써 불법佛法에 의해 나라가 수호되고, 신하가 천황에게 협력하는 시스템이 만들어졌다. 한편, 헤이안 시대에 후지와라가 나라를 다스린 것은 국가의 시원기에 아마테라스 여신이 이미 후지와라의 선조에게 약속한 사항이었다. 때문에 이 시대는 '도리'에 따르는 평화로운 시대였다. 보원保元의 난(1156년)과 평치平治의 난(1159년)은 황실의 내란이 그 원흉이다. 결과적으로 사무라이 시대가 열리게 된 계기가 되었는데, 이는 사리사욕에 눈이 멀어 역사의 '도리(혹은 운명)'를 도외시했기 때문에 일어났다. 하지만 사무라이의 대두 또한 필연이었다. 단노우라 전투에서 다이라가 패망했을 때 천황가에 대대로 전해오는 '삼종의 신기'[3]도 사라졌었는데, 그 중 검은 끝내 찾지 못했다. 이는 나라의 지배가 사무라이의 손으로 넘어갔으므로 천황가의 검이 쓸모없게 된 것을 신이 계시한 것이다. 가마쿠라 막부가 열리고 나라의 지배가 미나모토로부터 싯켄(執權)[4] 호조(北條) 가문으로 넘어갔다.[5] 그 사이에 큰 분란이 일어나지 않은 것은 이 역사의 흐름이 '사람에 의해 정해지는 것'이 아니라 '신이 사전에 정해 놓은 것을 인간이 거역하지 않았기 때문'이라는 것이다.

---

3) 일본 신도에서 천황가의 신성성을 상징하는 세 가지 보물. 거울, 검, 구슬을 말한다.*
4) 가마쿠라 시대 쇼군(將軍)의 보좌역.
5) 가마쿠라 시대 약 150년 중에 처음 40년간은 미나모토 쇼군 시대이고, 이후 100여 년은 호조 싯켄의 시대이다.

이상은 『우관초』가 설명하고 있는 역사의 인과이다.[6] 지엔의 역사관은 결과를 중심으로 긍정할 수 있는 상황(평화로운 상태)을 먼저 인정하고 거기에 이르는 과정을 후에 '필연적이었다'고 본다. '정의의 이념이 먼저'가 아니라 '좋은 결과가 먼저'인 것이다. 말하자면 이는 결과를 우선시하는 귀납적 역사관이라 할 수 있다. 이와 같은 '현상의 긍정 → 현상에 이른 과정의 긍정'은 지엔만의 주장으로 끝나지 않았다. 사실 『우관초』는 일본에서 '삼대 사론서 史論書' 중의 하나로 오랜 세월 동안 꾸준히 읽혀 왔다. 거기에 내포된 역사관은 분명 일본사상사의 중요한 요소임에 틀림없다.

3. 기타바나의 『신황정통기』와 귀족주의 역사관

한편, 기타바타 게치카부사(北晶親房, 1293~1354) 는 『신황정통기 神皇正統記』라는 역사서를 썼다. 이 역사서는 무로마치 전기에 해당하는 '남북조 동란시대'에 귀족적 관점에서 일본의 역사를 비판적으로 기술하고 있다. 이 또한 '삼대 사론서' 중의 하나이다.[7]

남북조의 동란은 일본사상 미증유의 기이한 사태인데, 이는 황실이 남조와 북조의 두 파로 갈라져 싸운 사건이었다. 남조쪽 정치·군사의 중심 인물인 게치카부사는 남조의 새로운 천황인 고무라카미(後村上) 천황을 위해 이 『신황정통기』를 써서 바쳤다. 즉

---

6) 지엔은 승려이므로 여기서 말하는 신이란 '부처가 그 모습을 바꾸어 나타난 존재'라고 해석하고 있다. 이 점은 5장 '신불습합을 합리화한 본지수적설' 참고
7) '삼대사론서' 중 나머지 하나는 에도 시대의 사상가 아라이 하쿠세키(新井白石)가 쓴 『讀史余論』이다. 아라이 하쿠세키에 관해서는 20장 '화혼양재 정신을 낳은 프래그머티즘적 주자학' 참조

이 책에는 "남조야말로 정통 황실이므로 이 남조를 계승하는 천황은 역사로부터 올바른 치세를 배워야 한다"는 의도가 담겨 있다. 말하자면 『신황정통기』는 제왕학의 책이라 할 수 있다.[8]

『신황정통기』의 내용은 "대일본은 신국神國이다"라는 구절로 시작하여 역대 천황의 업적을 정성스럽게 시대순으로 따라가고 있다. 고무라카미 천황은 97대 천황이므로 쓰는 자도 읽는 자도 상당한 끈기를 필요로 한다. 여기서 게치카부사의 역사 인식이 대단히 뛰어난 점은 역대 천황 모두를 찬양하는 것에 있는 아니라, '문제가 있었던 천황에 대해서는 단호하게 그것을 지적하고 비판한다'는 냉철하고 합리적인 입장을 취했다는 점에 있다. 가령 "25대 부레쓰(武烈) 천황은 악행을 많이 저질렀다"든가 "57대 요오제이(陽成) 천황은 본성이 악해서 왕의 그릇은 못 되었다"는 식이다. 반면에 뛰어난 정치적 수완으로 나라를 잘 다스린 자는 설령 사무라이라 할지라도 높이 평가한다. 예컨대 이 책에서는 제2대 싯켄이었던 호조 요시토키(北條義時)를 가마쿠라 막부의 막정을 확립한 공로자로서 의외로 높이 평가하고 있다.

요컨대 게치카부사의 천황관은 무엇보다도 '천황은 뛰어난 치세가이지 않으면 안 된다'는 이념을 우선시한다. 그 이념에 맞느냐 맞지 않느냐로 천황의 가치를 정하는 것이다. 역으로 말하자면 이는 "어찌 되었든 천황은 무조건 존귀하다"는 단순한 본질론이 아니다. 또한 게치카부사는 뛰어난 치세가의 조건으로서 '정직과 공평'을 강하게 내세웠다. 이 점에서 96대 고다이고(後醍醐) 천황은

---

8) 물론 이 책은 남조 편에 선 사무라이들도 독자로 상정하고 있다. 즉 신하 교육과 남조 지지 요청의 의도도 들어가 있다.

신하에 대한 포상에 있어 불공평했다고 심하게 비난받는다.9) 게치카부사의 이념은 "존귀한 입장에 있는 자는 훌륭해야만 한다"는 '순수한 귀족주의'라고도 할 수 있다. 그러니까 이 책에는 "새로운 제왕인 고무라카미 천황을 진실로 훌륭한 천황으로 교육시키자"는 열정이 담겨져 있다. 이런 귀족주의적 천황관은 지극히 일본적인 역사관의 하나라고 말할 수 있다. 천황의 존재는 어디까지나 절대적으로 긍정하면서 그 천황에게 '훌륭함'을 추구한다. 이는 이른바 지배받는 자의 권리이다. 『신황정통기』는 이와 같은 일본인의 감각을 잘 나타낸 역사서라고 평가된다.

　『우관초』와 『신황정통기』는 전혀 유형이 다른 역사서이지만 각각 일본인의 역사관의 원형을 잘 보여 주고 있다. 그 저자인 지엔과 기타바타 게치카부사는 중세 일본을 대표하는 사상가라고 할 것이다.

---

9) 참고로 『신황정통기』에서 고다이고 천황은 95대로 기록되어 있다. 이는 어린 제왕이었던 85대 주쿄(仲恭) 천황을 빼버리는 바람에 일대씩 밀린 것이다.

12

무사도는 시대와 더불어 어떻게 변해 갔는가

1. 사무라이는 410여 년 동안 어떻게 변하였는가

미나모토에 의해 가마쿠라 막부가 열린 이래 도쿠가와 일족이
에도 막부를 개창하기까지 약 410여 년의 시간이 흘렀다. 가마쿠
라 시대로부터 무로마치 시대 및 전국시대, 그리고 오다 노부나가
(織田信長)와 도요토미 히데요시(豊臣秀吉)에 걸쳐 통일일본을 이룬
직풍織豊 시대 등 그 410여 년 동안 일본에서는 몇몇 시대의 큰 물
결이 있었다. 그리고 그 사이 일본사의 주역은 항상 사무라이들이
었다. 이 4백여 년 동안 사무라이들에 의해 일본인의 세계관과 인
생관은 어떻게 바뀌었을까?

7장에서는 사무라이의 정의와 본질을 세 가지 요소로 나누어
살펴보았다. 즉 첫째로 사무라이는 원래 하급 귀족이었으므로 그
들이 가진 천황 숭배의 경향은 지극히 당연한 것이었다는 점이고,

둘째로 사무라이는 영주이자 토지 소유자로서 성립된 계층이었으므로 토지가 사무라이의 아이덴티티를 뒷받침해 주었다는 점이며, 셋째로 사무라이는 전투의 전문가였으므로 죽이고 죽는 일이 죄로 인식되지 않았다는 것이다.

이런 사무라이의 본질은 에도 시대에 이르기까지 크게 바뀌지 않는다. 특히 에도 시대가 되어 일본에서 전쟁이 줄어들고 '전투의 전문가'로서의 사무라이의 의의가 현실적으로 쓸모없게 된 이후에도, 사무라이들이 '전투자로서의 상징'인 칼을 손에서 놓지 않았다는 사실은 그 본질이 변함없이 계속되었다는 큰 증거라고 말할 수 있다. 하지만 이런 본질과는 별도로 시대와 더불어 변모한 요소가 있다. 그것은 사무라이들의 미의식이다.

그렇다면 사무라이로서의 멋진 삶의 모습과 미적 존재 양식은 무엇이었을까? 이 물음에 대해서는 다음과 같이 말할 수 있을 것이다. 즉 사무라이들의 미의식은 하나로 고정되어 있기보다는 시대의 변화와 더불어 다르게 나타난다고 보아야 할 것이다. 이와 같은 미의식의 변화에서 사무라이의 '시대에 따른 차이성'을 확인할 수 있다. 이 장에서는 가마쿠라 시대 사무라이의 성격 및 전국 시대 사무라이의 속성을 나타내 주는 각각의 상징적 사실이나 구체적 이야기를 실마리로 해서 살펴보자.

2. 가마쿠라 시대 사무라이의 심정적 충성심

미나모토노 요리토모라는 인물은 사람의 마음을 사로잡는 데 뛰어났던 모양이다. 가마쿠라 막부의 역사를 기술한 고전 『오처경吾

妻鏡』에 의하면, 요리토모가 다이라 토벌을 시작할 때 이즈(伊豆)[1]에서 전투를 벌이기 직전 가신단의 사무라이를 한 사람씩 따로 불러 다음과 같이 말했다고 한다. "아직 이건 아무한테도 말하지 않은 비밀인데, 너만이 내가 의지할 만하므로 긴밀히 상담하고 싶었다." 대장이 지긋이 자기 눈을 응시하면서 이렇게 말할 때 마음이 움직이지 않는 부하가 어디 있으랴. 그러니 미나모토 군대의 사기가 충천할 수밖에 없었을 것이다. 부하들에 대한 요리토모의 이와 같은 심리 작전은 대성공이었다.

그런데 이런 에피소드에서 특히 주목하려는 점은 요리토모의 인간성이라기보다는 그의 퍼포먼스에 의해 표출된 무사적 군신관계의 실태이다. 초기 가마쿠라 시대의 사무라이들은 이 에피소드에서 엿볼 수 있듯이, 주군과 가신은 비즈니스 계약관계라기보다는 오히려 정서적 유대관계로 얽어져 있는 경우가 많았다. 가마쿠라 시대 사무라이들의 주종관계는 일반적으로 '은恩'과 '봉공奉公'의 관계라고 말해진다. 여기서 '은'이란 주군으로부터 가신에게 부여되는 유형·무형의 은혜를 가리키며, 구체적으로는 영지의 보증을 의미한다. 한편, '봉공'이란 가신이 주군의 은혜에 보답하기 위해 여러 가지 헌신과 봉사를 다하는 것을 뜻한다. 가령 전투가 일어나면 주군을 위해 즉시 달려와 전투에 참가하는 것이다.

이러한 주종관계는 얼핏 비즈니스에서의 쌍무계약처럼 보이기도 한다. 그러나 이것이 반드시 공적 관계만을 의미하는 것은 아니었다. 가신은 주군에 대해 정서적 유대를 원했고, 이를 위해 철저한 자기 희생을 치르더라도 주군에게 충성을 다하는 태도를 보이

---

1) 지금의 시즈오카(靜岡) 현의 동남부에 해당하는 옛 지명.*

는 경우가 적지 않았다. 위에서 들었던 요리토모의 에피소드 또한 '정서적 충성심'이 전제되어 있음으로 해서 비로소 나올 수 있었다. 요리토모는 자신에 대한 가신들의 '비즈니스 감각을 넘어선 정서'를 교묘하게 부추김으로써 그들을 분발시켰다. 이와 같은 '주군에 대한 정서적 충성심'은 가마쿠라 사무라이들에게 있어 확실히 하나의 미의식이었다. 이 점을 후세에 가장 잘 전해 주는 사례로서 요곡謠曲2) 『발목鉢木』에 나오는 사노 겐자에몬쓰네요(佐野源左衛門常世)의 이야기를 들고 싶다.

어느 눈 내리는 밤에 가난한 가마쿠라 사무라이인 사노 겐자에몬쓰네요의 집으로 한 나그네 승려가 찾아왔다. 땔감이 없자 사노는 땔감 대신 비장의 목조 발鉢로 화로를 지펴 승려를 대접했다. 그리고 이야기 중에 "저는 이렇게 보잘것없이 전락해 있지만 가마쿠라에 무슨 일이 생기면 여윈 말을 타고 제일 먼저 달려갈 각오입니다"라고 자신의 심경을 승려에게 토로했다. 후에 가마쿠라에서 전국 사무라이들을 소집했다. 사노는 평소의 마음가짐 그대로 맨 먼저 가마쿠라에 도착했다. 이런 그를 기꺼이 맞아 준 싯켄 호조 도키요리는 바로 그날 밤의 나그네 승려였다.

이것이 『발목』에 나오는 에피소드의 줄거리이다. 지나치게 꾸며낸 이야기처럼 들리겠지만, 가공의 이야기인 만큼 당연하다고 생각하면 그만이다. 사노 겐자에몬쓰네요라는 인물도 물론 픽션이다. 하지만 이 에피소드가 요곡으로 불려졌다는 사실은 이 시대에 사노 같은 유형의 사무라이가 가마쿠라 사무라이의 한 전형으로 간주되었음을 시사한다. 불우한 처지에 있으면서도 막부에 대한

---

2) 일본 전통 예능의 하나인 노(能)에서 가락을 붙여 불렀던 노래.*

충성심을 잠시도 잊은 적이 없었던 사노는 분명 막부와 자신을 쌍무계약적 관계로 이해하지는 않았을 것이다. 그는 가신으로서 정서적 군신관계를, 보다 노골적으로 말하자면 일방적으로 스스로를 예속하는 그런 군신관계를 가지고자 했던 것이다. 그와 같은 충의의 심정을 지니는 것이 가마쿠라 사무라이로서의 미의식이었다.

이런 정서적 충성심이 에도 시대에 이르기까지 부분적으로 남아 있었음이 사실이다. 도쿠가와 일족에 생애의 충성을 바친 에도 초기의 사무라이 오쿠보 히코자에몬(大久保彦左衛門, 1560~1639)은 저서 『미카와모노가타리』(三河物語, 1622년)에서 '가신은 주군의 개'라고 딱 잘라 말하고 있다. 또한 일반적으로 에도 시대 무사도의 대명사로 여겨지는 저 『하가쿠레』(葉隱, 1716년)에서도 화자인 야마모토 쓰네토모(山本常朝, 1659~1719)는 "사무라이는 주군에게 죽임을 당하더라도 그것을 기꺼이 받아들이라"고 주장한다.3)

3. 무로마치 시대 사무라이의 자립 정신

시대가 더 내려가 약육강식의 전국시대가 되면 사무라이의 미의식은 어떻게 변할까? 이 시대의 변화상을 보여 주는 대표적 사례로서 야마나 소젠(山名完全, 1404~1473)의 에피소드를 들어보자.

야마나 소젠은 무로마치 시대의 사무라이로서 몇 번의 전투에서 무용을 떨쳤고, 마침내 아시카가 요시히사(足利義尙, 1465~1489)⁴)를 옹립하여 응인난(應仁亂, 1467~1477)을 일으킨 이른바 전국시대

---

3) 15장 '에도 시대 무사도의 기본은 무엇인가' 참조
4) 무로마치 막부의 제9대 쇼군.*

주역 중의 한 사람5)이다. 응인난은 무로마치 막부 아시카가 쇼군가의 집안 소동이 발단이 되어 교토 전체가 전화에 휘말린 일본사상 대사건이었다. 원래가 집안 싸움이었으므로 어느 편에 붙든 아시카가 쇼군가에 활을 쏘는 격이다. 때문에 소젠의 가신단은 전쟁을 일으키는 것을 '아시카가 가문에 대한 불충'이라 하여 그것을 막고자 했다. 그러나 소젠은 "이렇게 세상이 어지러우면 민중들이 안심하고 살 수 없다. 세상의 평화를 위해 나는 이 전투에서 끝을 보아야겠다"는 비장한 말로 가신단을 설득했다고 한다.

또한 이 응인난 시대에 소젠이 어떤 공가 귀족과 대화를 나눈 에피소드도 유명하다. 소젠이 그 귀족과 세상 돌아가는 이야기로 의견을 나눌 때, 귀족은 역사상 여러 가지 사례를 들어 자신의 박식함을 자랑했다. 소젠은 그의 오만한 태도가 마음에 들지 않았는지 다음과 같이 말했다고 한다.

귀하의 말씀은 당연하지만 현실적 문제에 관해 말할 때 과거의 사례를 일일이 존중할 필요는 없소 역사가 과거의 예처럼 변함없이 진전한다면 어찌 나와 같은 촌뜨기 사무라이가 당신과 같은 훌륭한 신분의 인간과 대등하게 이야기를 나눌 수 있겠소? 공가의 귀족들은 당신처럼 그렇게 과거의 영광에 매달려 예전의 질서를 그리워하는 만큼 현재의 현실을 똑바로 응시하지 않았소 그래서 결국은 이렇게 사무라이에게 천하를 빼앗긴 것이오 귀하도 이 점을 반성한다면 이제부터는 이 소젠이 당신을 보살펴 드릴 것이오6)

이처럼 소젠의 태도는 미움을 살 정도로 직선적이고 공격적이

---

5) 물론 아시카가 요시히사는 역사적 실재 인물이다.
6) 야마나 소젠(山名完全), 『塵塚物語』.

었으나 말인즉 구구절절 옳았으므로 그 공가 귀족은 입을 다물 수밖에 없었다. 이런 소젠의 태도에서 첫째로 형식적 군신관계에 목숨을 버리기보다는 자기 나름대로의 정의를 귀하게 여기는 태도를 읽을 수 있으며, 둘째로 전통적 질서와 권위(즉 귀족주의)를 맹목적으로 숭배하는 것이 아니라 '실력을 중시하는 현실주의'를 읽을 수 있다. 즉 이는 자신이 믿는 길을 소중히 여기는 '자립성'이라고 할 수 있다. 이는 앞서 언급한 사노 겐자에몬쓰네요와 같은 유형의 사무라이가 지닌 미의식과는 크게 다른 것이다.

4. 자기희생 정신과 자립 정신이라는 무사도의 양면성

전국시대 사무라이는 이렇게 자신의 신념을 관철하는 것을 옳게 여기는 경향이 뚜렷했기 때문에 일족별로 이른바 '그 가문의 정의正義'를 보여 주는 가훈이 흔히 만들어졌다. 가령 아사쿠라(朝倉) 가문의 『조창민경朝倉敏景 17조』라든가 다케다(武田) 가문의 『신현가법信玄家法』 혹은 다테(伊達) 가문의 『진개집塵芥集』 등 오늘날까지 전해지는 유명한 가훈이 많이 있다. 그 내용은 대체로 "거짓말하지 말라, 신분이 높다고 자만하지 말라, 타인과 협력하라, 신불을 소중히 여겨라, 실력 있는 자는 가문에 상관없이 충분한 대우를 해주어라" 등과 같은 다소 도덕적인 것들이다. 전국시대 사무라이들은 자기 자신을 이렇게 규제했던 것이다.

다시 말해, 사무라이의 미의식은 가마쿠라 시대로부터 전국시대에 걸쳐 손익을 따지지 않고 전적으로 주군에게 충성을 다하는 자기희생의 정신으로부터 자신의 정의감과 도덕 감정으로 스스로를 경계하고 규제하는 자립 정신으로 변화해 간 양상이 엿보인다. 하지만 자기희생의 무사도는 에도 시대의 문헌에도 나타난다. 요컨대 이 두 가지 유형은 후대에 이르러서도 함께 병존했던 것이다. 따라서 이런 '양면적 미의식' 자체가 곧 무사도라는 일본 특유의 사상적 특징이라고 말할 수 있겠다.

이와 같은 무사도는 에도 시대에 들어서부터 중국철학(유학)을 토대로 삼음으로써 고도로 체계화되고 논리화되었다. 나아가 근대 이후에는 근대적 도덕으로 재생된다. 거기에 담겨진 사무라이의 개념 규정과 미의식이 시대에 따라 어떻게 해석되고 재구축되는지에 대해서는 뒤에서 다시 논하기로 하겠다.

13

'유현미'로 대표되는 무로마치 시대의 예술관

1. 감추어진 아름다움의 추구

무로마치 시대는 예술의 시대이기도 했다. 노(能)에는 제아미(世阿弥)가 있었고, 다도에는 리큐(利休)가 있었으며, 회화에는 셋슈 토요(雪舟等楊, 1420~1506?)[1]가 있었다. 이렇게 수많은 천재들이 일본 특유의 예술 장르를 확립한 시기가 바로 무로마치 시대이다. 가마쿠라 시대에 예술과 인연이 없던 무사층은 무로마치 시대가 되면 많은 예술가들의 후원자가 되었다. 사무라이들은 일본의 지배자가 되었고, 그 다음에는 그 입장에 알맞은 문화적 장식을 소유하고 싶어했던 것이다.

이 시대의 예술에서 장르를 넘어서서 관통했던 이념과 테마는 '유현미幽玄美'였다. 여기서 유현幽玄이란 여정餘情을 즐기는 예술

---

1) 무로마치 중기의 선승이자 화가.*

적 미의식을 가리킨다. 그것은 '지금 눈앞에 있는 모습'의 아름다움만을 즐기는 것이 아니라, 거기에 '감추어져 있는 모습'의 의미와 아름다움을 상상함으로써 감동에 깊이를 부여하는 태도와 관계가 있다. 가령 아름답게 피어 있는 꽃을 본다고 하자. 꽃을 보는 자는 그 꽃의 모습이 비치는 것만으로 감동을 받는다. 그러나 그 꽃이 피기까지에는 꽃봉오리 무렵부터 긴 시간을 거쳐 비바람을 맞으면서도 의연히 자라온 과거가 있다. 그리고 지금 아무리 아름답다 해도 반드시 시들어 버리고 말 미래의 운명도 있다. 이처럼 '현재의 이면에 감추어져 있는 과거와 미래'를 보는 자가 상상의 나래를 펼 때, 그 아름다움은 보는 자의 마음에 새로운 감동을 불러일으킨다. 거기에는 '쓰라린 긴 세월을 거쳐 이제 마침내 한껏 피어난 것'에 대한 사랑스러움의 느낌과 '이 모습은 지금뿐이다. 그러니 소중히 해야만 한다'는 신기함의 감각이 있다. 이런 감동은 단지 '아름다운 지금의 모습'을 바라보는 데에서 오는 감동보다도 더 깊고 섬세한 감동이다. 그런 감동이 유현의 경지인 것이다.

그러니까 역으로 '무언가 아름다움을 잃어 버린 모습'을 보더라도 거기서 유현의 감동을 읽어 낼 수 있다. 가령 쓸쓸한 겨울 풍경을 바라볼 때 거기서 옛 봄날의 화사함을 상상할 수 있다. 그 때 "그렇게도 화사했던 봄날의 풍경을 시간의 흐름이 이렇게 쓸쓸한 풍경으로 바꾸어 놓았구나"라는 정감 어린 감개가 일어난다. 그러면 겨울의 풍경도 깊이 있는 풍취로 다가서게 될 것이다. 이는 유현의 경지가 불러일으키는 고담枯淡한 아름다움이다.

흩날리는 눈발에 감추어진 달을 보고 아름답게 비치는 달의 모습을 마음속에 선명히 그려낸다. 서리 내린 가을 산을 보면서 서리가 걷혔을 때의 아름다운 단풍을 마음으로 묘사한다. 모서리가 닳아 버린 시집을 보면서 많은 사람들이 그 책을 펼쳐 보았을 과거의 시간을 상상하면서 와카를 사랑하는 사람들의 마음에 감동한다. 유현의 경지는 이런 감동을 낳는다. 그것은 쇠퇴한 것, 일견 아름다움에서 멀어진 것에 대한 감동이기도 하다. 이런 유현의 경지를 뒷받침해 주는 것은 바로 인간의 풍부한 상상력과 감성이다.

2. 유현미의 대가 제아미

일본 예술사에서 '유현'이란 개념은 헤이안 중기의 가인歌人 미부노 다다미네(壬生忠岑, 연대미상)가 처음으로 제창한 이념이다. 그 후 와카에 있어 유현은 아름다움의 테마로 전해졌고, 무로마치 시대가 되어 폭넓은 예술관으로 확립되었다.

이와 같은 '유현미'를 가장 고도로 논리화하여 자기 예술 속에 완벽하게 실천해 보여 준 이가 무로마치 시대 노(能)의 대성자인 제아미(世阿弥, 1363~1443)였다. 노는 원래 고대로부터 전해지는 서민적 여흥 예술인 '자루가쿠'(猿樂)에다 가락과 춤의 요소를 균형 있게 조합하여 깊이 있는 연극적 예술로 발전시킨 일본 고유의 예술 장르이다. 그것을 최초로 형식화한 인물은 간아미(觀阿弥, 1333~1384)였다. 제아미는 간아미의 아들이자 후계자였다.

제아미는 부친 간아미에게서 어릴 적부터 와카 등의 귀족문화 교육을 받았다. 제아미는 그런 경험을 살려 노의 세속적 측면을 승화시켜 고도의 정신성을 표현하는 예술로 발전시켰다. 그 표현 테크닉의 근본 이념은 유현미였다. 제아미는 이렇게 말한다.

유현은 노만이 아니라 와카(和歌)와 렌가(連歌)[2]와 같은 모든 예도藝道에서 중요한 경지로 여겨진다. 그러나 노에서는 특히 유현미가 궁극의 목표이다.[3]

노는 느긋하면서도 단순한 연기 속에 다양한 메시지를 넣음으로써 움직임 자체만이 아니라 '움직임 사이사이의 틈새'에다 등장인물의 미세한 마음의 표징들을 담는다. 감상자는 그런 무대 세계의 깊이를 읽어 낸다. 이것이야말로 유현의 세계가 아닐 수 없다.

제아미는 후대에 남을 만한 노 작품을 만들었다. 즉 그는 노의 연기자이자 동시에 작가이기도 했다. 나아가 그는 노에 관해 몇 가지 해설과 비평론을 써서 남겼다. 그 자신이 노의 뛰어난 평론가였고 사상가였던 것이다. 그 중에서도 『풍자화전風姿花伝』(통칭 『花伝書』)은 제아미 최초의 노 이론서로서 그의 사상을 가장 잘 보여 주는 책이다. 제아미는 노의 연기자로서 널리 세상에 알려졌고, 스스로도 노에 어느 정도 자신이 생겼던 38세 무렵에 이 책을 쓰기 시작했다. 그 후 이 책이 완성되기까지는 20여 년의 세월이 걸렸다. 이 책에는 다음과 같은 해설이 나온다.

감추는 꽃을 알아야 한다. 꽃은 감추기 때문에 비로소 꽃이다. 감추지 않고 모든 것을 다 보여 주는 것은 더 이상 꽃이 아니다. 이것이 꽃의 본질이다. 무릇 모든 예술에는 감추어진 것이 있어야 한다. 감추는 것이야말로 아름다움을 낳는 커다란 힘이다.[4]

---

2) 두 사람 이상이 와카의 상하 구절을 번갈아 읽어 나가는 형식의 노래.*
3) 제아미(世阿弥), 『花鏡』.
4) 제아미(世阿弥), 『風姿花伝』.

이는 실로 제아미다운 '유현론'이다. 모든 것을 다 보여 준다는 것은 말하자면 그 예술이 결국 '보이는 만큼의 요소밖에 가지고 있지 않다'는 것을 뜻한다. 그와 같은 예술은 관객이 그 이면에 감추어져 있는 여정을 즐기고 싶다 해도 그런 여정을 빚어 낼 수 없는 빈약한 예술이라는 것이다. 비유컨대, 그러한 빈약한 예술은 조화造花의 아름다움과 같은 것이다. 조화에는 꽃봉오리에서부터 의젓하게 자라온 과거의 시간도 없고, 조락하는 미래의 운명도 없다. 거기에는 활짝 피어난 모습을 자랑하는 현재밖에 없다. 그리하여 제아미는 "관객을 유현의 경지로 이끄는 예술이란 그 아름다운 모습의 이면에 또 다른 감동의 요소를 감추어 지니지 않으면 안 된다"고 말한다.

이는 미의 이념을 말하는 사상임과 동시에 연기의 테크닉 이론이기도 하다. 노의 연기자는 그러한 유현미의 연출 의도를 노골적으로 관객에게 드러내서는 안 된다. 유현미를 묘사하려는 연기자의 의도를 관객들이 눈치채지 못하도록 해야 한다. 그래서 무대위에서 벌어지는 연기의 세계로부터 관객들이 자신도 모르는 사이에 은은하고 어렴풋이 유현미를 느끼도록 연기해야만 한다. 이와 같은 '은근함'이야말로 유현미의 중요한 멋이다.

연기에 대한 제아미의 엄격함은 예술가로서의 지고한 뜻이었다. 그러나 제아미 만년의 인생은 비극적이었다. 제아미는 무로마치 막부의 제3대 쇼군인 아시카가 요시미쓰(足利義滿, 1358~1408)의 후원을 얻어 노의 발전과 계승에 정진할 수 있었으나, 요시미쓰가 죽은 후에는 급작스레 조락의 운명에 처했다. 제4대 쇼군인 아시카가 요시모치(足利義持, 1386~1428)는 제아미의 노를 이해하지 못했으며, 제6대 쇼군 아시카가 요시노리(足利義教, 1394~1441)는 제아미의 조카인 온아미(音阿弥, 1398~1467)의 노를 지나치게 편애한 나머지 제아미를 노골적으로 박해했다. 더군다나 이 무렵 차남과 장남의 연이은 죽음으로 인해 제아미는 후계자까지 잃어 버리고 만다. 그리고 계속되는 요시노리의 박해는 집요했다. 그리하여 제아미는 72세 고령의 나이에 사도(佐渡)로 유배당했으며, 요시노리가 죽은 다음에야 유배에서 풀려 날 수 있었다. 결국 그는 81세의 나이로 쓸쓸히 생을 마감하였다. 하지만 제아미가 설한 유현의 이념은 일본인 미의식의 전통으로서 오늘날에도 여전히 남아 있다. 일본인이라면 제아미의 이름을 잊을 수 없을 것이다. '아름다움은 소멸될 운명임으로 해서 더욱 빛나는 것'이라고 설한 그의 사상은 소멸되지 않은 채 앞으로도 계속 전해질 것이다.

제3부

근세편

14
봉건 질서의 출발점, 주자학

1. 풍부한 일본 사상의 발전 시대

1600년의 세키가하라 전투에서 승리한 도쿠가와 이에야스(德川家康)는 1603년에 정이대장군에 취임한다. 도쿠가와 막부는 전국시대를 대체하는 안정된 국가 체제를 만들기 위해 새롭게 많은 법령들을 정비하였다. 이제 에도 시대의 모습이 점차 꼴을 갖추어가기 시작했다. 바로 이 에도 시대는 우리에게 매우 익숙한 '무사도'를 포함하여 일본 사상이 가장 면밀하고 풍부하게 발전한 시대이기도 하다. "먹고 입는 문제가 해결되면 예절을 알게 된다"는 말이 있듯이, 태평시대가 되자 '죽느냐 사느냐'의 궁지에 몰린 위기감이 사라지면서 비로소 '산다는 것은 무엇인가'의 문제에 대면할 만한 '마음의 여유'가 일본인들에게 싹트게 된 것이다. 예전에 시바 료타로(司馬遼太郎)도 말했듯이, "에도 시대 270여 년간은 마치 일본 전체가 '학교'에 입학한 듯한 시대였다"고 하였는데, 이는 에도 시대가 일본인에게 있어 '사색의 시대'였음을 그다운 시적 표현으로 말하고 있는 것이다.

하지만 에도 시대 사상의 출발점은 고대 중국철학의 한 유파였던 '주자학'으로부터 모든 것이 시작되었다. 에도 시대에 전개된 여러 사상들 중 어떤 사상은 주자학을 일본인 나름대로 심화시켰고, 또 어떤 사상은 주자학을 새롭게 재해석하거나 혹은 주자학을 정면으로 부정하는 형태로 독자성을 보여 주는 등 다채롭게 발전했다. 여기서 우리는 에도 시대의 사상을 이해하는 첫 번째 실마리로서 '주자학이란 무엇인가' 그리고 '에도 시대 사상의 출발점이 주자학이었던 까닭은 무엇인가'에 대해 살펴볼 필요가 있다.

2. 주자학이란 무엇인가

주자학이란 말할 것도 없이 공자(孔子, 기원전 551~479)를 시조로 하는 중국철학인 '유학'의 한 유파이다. 유교란 한 마디로 '정치와 도덕의 가르침'이며, 일상 생활에 깊이 뿌리내린 현실적 사상이다. 그런데 공자 이후 한참 후대인 송대(960~1279) 유학자의 한 사람인 주자(朱子, 1130~1200)가 이 유교를 고도의 관념적 논리로 재해석하여 주자학을 집대성하였다. 이른바 '유교의 새물결'로서 주자학이 성립된 것이다.

먼저 주자학에서는 이 세계에 '누구도 부정할 수 없는 절대보편이자 우주 전체에 공통된 법칙과 정의定義'로서의 '리理'라는 것이 있다고 설명한다. 보다 알기 쉽게 바꿔 말하자면, 처음부터 옳다고 정해져 있는, 그러니까 시비를 가릴 필요 없이 반드시 그러하다고 하는 어떤 '절대적 법칙'이 있다는 것이다. 한편, 세계에는 '기氣'라고 불리는 '존재의 원소'가 있으며, 모든 존재(사람의 마음도 포함하여)는 그 '기'가 굳어진 것이라고 설한다. 이 때 한치도 어김없이 리에 따라 기가 굳어진 것일수록 '이 세상에서 올바른 존재'가 된다. 가령 사람의 사악한 마음은 '리에 맞지 않는 기가 굳어진 것'이다. 이런 발상을 '리기이원론理氣二元論'이라고 한다.

주자학은 또한 "사람의 본성은 처음부터 리에 따르도록 만들어져 있다"(이를 '性卽理'라고 표현한다)고 설한다. 그러니까 만일 "리에 따르고 싶지 않다"고 생각한다면 그런 심리 작용은 사실 자연스럽지 못한 잘못된 상태이다. 그래서 주자학의 목표는 '지극히 자연스럽게 리에 따르는 태도를 가지는 것'(敬), 그리고 '리란 무엇인가를 구체적으로 실감하고 이해하는 것'(窮理)이다.

여기까지는 순수한 주자학의 사상 철학이다. 그러나 주자학은 거기에만 머물지 않는다. 주자학은 정치 이데올로기적 논리 전개를 보여 주기 때문이다. 유교에서는 인간 관계에 존재하는 자애로운 마음인 '애愛'를 부모자식간의 '효孝'와 형제간의 '제悌'(나이 차가 있는 사람들끼리 사이좋게 지내는 것), 즉 인간 세상의 상하관계 속에서 찾았다. 그런데 주자학은 이런 상하관계를 리로서 재파악했다. 즉 '모든 상하관계는 리에 의해 정해진 절대보편인 것이므로 아랫사람이 윗사람을 따르는 것은 우주의 법칙'이라는 식의 해석이 생겨난 것이다.

3. 주자학을 관학으로 만든 후지와라 세이카

이미 쇼토쿠 태자 시대부터 일본은 유교 그 자체를 사상적으로 받아들였다. 그러나 일본에서의 유교는 전국시대까지 불교에 비해 주변적 사상이었고, 기껏해야 선승들이 부분적으로 연구하는 정도였다. 그러다가 에도 시대 초기에 유교의 일반화를 지향하는 과정에서 주자학을 정치 권력(도쿠가와 막부)과 강렬하게 결부시킨 사상가가 나타났다. 그리고 도쿠가와 막부는 그 사상가의 제언을 받아들였다. 다시 말해, 그는 주자학을 '관학官學'으로 삼은 것이다.

이처럼 에도 시대의 사상이 주자학으로부터 시작된 배경에는 한 사람의 주자학자와 그의 제자인 또 한 사람의 주자학자에 의한 영향이 컸다. 역사는 때로 단 한 사람이 크게 방향을 바꾸기도 한다. 사상사에서도 종종 그러한 경우가 있는데, 그 대표적 사상가가 후지와라 세이카(藤原惺窩, 1561~1619)이다.

이름 그대로 세이카는 명문 후지와라 가문에서 태어났다.[1] 세이카는 많은 사무라이들이 사욕에 눈이 어두워져 서로를 죽이는 전국시대 동란의 어지러운 세태를 경험하면서 생애를 보낸 사상가였다. 귀족의 피를 이어받은 그의 눈에 전국시대 일본의 세태는 그저 한탄할 수밖에 없는 폭력이 난무하는 세상으로 비추어졌다. 그리하여 세이카는 처음에는 승려가 되었으나 불교에서 현세를 구제할 힘을 보지 못해 30세 후반부터 본격적으로 유교 연구에 몰두하게 된다. 그리고 조선의 주자학자와도 깊은 친교를 가졌다. 당시 조선은 주자학적 정치 사상이 정착되어 있었으며, 군인(사무

---

1) 그는 와카의 신이라 불리는 후지와라노 데이카(藤原定家)의 피를 이어받았다.

라이)이 아닌 문인(유학자)의 손에 의해 정치가 이루어졌다. 그러한 이야기를 들은 세이카는 조선을 유토피아로 느껴 "일본도 유교에 의한 사회 질서를 만들어야만 한다"는 강한 사명감에 불타게 된다. 우연의 일치인지 몰라도 당시 도쿠가와 막부는 무가 정권의 관례에 따라 뛰어난 승려를 새로운 문관(말하자면 고급 사무원)으로서 정부 요직에 영입할 것을 생각하고 있었다. 거기서 선택된 자가 바로 세이카였다.

세키가하라 전투가 벌어진 1600년에 세이카는 막부의 초대를 받아 도쿠가와 이에야스와 대면한다. 이 때 세이카는 당시의 일반상식으로 여겨졌던 지식인의 의상인 승복을 걸치는 대신 사람들에게 낯설었던 유학자의 복장을 하고 회견에 임했다고 한다. 주자학에 대한 그의 열의를 엿볼 수 있는 대목이다. 이윽고 1605년에 이에야스는 본격적으로 세이카를 막부에 초빙하고자 했다. 그러나 세이카는 이를 거절하고 대신 자신의 제자를 막부에 추천한다. 세이카로서는 결국 무가의 우두머리일 뿐인 이에야스의 뒷치다꺼리를 한다는 사실에 대해 자존심이 허락치 않았던 것인지도 모른다.

4. 주자학을 정치 이데올로기로 이용한 하야시 라잔

세이카 대신에 이에야스를 알현한 사람이 하야시 라잔(林羅山, 1583~1657)이었다. 라잔은 사실 스승인 세이카 이상으로 열정적이고 순수한 주자학자(오히려 스승보다도 상당히 주자학에 치우친 사상가)로서 불교나 기독교 등의 다른 사상을 철저하게 비난하는 인물이었다. 그는 다음과 같이 주장하기도 한다.

위로는 하늘이 있고, 아래로는 땅이 있다는 사실 자체가 곧 '천지의 예禮'를 나타낸다. 실상 인간은 이 천지의 예를 태어날 때부터 지니고 있는 것이다. 그러니까 인간 세계는 만사가 상하관계 혹은 전후관계로 이루어지게 마련이다. 이런 진실을 순순히 인정하고 세계를 예의 마음으로 꽉 채운다면 군신관계가 어지럽지 않고, 그에 따라 마땅히 인간 사회 또한 평화롭게 안정될 것이다.[2]

이 말은 '인간 사회의 상하관계는 모름지기 천지의 관계와 동일하다'고 단정짓고 있는 것이다. 위로는 하늘이 있고, 아래로는 땅이 있다. 이 절대적 사실이야말로 모든 상하관계를 보증한다. 인간이 '난 인간이다'라고 인정할 수밖에 없는 것과 마찬가지로, 신분이 낮은 자는 그 신분의 낮음을 분명히 인정해야만 한다는 것이다. 즉 라잔은 주자학을 철저히 정치 이데올로기로서 도쿠가와 막부에 도입한 것이다. 그는 이런 주장을 '상하정분上下定分의 리理'라고 표현한다.

도쿠가와 막부에게 이 '상하정분의 리'만큼 편리한 사상은 없었다. 기성 사실로서 구축된 도쿠가와 막부에 의한 일본 지배를 '영원 보편의 자연법칙'으로 정당화할 수 있기 때문이다. 이리하여 이에야스는 라잔을 중용하기로 하였고, 라잔은 이에야스 이후 히데타다(秀忠), 이에미쓰(家光), 이에쓰나(家綱) 등 4대에 걸쳐 쇼군을 모셨다. 그리고 각 다이묘(大名)들도 이런 전례에 따름으로써 주자학은 에도 시대 일본 사상의 중핵을 이루게 된다.

그러나 라잔의 인간성에 관해서는 다소 의심쩍은 구석이 있다. 확실히 도쿠가와 막부는 자신의 정당성을 보증하는 사상으로서

---

2) 하야시 라잔(林羅山), 『三德抄』.

주자학을 환영했다. 하지만 그렇다고 해서 순수하게 주자학을 신봉한 것은 아니다. 오히려 주자학을 '이용했던 것'에 불과하다. 도쿠가와 막부가 라잔에게 삭발을 명했다는 점이 그 증거가 될 것이다. 즉 '승려의 자격으로 일하라'는 명령을 주자학자에게 내린 것이다. 왜 그랬을까? 이유는 지극히 간단하다. 즉 이는 '문관으로는 승려를 쓴다'는 무가 정권의 관례를 유치하리만큼 무조건 지키려 한 것에 불과하다. 이러한 도쿠가와 막부의 태도에서는 주자학에 대한 학문적 경외감의 표시는 전혀 보이지 않는다.

그런데 라잔은 순순히 이 명령에 따라 머리를 삭발한 채 막부로 나왔다. 그리고 오랜 세월 동안 법 제도의 정비 및 외교 문서의 자성 등을 묵묵히 수행했다고 한다. 그 덕택에 라잔과 그의 하야시케(林家)[3]는 분명 높은 지위를 얻었다. 그러나 유학자의 복장으로 이에야스와의 회견에 임했던 그의 스승 세이카의 경우를 상기해 본다면, 라잔은 권력자에게 영합하여 '명분보다는 실리'를 추구하였다. 이러한 그의 태도에서 사상가로서의 순수함을 찾아보기 어려운 것은 사실이다.

막부를 섬겼던 주자학자가 머리를 삭발하지 않아도 되게 된 것은 제5대 쇼군 도쿠가와 쓰나요시(德川綱吉, 1646~1709)의 시대부터이다. 1690년에 쓰나요시는 유시마 세이도(湯島聖堂)[4]를 세워 라잔의 손자인 호코(鳳岡)를 학장으로 임명했다. 이 때 비로소 '삭발을 하지 않아도 좋다'는 허락이 내려진 것이다. 주자학이 제도상 정식으로 관학이 된 것은 바로 이 때부터였다.

---

3) 라잔 학파.*
4) 도쿄 유시마에 있는 유교의 학문소*

15

에도 시대 무사도의 기본은 무엇인가

1. 관념적 사상으로 체계를 갖춘 무사도

원래 사무라이란 헤이안 후기부터 본격적으로 성립한 계층이며, 그 본질은 '자신의 토지와 일족을 지키기 위해 싸우는 전투의 전문가'임을 앞에서 언급한 바 있다. 그들은 가마쿠라 시대부터 무로마치 시대 그리고 전국시대로 바뀌는 가운데 항상 '전투하는 일'로 일본 역사의 중심적 위치를 지켜왔다. 그들에게 있어서는 전투야말로 고향이나 가족 같은 현실적 존재를 지키고 자신의 정신적 의지처인 명예를 유지하는 유일한 수단이었으며, 그 자체가 사무라이의 사회적 역할이기도 했다. 그러나 도쿠가와 막부가 열리면서 일본에서 실질적으로 전쟁이 사라지게 되었다. 태평세가 찾아온 것이다.

태평세가 찾아오기 이전까지 '전투자로서 사무라이의 역할'은 일본 사회 메커니즘의 중심이었다. 그런데 태평세가 찾아옴으로 써 그러한 사무라이의 사회 메커니즘은 급작스레 무용지물로 전락하고 만 것이다. 이런 의미에서 도쿠가와 막부의 시작은 '혁명'이었다고 평가할 수 있다. 이 시대에 이르러서야 가마쿠라 시대 이래 '항상 전쟁터에 임한다'는 마음가짐으로 살아 온 사무라이들의 존재 근거가 흔들리게 되었다. 즉 전투의 수행이 사회 구조적으로 사라짐으로써, 이제까지 전투의 전문가로서 살아 온 사무라이들은 자신의 존재 의의를 더 이상 느끼기 어렵게 된 것이다. 그렇다면 "사무라이라는 계급 자체가 에도 시대의 시작과 더불어 사라졌더라면 좋았을 것"이라고 말할 수도 있겠다. 그러나 일본인은 사무라이 계급의 소멸이라는 길을 선택하지는 않았다. 그리하여 에도 시대의 사무라이들은 본래의 존재 의의인 '전투'를 현실적으로 상실하게 됨에 따라 더욱 '관념적 사상을 통해 스스로를 의식'하게 된다. 에도 시대에 많은 군학자들이 나타나 무사도가 하나의 사상으로서 고도의 체계를 갖추게 된 것은 근본적으로 이런 배경이 있었기 때문이다.

에도 시대에 나타난 뛰어난 군학서軍學書로는 가령 오바타 가게노리(小幡景憲, 1572~1663)의 『갑양군감甲陽軍鑑』, 야마가 소코(山鹿素行, 1622~1685)의 『무교본론武教本論』, 다이도지 도모야마(大道寺友山, 1639~1730)의 『무도초심집武道初心集』, 선승 다쿠안(澤庵, 1573~1645)의 『부동지신묘록不動智神妙錄』, 야마모토 쓰네토모(山本常朝, 1659~1719)의 『하가쿠레』(葉隱), 미야모토 무사시(宮本武藏, 1584~1645)의 『오륜서五輪書』, 야규 무네노리(柳生宗矩, 1571~1646)의 『병법가전서兵法家伝書』 등등 그 사례를 들자면 한이 없다. 이 책들은 모두가 태평시대에 있어 사무라이가 사무라이이기 위해 전국시대 이상으로 비상한 각오로 하루하루 살아갈 것을 가르치고 있는 이른바 '무사도의 지침서'이다.

그런데 '무사도의 지침서'라 하면 많은 현대 일본인들은 먼저 『하가쿠레』5)를 떠올릴 것이다. 『하가쿠레』는 "죽음에 대한 각오가 없다면 무사도를 추구할 수 없다"는 유명한 구절로 시작하는 군학서인데, 사실상 이 책은 결코 에도 시대 무사도의 일반적 지침서는 아니다. 이 책은 야마모토 쓰네토모라는 한 사무라이의 지극히 개인적 사상을 기술한 내용에 불과하다. 그것도 그가 살았던 사가 번이라는 특정 지역에만 유포되었던(그것도 공적인 것은 아니었다) 매우 국부적 사상을 보여 줄 뿐이다. 즉 이 책은 결코 무사도 사상을 일반적으로 대표하는 유행서는 아니었다. 그러므로 여기서는 『하가쿠레』 이외의 군학서를 통해 에도 시대의 무사도 사상이 기본적으로 어떤 것이었는지를 파악하고자 한다.

2. 태평시대 사무라이의 마음가짐을 보여 준 다이도지 도모야마

무엇보다 먼저 『무도초심집』이라는 책에 대해 살펴보자. 이 책의 저자 다이도지 도모야마는 1690년대부터 1720년대에 걸쳐 여러 번에 초빙되어 번사의 교육계로 근무했던 군학자이다. 이른바 그는 무가 사회의 상담원이었던 셈이다. 『무도초심집』이라는 제목 그대로 이 책은 무사도의 초심을 사례별로 설명하고 있으며, '비겁한 행동을 하지 말라'든가 '연공에 안주하지 말라'와 같은 지극

---

5) 佐賀 번사 야마모토 쓰네토모가 구술하고 같은 번사 다시로(田代陣基)가 필록.

히 도덕적 내용으로 가득 차 있다. 이 책은 에도 시대를 통해 여러 번에서 폭넓게 읽혀졌는데, 제1장에는 다음과 같은 말이 나온다.

사무라이란 떡국을 먹으며 새해를 축하하는 날부터 섣달 그믐날에 이를 때까지 1년 365일 항상 죽음을 각오하면서 나날을 보내는 자이다.

이 내용만 본다면 마치 사무라이라는 존재는 인간의 생명 에너지 자체를 부정하는 듯하기도 하다. 그러나 결코 그러한 의미를 말하고 있는 것은 아니다. 곧 이어서 다음과 같은 말이 나오기 때문이다.

그 각오 때문에 비로소 일상에 더 충실하게 되고 건강하게 장수할 수 있는 것이다.

즉 도모야마는 "나는 오늘 죽을지도 모른다"고 상상함으로써 "그렇다면 오늘 할 수 있는 일을 내일로 미루지 말고 오늘 중에 확실히 끝내라. 내일은 오지 않을지도 모르니까 오늘 할 수 있는 한 최선을 다해 주군과 가족을 소중히 여기라"고 말한다. 그렇게 하면 저절로 일이나 생활 태도가 훌륭하게 되어 날마다 건강하게 지낼 수 있으며, 오히려 장수하게 된다는 것이다. 그리하여 이 책에서는 에도 시대 이전 일반적 사무라이의 윤리인 '전장에서 멋지게 싸우는 것이 본래 사무라이의 희망'임을 주장하면서도 태평시대에 일어날 리 없는 전투를 하염없이 고대하는 비현실적 자세는 결코 보이지 않는다. 『무도초심집』에는 이런 말도 나온다.

태평시대에 사무라이의 마음가짐은 막상 일이 터지면 멋지게 대응할 수 있도록 항상 신경을 써야 한다. 그렇지 못한 자는 실제로 전투가 벌어질 때 비참하게 개죽음을 당할 수도 있다.

도모야마는 사무라이란 일상생활 속에서도 항상 전투를 마음속 어딘가에 상정해 놓는 자라고 말하고 있다. 그럼으로써 태평시대의 사무라이란 '반복되는 일상적 직무'와 '비일상적 사건으로서의 전투'를 단절된 별개의 것으로 생각하기보다는 양자가 항상 표리일체임을 의식하면서 살지 않으면 안 된다는 것을 주장하고 있는 것이다.

또 다른 군학서의 사례를 살펴보자. '마음속 일상의 연장으로 전투를 이해'하는 에도 시대의 무사도 정신에서는 "목숨 걸고 싸우는 것을 현실을 벗어난 특별한 것으로서가 아니라 일상생활 속의 리얼한 현실로서 인식하라"고 가르친다. 그 결과 오히려 '죽음에의 찬미'는 생기지 않게 된다는 것이다.

3. 야마가 소코의 『산록어류』

야마가 소코는 1660년대부터 1680년대에 활약한 유명한 군학자로서 많은 저서를 남겼다. 그 가운데 『산록어류山鹿語類』는 그의 무사도론을 보다 직접적으로 전해 주는 군학서이다. 이 책은 그가 제자들에게 설한 담화 기록 형식을 띠고 있는데, 여기에는 다음과 같은 말이 나온다.

무가 사회에는 순사殉死의 관습이 있는데, 이는 옳지 못하다. 주군을 위해 목숨을 끊는 일에는 일종의 아름다움이 느껴질 수도 있겠지만, 그럼으로써 후대에 유용한 인물이 될 사람을 잃어 버리는 것은 참으로 바보 같은 일이라 한탄스럽기만 하다.

그런데 여기에서 소코와 같은 일류급 군학자는 순사殉死를 정면으로 부정하고 있다. 흔히 순사가 '무사도의 꽃'인 양 말하고 있지만, 그것은 현재의 눈으로 보았을 때의 수사학에 지나지 않는다는 것이다. 또한 소코는 "사무라이는 죽지 않으면 안 될 때가 있는가 하면, 죽어서는 안 될 때도 있다. 이를 잘 살펴 죽어서는 안 될 때에는 최선을 다해 살고자 노력해야 한다"고 말한다.

이와 같은 가르침은 에도 시대 무사도에 있어 지극히 일반적 인식으로서 다른 군학서에서도 종종 찾아볼 수 있다. 그러나 현실적으로 일어나지 않을 전투를 항상 마음속에 상정하면서 산다는 것은 훌륭한 이상일 뿐 실제로 그러한 삶을 살기는 어렵다. 그래서 에도 시대의 무사층은 자신의 생애에 걸쳐 이 이상을 멋지게 실현한 사무라이와 단지 태만하게 살았던 사무라이로 대별된다. 하지만 후자가 전자보다 압도적으로 많았다고는 보여지지 않는다. 이점은 후대 일본인들이 자랑할 만하다고 여겨진다.

16

전투자로서의 무사도

1. 윤리적 사고로서의 무사도

앞장에서는 '태평세의 무사도'를 모색한 사상가로서 다이도지 도모야마와 야마가 소코 두 사람을 소개했다. 그런데 그들이 말하는 무사도는 "전투를 잊지 말라"고 주장하면서도 결국 현실적으로는 전투자임을 포기한 '관념적 무사도'라고 평가될 수 있다.

도모야마의 경우는 "언제든 죽어도 좋다는 각오로 살라"는 가르침을 사무라이의 기본적 인생관으로 설하고 있다. 그러나 이 말은 '전투 행위'를 현실적으로 최우선하는 것이 아님이 분명하다. "죽음에 대한 각오를 항상 간직함으로써 비로소 나날의 봉공에 정진하거나 인격을 연마할 수 있다"는 주장은, 바꿔 말하자면, '평화로운 일상적 삶'을 최우선시하고 있다는 것으로 이해할 수 있는 것이다. '죽을 각오'란 어디까지나 그런 현실을 심리적 측면에서 뒷받침하는 관념에 불과하다.

또한 야마가 소코의 경우는 『무교요록武教要錄』이라는 저서에서 사무라이의 사회적 지위에 관해 다음과 같이 정의 내리고 있다.

어떤 사람이 묻기를, '사무라이는 밭도 갈지 않고 물건도 만들지 않고 장사도 하지 않는다. 즉 모든 산업에 기여하는 바가 없다. 그런데도 농상공의 삼민보다 위에 있는 것은 어떻게 된 것인가?' 이에 대해 나는 이렇게 대답한다. '삼민은 기본적으로 모두 어리석다. 그러니까 사무라이는 이 삼민들의 수장이 되어 그들을 교화하고 자애롭게 키우며 그들의 사악한 마음을 억눌러 올바른 마음으로 인도함으로써 각자의 일을 차질 없이 수행할 수 있게 한다. 그런 역할을 하기 때문에 사무라이는 가장 높은 지위에 있는 것이다.'[1]

소코는 사무라이의 역할을 사회에 대한 도덕적 지도력에서 찾음으로써 사무라이가 산업 활동에 직접 종사하지 않는 것을 정당화하고 있다. 따라서 사무라이의 일상적 삶의 영위는 도덕을 닦아 예의 바른 행동을 하도록 항상 유념하면서 인격적으로 '삼민' 즉 서민들의 모범이 되는 데 있다는 것이다. 소코가 사무라이의 순사에 대한 안이한 찬미를 비판한 것도 이와 같은 '평화로운 일상에서의 역할'을 요청했기 때문이다. 확실히 이런 삶의 방식에는 나름대로 엄격한 사회적 사명감이 추구되고 있다. 이것은 유민이 되어 무위도식하는 생활과는 정반대의 가치 있는 인생관이다.

이런 의미에서 도모야마와 소코의 사상은 역시 뛰어난 면이 있다. 단, 그들이 주장하는 사무라이의 삶의 방식에는 전투자로서의 아이덴티티가 더 이상 보이지 않는다. 이것은 에도 시대의 사무라

---

1) 야마가 소코(山鹿素行), 『武教要錄』.

이가 현실에서는 더 이상 전투자일 수 없기 때문에 그가 전투자로서의 자부심을 지키려고 할 때는 비상한 정신력과 독자적 사상이 필요하다는 것을 의미한다. 전투자가 되기를 원하는 자에게 '전투 행위'의 기회가 주어지지 않는다면, 그 다음은 "나는 죽을 각오가 아니라 전투의 각오를 항상 마음에 지니고 있다"는 의식을 가지는 것만이 마음의 의지처가 될 것이다. 이런 의식은 자연스럽게 지닐 수 있는 것이 아니다. 윤리적 사고가 뒷받침되지 않는다면 그 의식은 확고한 것이 될 수 없기 때문이다.

2. 전투의 리얼리즘을 추구한 미야모토 무사시

미야모토 무사시는 에도 시대에 들어서서도 여전히 전투자라는 것에 집착하면서 독자적 사상을 만들어 낸 특이한 인물이다. 무사시는 사무라이의 전투 행위가 더 이상 당연한 것으로 받아들여지지 않게 된 시대에 스스로를 '전투자로서의 사무라이'라고 규정하면서 몇몇 저서를 통해 이를 논리적으로 설명했다. 이 점에서 그는 단순한 검객이 아니라 일본의 사상가라 할 수 있다.

무사시는 어릴 때부터 병법에 많은 관심을 가지고 있었다. 13세 때 처음으로 승부를 겨뤄 이긴 이후 전국을 돌면서 승부 겨루기를 60여 회나 했는데, 단 한 번도 진 적이 없다고 한다. 유명한 사사키 고지로(佐佐木小次郎, ?~1612)[2]와의 승부는 29세 때의 일이었다. 의외로 잘 알려져 있지는 않지만, 이 때 고지로는 아직 18세였다고 한다. 이 일 전후로 무사시는 세키가하라 전투에서 서군에 참전했

---

2) 에도 전기의 검술가.*

으며, 그 뒤 시마바라(島原)의 난3)에도 출전했지만 두 전투 모두에서는 대단한 전공을 세우지 못했다. 무사시는 검객으로서 이름을 날리고 사관의 꿈을 가졌으나 이루지 못한 채 1640년에 히고(肥後)4)의 호소가와 다다토시(細川忠利, 1586~1641)5)에게 초청 받았다. 그리고 5년 뒤에 거기서 죽었다. 무사시 사상의 집대성이라고도 평가되는 유명한『오륜서吾輪書』는 그가 죽기 2년 전 히고에서 쓰여진 것이다.

> 사무라이의 병법을 행하는 도는 어떤 일이 있어도 상대를 제압하여 승리하는 것을 그 근본으로 삼는다. 일 대 일의 승부든 집단 싸움이든 이겨서 주군을 위해 그리고 자기 자신을 위해 이름을 높여 일신을 세우고자 하는 것이 사무라이의 본령이다.6)

여기에서 알 수 있듯이, 무사시는 '승부에서 이기는 것 혹은 이기고자 생각하는 것'이 사무라이의 의의라고 생각했다. 무사시의 설명에 의하면, '다만 죽음을 각오하고 산다'든가 혹은 '날마다 도덕적으로 스스로를 규율하며 산다'고 하는 신념은 사무라이가 아닌 신분의 사람들도 가질 수 있는 것이므로 그것만으로 '사무라이가 사무라이로서 존재하는 근거'라고 말할 수 없다는 것이다. 사무라이가 다른 신분의 사람들과 다른 점은 싸움에 이기는 것을 제일로 생각하는가 아닌가에 있다는 것이다. 이러한 발상은 야마가

---

3) 1637년에서 1638년에 걸쳐 시마바라와 아마쿠사(天草)의 농민들이 기독교인들과 연합하여 일으킨 대규모 반란.*
4) 구마모토(熊本) 현의 옛 지명.*
5) 에도 전기 구마모토(熊本) 번의 초대 번주.*
6) 미야모토 무사시(宮本武藏),『五輪書』.

소코나 다이도지 도모야마의 무사도와는 분명 차이가 있다. 나아가 '무사도란 죽음에 대한 각오'라고 규정하는 『하가쿠레』와도 이질적인 것이다.

무사시와 이들과의 차이는 두 가지로 나누어 살펴볼 수 있다. 첫째, 죽음의 각오와 도덕적 삶의 방식이 사무라이라는 특권 계급만의 것인가 아닌가에 대한 판단이다. 가령 소코의 경우, 사무라이 이외의 신분은 우매하다고 단정지음으로써 사무라이의 도덕적 우월성을 천명하고 거기서 사무라이의 의의를 찾고자 했다. 하지만 무사시는 신분으로 사무라이의 도덕적 우열을 판단하지 않는다. 왜냐하면 무사시의 발상에서는 '인간에 대한 기본적 신뢰'를 읽어 낼 수 있기 때문이다. 둘째, 무사시는 '용감히 싸우다 죽는 것'보다는 '이기는 것'을 중시했다는 점에 있다. 무사시의 경우에는 "이기기 위해서는 어떻게 해야 하는가"라는 구체적 방책이 최종적 문제로서 중시된다. 그 결과 이길 확률을 높이기 위한 지극히 합리주의적 사고로 발전될 가능성이 있다. 반면 『하가쿠레』의 경우는 '죽음'에 대한 각오는 다만 주군을 생각하는 마음을 나타내기 위해 추구된다. 역으로 볼 때 그와 같은 각오라면 어떻게 효율적으로 싸우느냐 아니냐는 그다지 중요하지 않게 된다. 이런 태도는 합리성이 희박한 관념론에 불과하다.

한편, 미야모토 무사시의 검법으로는 '이도류二刀流'가 유명하다. 이도류 또한 무사시의 합리정신의 산물로서 '어떻게 이길 확률을 높이느냐' 하는 관심의 산물이다. 그는 다음과 같이 말한다.

나의 검법은 이도류라 한다. 이는 다치(太刀)7)를 양손에 쥐는 검법이다. 이 때 '왼손에 쥐는 것'에 특별한 의미가 있는 것은 아니다. 왼손이든 오른손이든 모두 '한 손으로 칼을 자유자재로 구사하는' 것이 목적이다.[8]

가령 말 위에서 싸울 때 한 손만으로 칼을 자유롭게 사용할 수 있다면 확실히 유리할 것이다. 나아가 한 자루만을 쓰는 상대와 싸울 때 한 번에 두 자루의 칼을 쓸 수 있다면 당연히 유리할 것이다. 이렇게 이도류란 매우 단순한 '기술론'으로 승리의 유리함을 확보하기 위한 검법이다. 물론 한 손으로 무거운 칼을 자유자재로 구사하려면 대단한 근력과 숙련된 기술이 필요할 것이다. 그러나 무사시에 의하면 이러한 기술은 단련을 통해 습득할 수 있다. 바꿔 말하자면, 그와 같은 '실제적 기술 능력을 몸에 익히기 위해' 단련과 수행을 해야만 한다는 것이다. 이는 분명 종교적 정신 수양과는 다른 것이다. 여기서 우리는 어디까지나 합리정신에 입각한 수행관을 엿볼 수 있다.

그러나 전투에 대한 무사시의 냉철한 현실주의와 합리주의는 일반적 무사도 및 일본인의 미의식과는 역시 차이가 있다. 에도시대의 무사도는 기본적으로 도모야마와 소코가 펼친 이른바 도덕 지향적 무사도였으며, 거기서 '전투'란 평화로운 일상에 긴장감을 부여하기 위한 관념적 사상事象일 따름이었다. 이 경우에서는 싸우기 위한 현실적 기술 능력보다는 비상시에 용감하게 싸우러 나가려는 신념과 정신력이 제일 중시된다. 물론 전투가 없는 평화로운 시대의 일상에 있어서는 소코나 도모야마의 가르침이

---

7) 허리에 차는 칼.*
8) 『병법 35개조』.

사회적으로 유용할 것이다. 그러나 현실적으로 전투가 벌어질 경우 전투를 관념적으로만 파악하는 무사도는 오히려 사회에 부정적으로 작용하게 될 것이다. 막부 말기의 정치는 무사도가 부정적으로 작용한 사례이다. 구미의 압도적 화력을 목전에 두고서도 '외국인이 일본 땅을 밟게 하는 것은 수치'라며 관념적으로만 그 상황을 거부하고자 했던 것이 당시 대부분 사무라이들의 발상이었다. '외국 세력과 일본의 군사력의 차이'에 대한 현실적 인식을 바탕으로 구미와의 외교를 모색하려 했던 '미야모토 무사시형 사무라이'는 막부 각료들 가운데 극소수에 지나지 않았다.

이런 의미에서 막부 말기의 역사는 사실상 '전투자로서 자기 규정이 가능했던 에도 시대 전의 사무라이'와 '전투자가 아닌 관념적 도덕지상주의를 내세우는 에도 시대 사무라이' 간의 정치 권력을 둘러싼 힘 겨루기의 역사이기도 했다. 이렇게 보건대 전투에 대한 미야모토 무사시의 합리주의는 하나의 뛰어난 사상으로 평가될 만하다.

17
일본 양명학은 정열적인 사상이다

1. 주자학의 반주류인 양명학

중국철학사 중에서 주자와 대립하면서 유교를 독자적으로 해석한 사상가로 육상산陸象山(1139~1192)이라는 인물이 있다. 이 육상산의 사상을 계승하여 대성시킨 인물이 바로 왕양명王陽明(1472~1528)이다. 이렇게 육상산에서 왕양명으로 이어지는 사상의 흐름을 양명학陽明學이라고 부른다. 이는 주자학과는 사뭇 분위기가 다른 유교의 한 유파이다.

그런데 어떤 시대든 개성적인 만큼 주류에 만족하지 못하는 사람들이 있게 마련이다. 에도 시대에 유교를 신봉하고 공부하면서도 '관학'으로서의 주자학에 만족하지 못하고 다른 유교 유파를 추구한 사상가가 있었다. 이 사상가가 접한 것이 바로 양명학이었고, 그 이후 일본에도 양명학이 정착하였다. 그리하여 에도 시대의 유교는 '주류인 주자학'과 '반주류인 양명학'으로 대별할 수 있게 된 것이다. 이 사상가가 바로 나카에 도주(中江藤樹, 1608~1648)이다. 그는 오늘날 '일본 양명학의 아버지'로 불린다.

그렇다면 양명학이란 무엇일까? 주자학과 비교해 볼 때 주자학의 '성즉리性卽理'에 대한 대조적 키워드로서 양명학의 '심즉리心卽理'를 들 수 있다. 주자학의 근본 사상에서는 먼저 "대우주의 절대 법칙인 리가 있고, 인간의 본성도 원래 그 리에 맞게 되어 있다"고 설명한다. 때문에 "리에 맞지 않는 마음(心)은 자연스럽지 못하고 잘못된 상태이며, 그런 마음은 리에 합당한 올바른 상태로 돌이키도록 노력하지 않으면 안 된다"고 가르친다. 바꿔 말하자면, 리란 사람의 마음보다 우위에 있다는 것이다.

이에 비해 양명학 사상은 먼저 '리가 있다'는 주자학의 기본적 입장에서는 동일하지만, "리란 인간의 지극히 자연스러운 마음을 가리킨다"고 하여 리의 의의를 주자학과는 달리 해석한다. 그리하여 "사람의 마음이 그대로 리이므로 사람이 '선하다'든가 '옳다'든가 '아름답다'고 순순히 긍정적으로 느껴진다면 그것은 이미 리에 합당하다"고 본다. 즉 사람의 마음은 자연 상태 그대로 옳다는 것이다. 사람에게 구비되어 있는 이런 옳음을 양명학에서는 '양지良知'라고 부른다. 이처럼 "사람은 누구나 본래부터 옳다"고 보는 양명학의 근본 사상에는 인간에 대한 본질적 신뢰가 깔려 있다. 이는 인격이라는 측면에서의 '평등주의 사상'이라고 말할 수 있다. 때문에 서민들이 지배 계층에 대해 불만을 품었을 때, 주자학에서는 "신분 제도는 리에 합당한 틀이므로 불만을 품는 것은 잘못"이라고 설하면서 무조건 억누르려 든다. 그러나 양명학에서는 "많은 서민들이 불만스럽게 생각한다면 그런 불만이야말로 리에 합당한 것이다. 그러니 불만의 원인인 지배자에게 문제가 있다"고 설명하면서 지배자 측에 대해 반성을 요구하고자 한다. 즉 양명학에서 인정되는 신분제도는 모든 서민들이 지극히 자연스러운 마음으로 지배자를 경모하는 경우에 있어서만 성립된다. 다시 말해, 신분제도의 주체(주도권을 쥔 자)가 주자학의 경우 지배자라고 한다면, 양명학에서는 피지배자층이 된다. 이와 같이 주자학과 양명학의 사고방식은 매우 대조적이다. 이렇게 보건대 에도 시대의 유교로서 양명학이 도쿠가와 막부에게 그다지 환영받지 못한 채 반주류의 지위에 머물게 된 것은 당연한 귀결일지도 모른다.

2. 일본 양명학의 아버지, 나카에 도주

나카에 도주는 오우미(近江)[1] 출신이다. 그가 서책을 통해 양명학에 접한 것은 37세 때의 일이다. 그 이전까지 그는 엄격한 주자학자였다. 그의 진면목을 보여 주는 많은 일화가 남아 있다. 예컨대 그는 하야시 라잔이 막부의 명에 따라 삭발했다는 이야기를 듣고는 "유교를 신봉하는 자가 불교도 행색을 하는 것은 배반"이라며 격분하여 그를 비난하는 논문을 발표했는데, 이 일화는 그의 한결같은 외곬 성품을 잘 말해 준다. 성실한 성품의 도주는 주자학의 가르침을 엄격하게 지키려 했는데, 그러면 그럴수록 점점 더 주자학에 대한 의문이 생겨났다고 한다. 즉 '인간의 자연스러운 선악의 구별'보다도 '처음부터 리로서 정해져 있는 판단'을 우선하는 주자

---

1) 시가(滋賀) 현의 옛 지명.*

학의 비정한 관점을 납득할 수 없었던 것이다. 그런 의문이 그의 장년에 걸친 연구 생활 속에서 싹트게 되었다.

원래 도주는 사무라이로서 높은 지위에 있었는데, 고향에 계신 모친이 병을 얻자 그 자리를 그만두고 고향으로 돌아갈 만큼 정이 두터운 남자였다. 그가 주자학에서 양명학으로 마음을 돌린 것은 이러한 그의 인간성 때문이었다고 말할 수 있다. 도주는 중국의 양명학을 보다 독자적이고 발전적으로 해석하여 사람의 마음으로서 존재한다고 여겨진 '리理'를 '효孝'라고 표현했다. 이는 말할 것도 없이 친효행親孝行의 '효'이다. 그는 다음과 같이 말한다.

우리 인간의 내면에는 천하에 둘도 없는 영보靈寶가 있다. 이 보물은 하늘에서는 천도天道가 되고 땅에서는 지도地道가 되며 사람에게는 인도人道가 된다. 이 영보를 옛 성인은 '늙은 어버이를 자식이 업고 있는 모습'에 따라 '효'라고 이름 붙인 것이다.[2]

즉 친효행의 마음이 전 우주의 보편법칙으로서 확대·해석되고 있는 것이다. 나아가 도주는 "효라는 우주적 법칙이 인간의 일상 생활 속에서 나타나는 형태를 '애경愛敬'이라 한다"고 덧붙여 설명하고 있다. 여기서 '애경'의 '애愛'란 '사람들이 정답고 친하게 사귄다'는 의미이고, '경敬'이란 '아랫사람은 윗사람을 존경하고 윗사람은 아랫사람을 가볍게 내려다보지 않는다'는 의미이다. 즉 횡적인 연대와 종적인 연대를 통해 인간들이 서로 사랑하는 것이야말로 '절대적 선'이라는 것이다. 물론 군신관계도 '경'에 따른

---

2) 나카에 도주(中江藤樹), 『翁問答』.

것으로서 양명학은 거기서 '친한 마음의 연대'를 찾고자 했다.

나아가 양명학의 특징으로서는 매우 엄격한 '행동주의'를 들 수 있다. 왕양명에 의하면, 마음이 항상 양지良知로써 올바르다면 그 마음에 따른 행동 또한 항상 리에 합당하지 않으면 안 된다고 하였다. 무엇을 안다는 것(정신작용)과 행한다는 것(실제 행동)은 하나가 되어야 한다. 지知는 행行의 시작이며, 행은 지의 완성이다. 왕양명은 이를 '지행합일知行合一'이라고 불렀다. 이런 '지행합일'의 정의에 의하면, "실제로 행동에 옮기지 않은 것이라면 나쁜 일을 생각했다 하더라도 처벌할 수 없다"고 하는 일반적 상식은 잘못된 것으로 비판받는다. 또한 마음속에서 옳다고 판단되는 것은 즉시 행동에 옮겨야만 한다. 거기에 머뭇거림이나 타산 같은 것이 개입하면 리에 맞지 않는 불순한 사고로 간주된다.

도주를 시조로 하는 일본 양명학에서도 '지행합일'은 전면적으로 긍정된다. 가령 '주신구라'(忠臣藏)의 미담에 대해서조차도 다음과 같은 양명학적 비판이 성립된다. 즉 '지행합일'의 정신에서 보자면 아카호(赤穗) 낭사들이 주군의 복수를 감행한 행동 자체는 올바르지만, 그것을 행동에 옮기기까지 시간을 두고 만반의 준비를 한 것은 잘못이라는 것이다. 주군의 원수를 갚는다는 '효의 목적'이 마음에 떠오른 즉시 행동으로 옮겼어야 한다는 것이다. 다시 말해, 주군 아사노 나가노리(淺野長矩)가 할복한 시점에서 기라 요시나카(吉良義央)의 목을 베어 복수했어야만 했다는 것이다. 성공하느냐 실패하느냐의 결과와는 상관없는 일이다. 요컨대 곧바로 양지를 실천하느냐의 문제가 가장 중요한 것이다.3) 이렇게 보건대

---

3) 실은 아카호 낭사들 중에는 양명학을 공부한 자들이 적지 않았고, 지도자인 오

양명학은 정열적인 사상이라고 평가될 만하다. 그러나 그것은 청탁淸濁이 뒤얽힌 현실세계와 충돌하기 십상임을 누구라도 예상할 수 있다.

　도주는 만년에 몸이 상해 서재에서 조용히 살다가 세상을 떠났다. 후에 그를 흠모하는 고향 사람들은 그를 '오우미 성인'이라고 불렀다. 어떤 의미에서 그는 운이 좋았던 사람일지도 모른다. 왜냐하면 도주의 문하생 중에 구마자와 반잔(熊澤蕃山, 1619~1691)이라는 양명학자의 경우는 매우 불우한 생애를 보냈기 때문이다. 반잔은 자신의 사상을 농정農政 및 교육 분야에서 실현시키고자 적극적으로 행동하였다. 그러나 막부에 의해 그의 정치론은 위험시되었고, 끝내 유폐되어 결국은 죽음을 당하고 말았다. 반잔뿐만 아니라 에도 시대 중엽에 또 한 사람의 양명학자가 큰 사건을 일으켜 불행한 결말을 맞이하기도 했다. 하지만 이 사건은 일본 양명학을 널리 세상에 알리는 계기가 되었다. 다음 장에서는 이에 관해 살펴보기로 하자.

이시 구라노스케(大石內藏助)도 양명학을 공부했다고 한다. 어쨌든 현실적으로는 사상과 학문적 이념만으로 성공을 기약할 수 있는 것은 아니다.

18

에도 시대의 사회정의는 오늘날과 어떻게 다른가

1. 신분제도에 대한 불만의 씨앗

사회정의란 무엇인가를 단순하게 규정하자면, '보다 많은 사람들의 행복을 실현하는 것'이라고 말할 수 있다. 이 점은 에도 시대든 현대든 변함이 없을 것이다. 다만 그 행복의 전제에 있어서는 양자간에 큰 거리가 있다. 오늘날에는 사회정의의 실현을 위한 대전제로서 모든 인간의 자유와 평등이 보장되지 않으면 안 된다. 행복이란 누구든 타인에게 괴롭힘을 당하거나 일방적으로 지배당하는 일이 없는 사회에서 비로소 성립되기 때문이다. 말할 것도 없이 이를 시스템으로 확립한 것이 민주주의이다. 바꿔 말하자면, 민주주의는 신분제도의 부정이라 할 수 있다.

에도 시대까지 일본의 신분제도는 어떠한 양심적 사상가나 사회 활동가들에게서도 기본적으로 부정된 적은 없었다. 그러나 에도 시대에는 종종 여러 형태로 사회가 뒤흔들렸고, 많은 사람들이 불행에 직면했었다. 그 때마다 고통받는 사람들을 구제하고자 애쓴 이들이 항상 있었지만, 그들은 도쿠가와 막부가 법제화한 '사농공상'의 계급제도를 의심하지는 않았다. 대다수 서민인 농민과 소수의 서민인 상인의 행복이란 사무라이의 지배를 받는 사회 안에서 실현되어야 하는 것으로 여겨졌다. 즉 "민중을 불행하게 하는 원흉은 도쿠가와 일족을 정점으로 하는 일부 특권 계급의 사무라이 지배층이다"라고 외치면서 이를 타파하려 했던 프랑스 혁명과 같은 사상을 전개한 인물은 일본에는 거의 존재하지 않았다.[1] 그리고 에도 시대에 민중의 편에 섰다고 오늘날 전해지는 이들의 사상도 사실은 '신분제도의 부정론'으로까지는 연결되어 있지 않다. 이 점을 고려하지 않은 채 오늘날의 민주주의적 가치관으로 에도 시대 사상가들의 언동을 바라보면 여러 가지 오해가 생기므로 주의해야 할 것이다.

2. 오시오 헤이하치로의 난

역사상 에도 시대의 서민들이 지배층인 사무라이(도쿠가와 막부)에 대해 불만을 품고 무력 봉기한 사건으로서 가장 유명한 것은 '오시오 헤이하치로의 난'이다. 양명학자인 오시오 헤이하치로(大塩平八郎, 1793~1837)는 이 반란의 지도자였는데, 그의 활약은 곧

---

[1] 단 예외적인 인물로서 신분제도를 완전히 부정한 사상가가 단 한 명 있었다. 그는 안도 쇼에키(安藤昌益)인데, 그의 사상에 관해서는 28장 '뛰어난 독창성을 보여 준 사상가들'에서 상술하겠다.

'사상의 실천'이었다. 이 난의 배경과 본질을 탐구하는 일은 일본 양명학의 의미 및 보다 광의의 의미에서 '일본적 사회정의의 의미'를 아는 작업과 이어진다. 먼저 사건의 개략을 살펴보자.

오시오[2]는 가직인 오사카마치(大坂町) 봉행여력奉行与力을 지내다가 사직 후에는 저술 활동과 사숙에서의 제자 교육에 전념했다. 즉 그는 어엿한 사무라이였고 전직 막부 관리였다. 오시오가 활약하던 시기는 제11대 쇼군 도쿠가와 이에나리(德川家齊, 1773~1841[*])의 시대로 수년간에 걸친 대기근[3]으로 수많은 난민들이 발생하고 있었다. 오시오는 그들을 구제하고자 사재(막대한 장서)를 내놓는 한편 오사카마치 봉행소에 민중 구제책을 헌상했다. 그러나 봉행소는 전혀 꿈쩍도 하지 않았다. 게다가 일부 호상들이 터무니없는 물가를 조작하는 바람에 서민들의 궁핍이 날이 갈수록 심각해졌다. 이에 오시오는 마침내 1837년 농민들과 문하생들을 집결시키고 대포를 포함한 무기를 갖추어 거병하기에 이르렀다. 오사카 시내의 호상들을 습격하고 봉행소와 무력 충돌을 일으킴으로써 반란군이 된 것이다. 그러나 이들은 결국 정규군의 상대는 되지 못했고, 내부의 배반자도 있어 단 하루만에 진압되고 만다. 이후 오시오는 40여 일간 잠복했으나 막부의 추격에 의해 은신처가 발견되자 그 자리에서 자살하고 말았다.

당시 오시오는 이미 저명한 학자였으며, 또한 오사카마치 봉행소에 근무할 때 중요한 사건들을 많이 해결하는 등 뛰어난 관리로서도 널리 알려져 있었다. 그런 만큼 막부 내에서뿐만 아니라 세

---

2) 호는 주사이(中齋).
3) 뎀포(天保)의 기근이라 한다. 이것은 1833년에서 1836년에 걸쳐 일어난 전국적인 기근이다.[*]

간에서도 이 사건이 끼친 영향은 만만치 않았다. 그리하여 이후에 이와 유사한 사건이 몇 차례 또 일어났다. 오시오는 분명 인민들의 궁핍에 대해 아무런 조처도 취하지 않은 오사카마치 봉행소의 무능함에 대해, 혹은 아예 그럴 뜻이 없다는 투의 태도에 대해 크게 분노했던 것이다. 그렇다면 그는 '인민의 적 오사카마치 봉행소'를 단호하게 처단하여 인민에 의한 인민을 위한 새로운 사회를 만들려고 했던 것일까? 아니다.

3. 오시오 헤이하치로의 사상은 무엇인가

여기서 오시오의 사상을 상세히 들여다보기로 하자. 오시오는 에도 시대의 대표적 양명학자라고는 하지만 나카에 도주 학파와 직접적 연관성은 없다. 그는 원래 청렴결백한 성품을 지닌 인물로서 봉행소에 근무할 때도 그의 근면 강직한 행동에는 크게 남다른 데가 있었다. 그 역시 처음에는 주자학을 공부했지만, 20대 중반에 『신음어呻吟語』라는 중국 명대 정치가의 저서를 접하면서부터 양명학에 관심을 가지게 되었다. 이 책은 철저히 양명학적 가치관에 입각한 정치론이었는데, 오시오는 그 주장에 크게 공명하였다. 그리하여 그는 본격적으로 양명학에 뜻을 두게 되었고, 나카에 도주와 구마자와 반잔의 저작을 독학으로 공부했다고 한다.

이처럼 양명학을 신봉하게 된 오시오는 기본적으로 '양지'를 긍정하고 인간을 신뢰하는 사상가였다. 즉 그는 사람의 마음이란 태어날 때부터 본래 선하며 그런 '양지'야말로 '우주 전체의 보편적인 올바름'이라고 생각했다. 오시오는 이런 '양지'의 개념을 특히

'태허太虛'라고 표현한다. 여기서 '태허'란 본래 '만물의 근원'이라는 의미의 유교 용어이다. 오시오는 이 개념을 통해 '허虛' 즉 '텅 비어 있음'으로 해서 비로소 치우친 이념에 빠지지 않고 모든 것을 포용하는 진실한 선을 드러내는 이미지를 보았던 듯싶다.

이와 같은 근본 사상에 입각한 오시오는 민중과 사회제도를 어떻게 이해하고 있었을까? 그는 다음과 같이 말한다.

> 사무라이란 확실히 나날의 세속적 삶 속에서 정력적으로 일상을 보내고 있지만, 참된 선이란 무엇인가를 깊이 생각하지는 않는다. 학자는 참된 선을 밝혀 내고자 날마다 사색에 힘쓰나 세속적 일상에 대해 어떤 직접적 이익을 가져다주지는 못한다. 일반 서민들은 하루하루를 사무라이나 학자만큼 정력적으로 살아가지는 않으며, 진실한 선을 추구하여 사색하는 일도 없다. 그저 그날그날 닥치는 목전의 일로 울고 웃을 따름이다. 그렇다면 참된 선을 추구하고 그것을 되살려 일상을 고귀하게 살아갈 수 있는 자는 극소수의 성자와 현자들뿐일까?[4]

여기서 분명히 알 수 있듯이, 오시오는 민중을 사회 운영의 주체가 될 수 있는 당당한 존재로서 보고 있지 않다. 그에게 민중이란 나약하고 어리석은 존재이며 어디까지나 '지배받아야만 하는 존재'로 여겨졌다. 나아가 오시오는 사회제도에 대해 다음과 같이 말하고 있다.

> 덕이 높은 군주에게 그 인덕으로써 세상이 좋아지리라고 기대하는 것은 아무것도 하지 않은 채 탁한 강물이 저절로 깨끗해지기를 기다리는 것과 같

---

4) 오시오 헤이하치로(大塩平八郎), 『洗心洞箚記』.

다. 그것은 현실적이지 않다. 먼저 사람들의 일상생활을 지켜 줄 만한 제도를 만들고 법을 정비함으로써, 군주의 정치가 그 법에 따라 행해지도록 해야만 한다. 그것이 사회다. 그 결과로 군주의 인덕이 높아지는 것이다.[5]

양명학의 양지론에서는 '인덕 우선론'의 이미지가 강하다. 그러나 오시오는 오히려 "양지를 충분히 발휘하기 위한 토대로서 사회에 법을 정비할 필요가 있다"고 하여 사회제도의 형식과 기술적 측면을 중시한다. 군주의 인덕이란 좋은 제도에 의해 뒷받침될 때 결과적으로 길러지는 것이라는 말이다. 이는 오랜 세월 막부의 관리로서 자부심을 가지고 일해 온 오시오 특유의 현실과 이상을 모순 없이 결합시킨 사회 인식이라 할 수 있다.

따라서 오시오가 반란을 일으킨 진의는 민중이 주체가 되는 민주 국가를 구축하려는 것도 아니고, 막부를 전복시키려는 혁명에 있었던 것도 아니다. 그는 '사농공상'의 신분제도를 기본으로 하는 도쿠가와 체제를 선한 사회의 형식으로서 신봉하고 있었다. 그런 체제 속에서 모든 민중들의 행복한 삶을 '지켜주는 일'이 그가 생각한 '양지'의 사회적 실천이었다. 그리하여 기근을 만난 사람들을 구제하는 것은 지배자(도쿠가와 막부)가 하늘로부터 부여받은 사명이라고 여겼던 것이다. 오시오의 난은 지배층에게 그런 사명을 환기시키고 반성케 하려는 것이 목적이었다고 말할 수 있다.

오시오로서는 농민 주체의 반란군이 통제가 제대로 이루어지지 않아 불과 하루만에 무너지고 말 것을 어쩌면 처음부터 예상하고 있었을지도 모른다. 그에게 있어 서민(농민들)이란 원래 사회를 실

---

5) 같은 책.

질적으로 움직이는 주체가 될 수 없는 유약한 존재이다. 그가 서민들에게 기대했던 것은 반란을 통해 자신들의 어려운 처지를 막부에게 강력하게 호소하는 데에 있었던 것이지 결코 막부를 타도하기 위한 것은 아니었다.

이런 의미에서 오시오는 도쿠가와 막부 체제를 순수하게 신뢰했던 양심적 사상가였다. 현대의 역사가들도 "모반자임에도 더더욱 오시오 헤이하치로 만큼 도쿠가와 막부에 충성심이 깊은 신하는 없었다"고 평가하고 있다. 또한 오시오는 민중의 고통을 구제해 주고 싶다는 '마음'을 갖고 이를 위해 모든 '행동'을 취하는데, 이것은 양명학자로서 당연한 실천이었다. 봉행소에 대한 정책 헌상, 사재를 털어 행한 개인적 구제 활동, 그리고 무력 반란 등 그에게는 이 모든 것이 행동의 가치를 중요시하는 입장으로서 동일한 것이었다. 이것이야말로 양명학이 주장하는 '지행합일'이었다.

그렇다면 이와 같은 오시오 헤이하치로의 사회정의관은 민주주의 현대 일본의 사회정의관과 전혀 이질적인 것이었을까? 반드시 법 제도에 한정하지 않더라도 '민속적 측면과 문화 문제'와 관련하여 오시오 헤이하치로의 사상은 지금 다시 물어질 필요가 있다.

19

고학은 왜 새로운 학파인가

1. 고학파의 새로운 유교 해석

에도 시대의 유교에는 주자학이나 양명학과는 다른 또 하나의 대표적 학파가 있다. 이 세 번째 학파는 본고장 중국의 전통적 유교 제학파와는 아무런 연관성이 없다. 그것은 전혀 다른 일본 특유의 그리고 당대에 있어 최신식의 유교 해석이었다. 이를 일반적으로 고학파古學派라 한다. 왜 이런 새로운 해석이 '고古'학인가? 이는 그 학파의 기본적 사고가 '공자의 사상으로 돌아가자'는, 즉 '유교의 원점으로서의 가장 오래된 사상으로 돌아가자'는 데 있었기 때문이다. 요컨대 이 학파의 사상은 '초심으로 돌아가자'고 제창한 셈인데, 그 흔하고 흔한 발상이 새롭게 학파를 형성할 만큼 특별한 제언이었을까? 그렇다고 말할 수 있을 것이다. 당시 유교는 본고장 중국에서 긴 세월이 흐르는 동안 고도로 세분화되었기 때문에 의외로 '원점으로 돌아간다'는 생각은 오히려 생겨날 수 없었다. 고학은 유교의 본고장이 아닌 일본에서 비로소 성립될 수 있었던 '유연한 유교 해석'의 학파라고 말할 수 있다.

이 학파에 속하는 대표적 사상가로 세 명을 들 수 있다. 첫째는 15장과 16장에서 소개했던 '에도 시대 무사도의 확립자'인 야마가 소코, 둘째는 소코와 동시대인인 이토 진사이(伊藤仁齋, 1627~1705), 셋째는 이들보다 좀 후대에 등장한 오규 소라이(荻生徂徠, 1666~1728)이다. 이 세 사람의 사상은 내용적으로는 큰 공통점이 있지만 학문적 방법은 각각 독립적이다. 그리하여 소코의 사상을 '고학', 진사이의 사상을 '고의학古義學', 소라이의 사상을 '고문사학古文辭學'이라고 구별하여 부르기도 한다.

2. 야마가 소코는 왜 '공자에게로 돌아가자'고 주장하는가

앞서도 언급했듯이 유교의 주류파인 주자학의 '리기이원론'은 고도의 관념적이고 추상적인 이론이다. 나아가 주자학은 인간의 본능적 욕망인 쾌락을 '리에 어긋난 불순한 기가 작용한 결과'라 하여 인간의 쾌락을 부정한다. 주자학은 이와 같이 비현실적이고 비일상적인 측면을 내포하고 있다. 그러나 현실주의적 입장에서 고학파는 이상주의적이고 관념주의적 입장인 주자학에 의문을 제기한다.

그러면 고학자 중 한 명인 소코의 경우부터 살펴보자. 소코는 원래 군학자였다. 그는 무사도에 관해 사색하는 한편 병법(군사 전략 및 전술의 방법론)에 관해서도 정통한 인물이었다.[1] 무엇보다 전투란 병력의 효과적 운용이 승패를 좌우한다. 즉 전투에서의 승리는 정신적 요소만 가지고 될 수 있는 것이 아니다. 전투라는 것은 매우 현실적 세계에 속해 있는 것이다. 이런 점 때문에 군학자로서 소코는 당연히 공리공론을 싫어했다. 그 결과 그는 관념적 주자학보다도 현실에 입각한 실천적 도덕을 자연스럽게 추구하게 되었다. 그리하여 마침내 41세 때 그는 주자학을 확실하게 부정하기에 이른다. 이 때 소코가 제시한 것이 '공자에게로 돌아가자'는 것이었다. 공자의 『논어論語』에는 지극히 일상적인 도덕에 관한 내용이 많이 기록되어 있었기 때문이다. 그러나 막부는 소코가 주자학을 비판하고 있다는 점에 대해 민감하게 반응했고, 결국 소코는 유배당하고 만다.[2]

3. 모든 것의 근본을 '사랑'이라고 설한 이토 진사이

다음으로 소개할 고학자로는 이토 진사이가 있다. 그는 원래 주자학자였다. 그러나 그는 조금씩 주자학에 의문을 품게 되었고 양명학에도 손을 댔지만 만족할 만한 해답은 좀처럼 얻지 못했다고 한다. 그러다가 32세가 되어서야 마침내 자신의 독자적 사상을 확립하게 되면서 그는 주자학으로부터 벗어났다. 이러한 진사이의 주자학 비판은 크게 두 가지로 나누어 살펴볼 수 있다.

첫째, 주자학이 '심정보다 리를 우선'하며 형식적 도덕을 강요

---

1) '주신구라'(忠臣藏)의 복수하는 장면에서 오오이시(內藏助)가 두드렸다고 나오는 야마가류의 출전북(陣太鼓)도 물론 야마가 소코(山鹿素行)의 야마가류 병법에 속한 것이었다.
2) 야마가 소코(山鹿素行)는 만년에 풀려나서 에도로 돌아왔고, 그 후 저술 활동에 전념했다.

하는 태도에 대해 '사랑이 없는 잔혹한 가르침'이라고 비난했다. 진사이는 다음과 같이 단언한다.

> 세상 모든 것을 선으로 인도하는 힘을 인仁이라 한다. 그 인이 사람의 마음에 나타난 것이 사랑이다. 군신관계, 친자관계, 부부관계, 형제관계, 붕우관계 등 모든 것은 사랑으로 성립되는 것이다.[3]

또한 진사이는 사랑에 의해 뒷받침되지 않는 형식적 도덕은 인간을 위선에 빠뜨린다고 주장하면서 주자학이 바로 그런 형식적 도덕이라고 단죄했다. 따라서 진사이의 사상에는 '리'의 개념이 희박하다. "인간이 타고나는 선한 본성은 리 따위로 보증할 필요가 없다"는 것이다. 이는 참으로 순수한 휴머니즘이며 양명학과도 아주 다른 관점이다. 예컨대 양명학의 '심즉리心卽理'에 대해 진사이는 '인즉애仁卽愛'라는 개념어를 사용하면서 양명학과의 차이점을 분명히 드러냈다. 그리고 이 '인=사랑'의 의의가 올바르게 설해진 문헌으로서 진사이는 『논어』를 들고 있다. 그에 의하면 『논어』는 '우주 최고의 책'이라는 것이다.

그렇다면 주자학 비판에 있어 진사이의 두 번째 논점은 무엇인가? 주자학에서는 『논어』보다도 『대학大學』이라는 책을 중시한다. 물론 주자학에서는 유교의 텍스트로서 『논어』, 『맹자孟子』, 『중용中庸』, 『대학』의 사서四書를 들고 있다. 이 책들은 유교의 역사에서 각각 그 성립 과정을 달리 한다. 그런데 주자학에서는 가장 먼저 『대학』부터 읽을 것을 기본적 학습 방법으로 삼고 있다. 그러나 진

---

3) 이토 진사이(伊藤仁齋), 『童子問』.

사이는 자신의 독자적 연구를 통해 "『대학』은 공자가 남긴 책이라고 할 수 없다"는 결론에 도달하여 『대학』에 대한 공부를 부정적으로 이해했다. 나아가 그는 "『대학』은 공자보다 후세에 성립된 문헌이며, 거기에 가해진 후대 학자들의 주관적 해석은 공자의 진의를 파악하는 데에 전혀 도움이 안 된다"고 주장하면서 『대학』의 의의를 전적으로 파기해 버렸다. 말할 것도 없이 여기에서 '후대 학자들의 주관적 해석'이란 '주자의 사상'을 가리킨다. 즉 진사이는 후대 학자들의 해석이나 연구(『논어』이외의 몇몇 유교의 중요한 서책들)를 '주관적 판단에 불과한 것'이라고 낮게 평가하면서 『논어』야말로 오리지널 원전이라고 보았다. 이런 점에서 그는 『논어』를 가장 중시하였다. 말하자면 이것은 실증적이고 문헌학적 접근 방식에서 나온 사상으로서 당시에 새롭게 등장한 연구 방법이었다.

진사이는 주자학 비판의 관점에서 막부에 대해서도 비판적이었으므로 단 한 번도 관리로 나간 적 없이 시정의 학자로 생애를 보냈다. 하지만 그렇다고 해서 그가 가난하게 살았던 것은 아니다. 그의 사숙에는 항상 문하생들로 넘쳐 났기 때문에 생활에 별 어려움은 없었기 때문이다. "모든 것의 근본은 사랑이다"라고 당당히 외쳤던 만큼 문하생들에 대한 그의 태도는 지극히 자애로웠다. 그래서 제자들로부터 인기가 대단했고, 약 3천 명 가량의 제자들이 그에게서 배움을 전수받았다고 한다.

4. 오규 소라이와 선왕의 도

한편, 고학파 중에서 가장 고도의 사상을 완성시킨 자가 바로 오규 소라이다. 소라이가 태어난 때는 소코가 막부를 비판했다는 죄목으로 유배된 해였다. 소라이의 부친은 제5대 쇼군 도쿠가와 쓰나요시(德川綱吉, 1646~1709*)의 주치의였는데 어떤 문제로 인하여 추방당했다고 한다. 소라이는 14세 때부터 10년간 가즈사(上總)[4]의 빈촌에 살면서 독학으로 나날을 보냈다. 당시 주변에서 서책을 구하기가 어렵게 되자 그는 같은 책을 수없이 반복하여 읽고 또 읽는 가운데 책에 쓰여진 내용을 정확하게 정리하고 분석하는 독서법을 자연스럽게 몸에 익혔다고 한다. 이러한 그의 성장 배경은 그를 반골 정신이 강한 성격으로 만들었다. 또한 빈촌에서의 고통스러운 생활을 직접 경험하면서 자랐기 때문에 그는 사회 개선의 문제를 깊이 의식하게 되었고, 현실적이며 실천적인 사상을 추구하게 되었다. 그러한 사상적 추구는 자연스럽게 그를 관념적 사상인 주자학에 대해 비판적 입장이 되도록 이끌었다.

소라이는 이토 진사이를 존경했다. 그러나 진사이의 연구 방법에도 주관적 요소가 섞여 있다고 생각한 소라이는 그의 사상적 한계를 느끼고는 마침내 그를 비판하기에 이른다. 소라이는 또한 『논어』라는 원전을 직접 연구하는 자세를 견지했다. 하지만 그는 진사이류의 연구 방법에서 더 나아가 보다 철저하게 연구자의 주관을 배제하고자 했다. 그는 다음과 같이 주장한다.

언어란 글자 모양은 변함이 없다 하더라도 시대에 따라 뉘앙스라든가 함축적인 이미지 혹은 의미는 변화한다.

---

4) 지금의 치바(千葉) 현 중남부에 해당하는 옛 지명.*

그러니까 옛 문헌의 정확한 의미를 읽어 내기 위해서는 그 문헌이 쓰여진 시대의 문화와 풍속을 알고 그런 인식에 바탕해서 문헌을 해석하지 않으면 안 된다는 것이다. 말하자면 "고전은 그것이 쓰여진 당시 사람들의 눈으로 읽어야 한다"는 것이다. 이렇듯 철저히 객관적 관점으로 문헌을 대하는 그의 태도는 실로 새로운 발상이었다. 이와 같은 '문헌학적 연구 방법의 개척자'였다는 점만으로도 그는 일본사상사에 길이 남을 만한 가치가 있다. 나아가 이러한 연구법에 의해 독파한 『논어』의 새로운 해석은 소라이 사상의 독특함이다. 그는 『논어』에 설해진 것은 이념이나 도덕이 아니라 오히려 현실의 처세술인 '올바른 정치 방법론'이라고 단언했다. 여기서의 올바른 정치란 태고 적에 실재했던 '완벽한 제왕'이 실시한 정치를 가리키며, 『논어』는 그 기록의 전승이라는 것이다. 그래서 소라이는 다음과 같이 말한다.

공자의 도는 선왕先王의 도이다. 선왕의 도란 천하를 평안케 하는 도이다. 선왕의 도란 선왕이라는 '인간'이 만들어 낸 인위적인 것이다. 그것은 세상에 처음부터 있었던 것은 아니다. 선왕은 전심전력으로 지혜를 짜내어 그 도를 만들었다.5)

여기서 알 수 있듯이, 소라이는 '유교의 근본인 도道 즉 대우주의 절대법칙이자 보편적 선'을 하늘로부터 부여받은 것이라고 생각하지 않고, '선왕이라는 고대의 뛰어난 지배자(정치가)가 작위해 낸 예악형정禮樂刑政의 제도'라고 해석했다. 이 정도로 인간중심

---

5) 오규 소라이(荻生徂徠), 『弁道』.

적인 유교 이론은 아마도 찾아보기 힘들 것이다.

또한 소라이는 자신의 고문사학에 의해 "후대 사람들은 선왕의 도를 배우고 그렇게 배운 것을 살려 보다 올바른 사회를 만들도록 노력하지 않으면 안 된다"는 사회이론을 도출해 냈다.

한편, 소라이는 아카호 낭사들의 복수 사건6)을 비판한 인물이기도 하다. 그는 낭사들의 복수 사건에 대해 "낭사들은 공공의 규칙을 깨고 사회질서를 어지럽히고 있다"는 이유를 들어 그들을 비판하였다. 소라이의 인간중심주의는 어디까지나 사회질서를 뒷받침하는 '공공심'이 위주가 되며, 개개인의 '사적 감정'은 이차적 문제로 간주된다. 그리고 도덕이란 것을 감정적이고 관념적이 아닌 사회규범으로서 파악했다는 점에서 소라이의 사상은 당시로서는 혁신적 발상이었다고 평가할 수 있다.

한 가지 더 첨언하자면, 소라이는 만년에 제8대 쇼군 도쿠가와 요시무네(德川吉宗, 1684~1751*)로부터 그 재능을 인정받아 막부에 초청되어 정치에 협력한 바 있다. 이는 소코의 경우와는 크게 다른 점이다. 시대의 변화는 사상가의 처세까지도 변화시키는 모양이다.

---

6) 아코의 영주인 아사노가 억울하게 할복당하자 아사노의 가신이었던 47인의 사무라이들이 1702년 주군을 위해 복수를 감행하고 전원 할복했던 사건.

20

'화혼양재' 정신을 낳은 프래그머티즘적 주자학

1. 프래그머티즘적 주자학

프래그머티즘이란 19세기 후반부터 20세기에 걸쳐 미국을 중심으로 성립한 철학 사상으로서 '실용주의'라고 번역되기도 한다. 그것은 "사상이란 그것이 행동과 결부되어 구체적 결과가 나와야만 비로소 가치가 결정된다"는 것을 그 기본 이념으로 함으로써 사상과 일상생활을 밀접하게 연결시키는 입장이다. 요컨대 현실적 유용성을 중시하는 입장이다. 보다 엄밀하게 말하자면 '그것이 실제로 도움이 되느냐 안 되느냐'로 가치를 결정하는 사상이 바로 프래그머티즘이다.

일본사상사에 있어서 프래그머티즘적 사고방식은 에도 시대 후반에 이미 성립되었다. 이를 '실학實學'이라 부른다. '실제로 도움되는 학문'이라는 뜻이다. 실학은 의학과 공학 분야에서 특히 발

달했다. 그리고 유용성(편리함과 코스트 퍼포먼스)의 문제를 고려하
건대, 과학적으로 정체되어 있던 에도 시대의 실학자들이 유럽 과
학에 관심을 갖게 된 것은 당연한 일이었다. 때문에 실학을 표방
하는 학자 중에는 양학자(洋學者)[1]들이 압도적으로 많았다.[2] 하지
만 그들은 어디까지나 주자학의 입장에서 실학을 추구한 사상가
들이 대부분이었다. 그들은 주자학의 근간인 '리(理)'의 해석에 대
해 독자적인 해석을 덧붙임으로써 주자학을 양학 못지 않은 실학
사상으로 발전시켰다. 오늘날의 관점에서 보자면 이것은 '프래그
머티즘적 주자학'이라고 할 만하다.

2. 이라이 하쿠세키와 '화혼양재'

프래그머티즘적 주자학의 효시는 아라이 하쿠세키(新井白石,
1657~1725)에게서 시작한다. 그는 6대 쇼군 도쿠가와 이에노부(德川
家宣, 1662~1712*)에 의해 등용되었다. 그 후 그는 어린 나이의 7대
쇼군 도쿠가와 이에쓰구(德川家繼, 1709~1716*)를 돕는 등 장년에는
막부 정치에 참여한 정치가로도 유명하다. 뿐만 아니라 그는 매우
합리적인 사고를 가진 주자학자로서 사상사에서 이름 높은 인물
이기도 하다.

하쿠세키는 주자학의 '리'를 자연과학적인 법칙으로서 해석했
다. 즉 그는 "이 세상은 리에 의해 이루어져 있다. 이 세상의 모든
가시적 현상들만이 리에 합당하다"고 생각한 것이다. 그 결과 그

---

1) 쇄국 체제의 일본 국내에서 유럽 연구를 하는 학자.
2) 양학에 관해서는 25장 '두 유형의 양학자'에서 상술할 것이다.

는 "비현실적이고 초자연적인 현상은 리에 합당하지 않으므로 애당초 있을 수 없다. 그것을 '존재한다'고 생각하는 것은 인간의 착각일 뿐"이라고 단언한다. 따라서 하쿠세키는 신의 존재를 인정하지 않는다. 가령 그는 옛날부터 전해 내려오는 신화는 태고의 '뛰어난 인간'에 관한 이야기가 탈색된 것에 불과하다고 분석한다. 또한 모든 종교에서 전하고 있는 천지창조의 전설에 관해서도 "그런 사건을 본 사람은 없다. 따라서 전설은 후대에 만들어진 이야기이다"라고 노골적으로 말한다. 그리하여 그는 '신이란 인간이다'[3]라고 단언하기도 했다.

이러한 사상이 잘 나타나 있는 하쿠세키의 저서 중에서 특히 유명한 것이 『서양기문西洋紀聞』이다. 이 책은 하쿠세키가 일본에 잠입한 이탈리아 선교사인 요한 시드치를 심문했을 때 쓴 조서이다. 하쿠세키는 이전부터 알고 있던 유럽 지식들을 이 책에 함께 수록하였다. 이 책은 일본어로 쓰여진 획기적 유럽 소개서이자 에도 시대의 가장 뛰어난 일본과 유럽의 교섭 기록서라고 할 수 있다. 여기서 하쿠세키는 프래그머티즘적 주자학 사상의 특징을 잘 보여 주고 있다.

하쿠세키는 시드치가 말하는 천문학과 지리, 항해술 등의 자연과학적 지식을 잘 흡수했다. 이 점에서 그는 시드치를 현자로서 높이 칭송하고 있다. 그런데 시드치가 "이 세상은 신이 창조하셨다"고 하는 기독교의 유신론을 대변하기 시작하자마자, 하쿠세키는 "이 사람이 정말 내가 존경해 온 같은 사람인지 의심스럽다"며 그의 사상을 격하게 비난한다. 그리고 앞서 언급한 특유의 주자학 인

---

3) 아라이 하쿠세키(新井白石), 『古史通』.

식에 입각하여 그는 "요컨대 서양 학문이란 모양과 그릇만 뛰어나다"고 결론지었다. 즉 하쿠세키에 의하면, 유럽의 지성이란 과학기술만 일본보다 앞서 있을 뿐이고 정신이나 도덕의 측면에서는 일본 쪽이 더 우월하다는 것이다. 그렇기 때문에 일본은 과학기술만 유럽에서 받아들이고 정신성은 일본 고유의 것을 그대로 지키면 된다는 것이다. 이런 발상을 '화혼양재和魂洋才'라고 한다. 이러한 '화혼양재' 사상은 하쿠세키의 시대보다 훨씬 후대인 막말기부터 메이지 초기에 걸쳐 높이 제창되었고, 일본의 주된 사상적 흐름의 하나가 되었다.

3. 하쿠세키의 사상적 계승자 쇼잔과 쇼난

하쿠세키보다 훨씬 후대의 막말기 사상가인 사쿠마 쇼잔(佐久間象山, 1811~1864)과 요코이 쇼난(橫井小楠, 1809~1869) 등은 이런 흐름에 속한 주자학자의 전형이라 할 만하다.

먼저 쇼잔은 젊은 시절부터 뛰어난 주자학자였는데, 아편전쟁(1840~1842)에서 중국이 영국에게 패한 것에 큰 충격을 받음으로써 유럽 병기의 우수성을 실감한 인물이다. 그러나 그의 주자학적 이념은 "이렇게 뛰어난 병기를 만드는 서양인들은 뛰어나다"는 생각으로 이어지지는 않았다. 그는 "정신적으로 우월한 일본이 서양의 뛰어난 병기를 손에 넣게 된다면 세계를 제패하는 일류국이 될 수 있다"고 생각하여 적극적으로 유럽 병학을 연구하게 되었다. 쇼잔은 '동양은 도덕, 서양은 기술'(東洋道德, 西洋藝術)이라는 슬로건을 내걸고 자신의 주장을 세상에 널리 호소했다. 그의 사상에 공감하

여 문하생으로 들어온 자들 중에는 가쓰 가이슈(勝海舟, 1823~1899)[4]
와 요시다 쇼인(吉田松陰) 같은 쟁쟁한 인물들이 있다.

한편, '리'에 대한 쇼잔의 인식도 하쿠세키와 마찬가지로 자연
과학적이다. 주자학에서는 '궁리窮理'(리가 무엇인지를 궁구하는 것)
가 중요한 테마이다. 쇼잔에 의하면 "이 세상은 모두 주자학에서
말하는 리에 맞게 되어 있다. 물론 서양 과학도 주자학의 리에 맞
는다. 그러니까 서양 과학을 안다는 것은 원래 주자학자의 사명"
이라는 것이다. 이 때 쇼잔은 전통적 주자학자의 심정적 성향으로
서 유럽 세력을 적대시했다. 그리하여 그는 『성건록省諐錄』이라는
저서에서 유럽인들을 '오랑캐'(夷, 야만적인 미개인)라고 표현하면서
"오랑캐의 기술로써 오랑캐를 막는다"고 적고 있다.

또 다른 화혼양재 사상의 계승자인 요코이 쇼난의 경우는 하쿠
세키나 쇼잔과는 다소 다른 점을 보여 준다. 하쿠세키와 쇼잔은
'리'를 자연과학적 법칙으로 파악함으로써 주자학을 주로 천문학
이나 공학과 결부시켰다. 그리하여 주자학의 폭을 확장시켰던 것
이다. 이에 비해 쇼난은 역사적 사실의 변천에서 '리'를 보았다. 즉
"세계사의 추이는 '리'에 따른 것"이므로 먼저 현재의 상황을 그
대로 받아들인다. 그는 "리에 비추어 그래야만 된다"는 당위적 관
념을 앞세워 현실을 규정하는 것이 아니라, "리에 의해 지금 이렇
게 된 것"이라고 인식한다. 거기서 현실적인 보다 나은 미래상을
찾고자 하는 것이다. 이는 주자학의 '현실적 해석'으로서 뛰어난
발상이라고 하지 않을 수 없다.

쇼난의 이와 같은 사상을 높이 산 후쿠이번(福井藩)의 번주 마쓰

---

4) 막말에서 메이기 초기에 활동한 정치가.*

다이라 요시나가(松平慶永, 1828~1890*)는 그를 초빙하여 정사총재政事總裁직에 임명했다. 이리하여 쇼난은 후쿠이번의 브레인으로서 막부 정치에 협력하게 되었다. 구체적으로 그는 조정과 막부가 정치적으로 운명공동체라고 하는 '공무합체론公武合體論'을 제창하는 한편, 문란해진 내정을 일원화시킴으로써 당시의 난국을 극복하는 정치적 힘을 막부에 실어 주려 했다.

쇼잔과 쇼난은 모두 막말 동란기에 개국론開國論을 주장한 자들이었다. 이러한 사상적 입장에 관해서는 27장에서 다시 상세히 언급하겠지만, 그들의 주장은 정치적으로는 '도쿠가와 막번 체제를 어떻게 존속시키는가'에 관한 지극히 현실적 발상이었으며, 이념보다는 정책 우선의 제언이었다. 그들은 유교 중에서도 고도로 관념적인 주자학을 신봉하면서도, 그 근본은 철저한 현실주의의 입장에 서 있었다. 이러한 주자학의 형태는 일본 사상의 큰 특징이라고 말할 수 있다.

그러나 이것을 역으로 말하자면 "기본직으로 이들 주자학사들은 에도 시대 정치 시스템의 발본적 개혁까지 고려한 것은 아니다"라고 평가할 수도 있다. 쇼잔과 쇼난은 자신들의 사상에서 도쿠가와 막번 체제를 존속시키는 길을 모색했기 때문이다. 이 점에서 그들의 제언이 실제로 메이지유신에 반드시 긍정적으로 작용했다고 평가할 수만은 없다. 이것은 '주자학의 어쩔 수 없는 한계'라고 할 것이다.

하지만 자신의 사상을 현실에 반영시킴으로써 시대의 난국을 극복하려 했던 그들의 일본에 대한 애정은 분명 진지했다. 그들은 막말의 위험한 국제 정세 속에서 일본이라는 나라를 지킬 방책을 진지하게 고민했다. 그들은 본래 사무라이였지만 막부의 관리는 아니었으므로 도쿠가와 일족을 지킨다는 생각은 없었을 것이다. 다만 도쿠가와 막번 체제라는 시스템을 지키려 했을 따름이다. 그들은 그 국가 시스템이야말로 일본이라는 나라에 가장 잘 어울리는 제도라고 믿었기 때문이다.5)

그러나 동란 시대의 냉정한 현실주의자는 이데올로기에 단단히 사로잡힌 광신적 사람들로부터 '이상을 버린 배반자'라는 낙인이 찍혀 부당한 원한을 사게 마련이다. 쇼잔도 쇼난도 결국 이데올로기에 사로잡힌 사람들에 의해 암살당하고 말았다. 특히 메이지 이후 유신정부에 의해 탁월한 정치적 수완을 인정받은 쇼난의 경우 새로운 시대의 정책 확립을 위해 정부에 협력하던 중 살해당하고 말았다. 이들의 비극은 뛰어난 사상과 광신적 '주의'와는 물과 기름의 관계라는 사실을 웅변적으로 보여 주고 있다.

---

5) 이 점에 있어서 시대는 다를지라도 막부 정치에 진력했던 아라이 하쿠세키(新井白石) 또한 동일한 사상적 입장에 서 있었다고 말할 수 있다.

21

조닌(町人) 사상가들

1. 이시다 바이간과 심학

야마가 소코는 사무라이의 입장에 대해 '농공상(서민)을 도덕적으로 인도하는 자'라고 함으로써 사무라이가 실질적 생산 활동에 종사하지 않는 사실을 긍정했다. 그러나 이를 뒤집어 말하면, "농공상(서민)의 인생이란 생산 활동을 영위할 뿐이며 도덕이나 사상과는 무관하다"고 규정하는 것과 마찬가지이다. 그것은 이른바 사무라이에 의한 '도덕과 사상의 독점'을 표명하고 있는 것에 지나지 않는다.

그러나 농공상에게도 그들 나름대로의 인생관이 있다. 에도 시대에 몇몇 비非 사무라이 출신의 사상가들은 사무라이의 관점과 다른 인생과 사회의 의의를 포착하여 그들의 사상을 고도로 발전시켰다. 가령 에도 시대의 이시다 바이간(石田梅岩, 1685~1744)이 끼친 사회적 영향의 방대함에서 보더라도, 그는 비 사무라이 출신의 대표적 사상가라 할 만하다. 바이간은 농민의 아들로 태어나 교토의 상가에서 일했는데, 천성적으로 공부하는 것을 좋아하여 틈만 나면 독서에 빠져들었다고 한다. 그는 43세 때 상가 일을 그만두고 45세 때 처음으로 공개 강의를 했다. 당시 이 강의를 듣고자 많은 제자들이 모여들었으며, 이 제자들에 의해 그의 사상이 전국적으로 퍼지게 되었다.

한 마디로 바이간의 사상은 에도 시대 사회에 대한 새로운 '평등주의적 해석'이라 할 수 있다. 그는 에도 시대의 사회 시스템을 긍정하면서도 '농공상'이라는 사회적 지위의 가치를 사무라이의 가치와 크게 다를 바 없을 만큼 귀하다고 천명했다.

> 사농공상 중 하나라도 없으면 사회가 지탱되지 않는다. 사농공상은 똑같이 군주의 통치를 받고 군주를 돕는다. 사무라이는 위계를 가진 신하이고, 농민은 자연 속에서 일하는 신하이고, 공상은 거리에서 일하는 신하이다. 상인이 돈을 모으고 직인職人이 임금을 타는 것도 그리고 농민이 작물을 재배하여 그 대가를 취하는 것도 사무라이가 봉록을 받는 것과 다 같은 것이다.[1]

여기서 바이간은 신분제도를 상하관계로 파악하는 것이 아니라 평등한 '분업'이라고 해석하고 있다. 이것은 상하관계에 의해 사회 질서를 표방하는 주자학자들로서는 상상도 못한 발상으로서 그 발상만으로도 당시 사람들에게는 문화적 충격이었다. 사농공상이 단순한 직업의 차이에 불과할 뿐이라면, 각각의 인간적 가치에도 차이가 있을 수 없다. 그렇다면 도덕과 사상에 관해 사색하고 인도人道를 추구하는 일은 비단 사무라이가 아니라 누구라도 해야만

---

1) 이시다 바이간(石田梅岩), 『都鄙問答』.

하는 결론에 이르게 된다. 이것이 바이간 사상의 최종 도달점이었다. 이로써 바이간은 적극적으로 서민 교화를 추구했다. 그의 자택에서 공개 강의가 있는 날에는 '청강자유, 입장무료'라는 간판이 내걸렸다고 한다. 바이간의 가르침은 '사무라이에게 순순히 따르라'는 주자학적 윤리는 물론 아니었다. 오히려 그는 서민들이 주체적으로 살 것을 가르쳤다. 이 때 그는 특히 '정직'의 실천을 사람다운 길로 강조했다.

> 담배곽 하나라도 상품의 좋고 나쁨을 바로 알 수 있는 법이다. 이것을 요리조리 속이려 한다면 못된 상인이다. 그 가격을 있는 그대로 말하는 것이 좋은 상인이다. 다른 사람의 눈에는 자신의 성실과 불성실이 바로 비쳐 보인다는 것을 잊고 사는 사람들이 많다. 정직이야말로 사람들의 신뢰를 받고 성공하는 비결이다.[2]

이것이 바이간의 '정직론'이다. 이 주장을 뒷받침해 주는 전제는 "사람은 누구든 상품의 가치를 알아채고 다른 사람의 내면을 꿰뚫어볼 수 있는 안목을 갖고 있다"는 반우민론反愚民論이다. 이것은 "서민들이란 물건의 가치를 알아보지 못하는 어리석은 존재이므로 인도해 주지 않으면 안 된다"는 무사도적 서민관과는 아주 대조적 관점이다.

그렇다면 실제로 당시의 서민들이 바이간이 언급한 정도의 지적 수준에 있었느냐 하면, 아마도 그렇다고 말할 수 있을 것이다. 왜냐하면 에도 시대 중엽에는 이미 전국 차원에서 생산과 유통이

---

2) 같은 책.

잘 발달되어 있었으며, 문화적으로도 뛰어난 안정기에 접어든 상태였기 때문이다. 이와 같은 경제와 문화의 발전에 대해 정치(도쿠가와 막부)는 거의 간섭하지 않았다. 즉 당시 일본이 세계적 수준에 있어서도 뛰어난 문화 국가였다는 상황은 다분히 서민들의 자주적 힘으로 이루어진 결과였다고 말할 수 있다. 그런 만큼 바이간이 주장한 '신분의 상하관계를 부정한(신분제 자체의 부정은 아니다) 직분론'은 당시 무사층에게 천시당하고 자신감을 상실했던 서민층에게 그들의 정체성을 확인시켜 준 설득력 있는 가르침이었다. 바이간의 사상을 이어받은 뛰어난 제자들이 많이 배출되면서 그의 사상은 특히 '심학心學'이라고 불리게 되었으며, 후에는 널리 상급 무사층에게까지 퍼져 나갔다.

2. 야마가타 반토와 자본주의 사상의 맹아

바이간과 사상적 공통점을 지닌 또 한 명의 서민 사상가로서 야마가타 반토(山片蟠桃, 1748~1821)가 있다. 그는 상인 출신의 사상가로서 유통과 금융에 관해 뛰어난 사상을 전개한 인물이다. 여기서 반토는 호인데, 이는 상인의 지위인 '반토'(番頭)의 음을 그대로 따온 것이다. 그는 자신의 출신에 자긍심을 가지고 있었기 때문에 이러한 호를 붙인 것이다.

반토는 "물가는 수요와 공급의 균형으로 정해진다"고 하여 자본주의 원리에 매우 가까운 주장을 폈다. 따라서 그는 "높은 가격으로 흥정된 상품은 거기에 맞는 가치를 가지고 있기 때문에 가격이 비싼 것이므로 그 자체를 나쁘게 보아서는 안 된다"[3]고 말한다. 구체적으로 말하자면, 이것은 기근 때에 제번의 구민 정책을 비판한 내용이다. 에도 시대는 종종 기근에 시달렸는데, 이 경우 해당 지역의 기본적인 번 정책은 강권적으로 쌀값을 억제하여 쌀이 싼 가격으로 분배되도록 하는 것이었다. 그런데 이는 가뜩이나 부족한 쌀이 마구 유출됨으로써 결과적으로 쌀 부족을 초래하기 십상이었다(그 결과 아사자가 속출한다). 그렇기 때문에 반토에 의하면 "기근시에 대상인이 쌀을 매점하여 가격을 조작하는 것은 반드시 나쁜 것만은 아니다. 그렇게 함으로써 사람들은 오히려 쌀을 소중하게 여기게 된다"고 말한다. 즉 부족하기 쉬운 물품일수록 아주 조금씩 소비하도록 해서 가급적 오래 가지고 있게 하는 것이 올바른 수급 정책이며, 이를 위해서 정치 권력이 시장에 개입하는 것보다는 자연스러운 시장 원리에 맡기는 편이 낫다는 것이다.

반토의 말대로 상인의 가격 조작이 공급의 균형을 조절하는 안전편의 역할을 하기 위해서는 쌀이 사회 전체에 골고루 분배되도록 배려하는 상인의 높은 공공심과 윤리관이 전제되지 않으면 안될 것이다. 말하자면 이는 상인이 뻔뻔스럽게 이득을 남기지는 않을 거라고 믿어야만 비로소 주장할 수 있는 사상인 것이다. 이 점에서 반토 또한 바이간과 마찬가지로 서민들에 대한 인간적 신뢰감을 깊이 지녔던 인물이라고 말할 수 있다.

이 두 사람의 사상은 이상에서 언급한 측면을 포함하여 영국의 고전 경제학의 시조라고 불리는 아담 스미스(1723~1790)의 사상과 유사하다고 평가할 만하다. 스미스는 그의 저서 『국부론國富論』에서 인간의 이기심을 긍정하고 자유경쟁에 의한 경제 발전을 설한

---

3) 야마가타 반토(山片蟠桃), 『유메노 시로』(夢 ノ代).

사상가이다. 그는 자본주의 경제의 의의를 처음으로 체계화했으며, 19세기 이후 유럽 경제의 방향을 결정지었다. 스미스는 사람의 이기심이란 '공평한 제삼자의 동감'을 얻음으로써 비로소 정의가 되며 사회질서가 구축된다고 설하기도 했다.[4] 즉 "인간은 서로가 심정적으로 타인으로부터 허락받는 범위 내에서 자신의 이익을 추구하는 것이 옳다"는 것이다. 이는 상인의 인간성을 신뢰하는 바탕 위에서 영리 행위를 적극적으로 긍정하는 바이간이나 반토의 사상과는 상당 부분 통하는 구석이 있다. 물론 바이간과 반토는 아담 스미스와는 전혀 관계 없는 사상가이다. 당시 영국과 일본에서 동일한 경제 사상의 맹아가 싹텄다는 것은 그 토대로서의 경제 체제에 있어 양국 사이에 어느 정도 유사성이 있었기 때문일지도 모른다.

그런데 그 사상에서도 엿볼 수 있듯이 반토는 철저한 현실주의자였다. 당시 일본인의 일반적 정서와 비교해 보면, 그는 놀라울 정도로 미신을 믿지 않았던 인물이었다. 반토는 영혼이라든가 귀신의 존재를 부정하는 '무혼론無魂論'을 주장했던 것이다. 그러나 다른 한편, 그는 유교 윤리를 신봉하는 입장에서 예의를 중시했고 사자死者 공양을 중시했다. 하지만 이는 '사자와의 생전의 약속을 지키는' 태도의 표현이었지 신비적 의미를 가진 것은 아니었다. 그의 저서 『유메노 시로』는 다음과 같은 말로 끝을 맺고 있다.

지옥은 없다. 극락도 없다. 자아도 없다. 다만 존재하는 것은 인간과 만물뿐이다. 신불神佛도 없고 귀신도 없다. 세상에 기기묘묘하고 불가사의한 것은 더더욱 없다.

---

4) 아담 스미스, 『도덕감정의 이론』.

22

국학이란 무엇인가

1. 일체의 외국 문화를 배제한 순수한 일본 문화 되찾기

현대 일본인이 '외국'이라는 말을 듣고 떠올리는 나라는 역시 미국이나 영국 혹은 프랑스 능 일반적으로 구미 각국을 떠올리기 십상이다. 그러나 생각해 보면 그런 나라들보다 훨씬 이전부터 일본이 교류를 계속해 온 외국이 있다. 바로 중국이다. 중국 문화는 같은 동아시아권이며 또한 아주 오래 전부터(일본이 문화다운 것을 구축하기 시작한 나라 시대부터 이미) 일본에 도입되었다는 점 때문인지 그것을 '외국 문화'라고 보는 관념이 희미한 것이 사실이다. 그러나 그런 중국 문화조차도 '일본 고유 문화에 있어 불순물'이라고 보면서 "중국을 포함한 일체의 외국 문화의 요소를 배제하고 순수한 일본 문화의 모습을 되찾아야만 한다"고 거듭 주장한 사상이 에도 시대 중엽에 나타났다. 이것을 '국학國學'이라 한다.

국학파에 의하면, 주자학파나 양명학파는 물론이고 일본 고유의 유교 해석을 전개한 고학파조차도 '유교라는 외래 사상에 물들었다'는 의미에서 부정되어야만 한다고 주장한다. '외래 사상에 의존해서는 오히려 일본 사상의 순수성을 상실하고 만다'고 하여 외래 사상을 강하게 비난하는 것이다. 그러나 중국 문화의 도입은 일본사와 거의 처음부터 함께 출발했다고 해도 과언이 아니다. 그 이전의 순수한 일본 사상을 발굴하자면 그 연구 대상이 지극히 한정될 수밖에 없다. 나라 시대의 문헌인 『만엽집』과 『고사기』, 그리고 헤이안 시대의 여류문학 등이 아마도 국학에서 다루는 극소수의 텍스트가 될 것이다. 여기에서 헤이안 시대의 여류문학이 국학의 관심을 받게 되는 것은 의미심장하다. 헤이안 시대 귀족문화의 문헌은 주로 남성들에 의해 한문으로 쓰여진 공식 자료로서 중국적인 것이 대부분이다. 이에 비해 여성들이 쓴 것은 사적인 것이었으므로 중국 문화에 물들지 않았다는 것이 국학파의 해석이다.

　　하지만 흥미롭게도 국학파의 연구 방법론이란 것이 '일본의 고전에 대한 에도 시대적 주관을 배제한 객관적 문헌 연구'라고 할 때, 이는 분명 고학파(특히 오규 소라이의 고문사학)가 전개한 문헌 연구 방법의 답습에 불과한 것이었다. 이런 의미에서 고학파는 국학파의 원류라고 평가할 수 있다. 또 한 가지 국학파의 특징을 들자면, 그들은 '순수한 일본 사상의 발굴'이라는 연구 성과를 그대로 정치에 활용하려는 목적을 지니고 있었다. 일본의 정치 제도는 나라 시대 이후 중국의 정치 제도를 받아들여 시대에 맞추어 독자적으로 개량해 온 것이었다. 하지만 이를 두고 국학파에서는 "그러니까 일본은 분쟁이 끊이지 않았던 것이다. 그보다 훨씬 이전의 태고적 일본은 싸움이 없는 이상향이었다. 우리는 지금이야말로 그 태고적 일본으로 회귀하지 않으면 안 된다"고 주장한다.

그런데 국학파들이 주장하는 '태고적 일본의 모습'이란『고사기』의 전설 등을 토대로 하여 재현된 것이다. 그것은 다분히 환상적 국가상으로서 무릇 현실적인 것은 아니었다. 그런 환상론을 당당히 언명하는 것이 바로 국학의 특징이라고 말할 수 있을 것이다.

2. 국학 운동과 대표적 사상가들

국학의 전체상을 설명함에 있어 그 대표적인 사상가로서는 게이추(契沖, 1640~1701), 가모노 마부치(賀茂眞淵, 1697~1769), 모토오리 노리나가(本居宣長, 1730~1801) 등을 들 수 있겠다.

먼저 게이추는 진언종 승려인데, 후에 와카(和歌)의 세계에 빠져들었다. 그리고 유교와 불교의 가치관을 배제한 관점에서 와카에 숨겨진 순수한 일본적 미의식을 이해해야 한다는 주장을 펼쳤다. 그의 스승은 시모코베 조류(下河辺長流, ?~1686*)라는 국학인이었다. 이 스승이 '코몬(黃門)님'으로 유명한 도쿠가와 미쓰쿠니(德川光國, 1628~1701*)[1]로부터『만엽집』의 주석 작업을 의뢰 받았을 때, 그는 질병을 이유로 이 작업을 거절하는 대신 제자인 게이추를 추천했다. 게이추는 이 의뢰에 응하여『만엽대장기万葉代匠記』라는 저서를 썼다. 이 책은『만엽집』에 대한 단순한 문학적 주석을 넘어서서 국학의 연구 자세와 이념을 상세히 적고 있는 국학의 선구라고 평가되고 있다.

---

1) 미토(水戶) 번 제2대 번주.*

한편, 마부치의 경우는 처음에 고문사학古文辭學을 공부했는데, 역시 와카에 매료당하여 국학을 지향하게 되었다. 그가 특히 연구 대상으로 삼은 것은『만엽집』이었는데, 그는 거기에 내포된 고대 일본인의 미의식이야말로 가장 기품 있는 것으로 일본인이 되찾아야만 하는 것이라고 외쳤다. 여기서 보여지는 마부치의 개성은『만엽집』에 필적할 만한 고전인『고금화가집古今和歌集』을 부정하고 있다는 것이다.

마부치에 의하면 고대 일본인은 순박하고 용맹한 정신을 가졌는데, 그는 이것을 '높고 곧은 마음'이라고 표현했다.『만엽집』은 일본인의 '높고 곧은 마음'을 테마로 했기 때문에 노래풍이 '대장부다운 풍취'(마스라오부리)를 띠고 아름다운 음률을 띤다는 것이다. 여기에서 '대장부다운 풍취'란 '남성적인 강한 힘'을 지녔다는 뜻이다. 이와 대조적인 것이 '계집애 같은 풍취'(다오야메부리)이다.

우리 일본은 본래 대장부의 나라이다. 고대에는 여성들도 대장부의 마음을 지니고 있었다. 그런데 헤이안 시대가 되자 남성들까지 계집애 같은 성격으로 변하고 말았다.『고금화가집』은 남성 가인들의 노래를 비롯하여 모두가 계집애처럼 되어 버렸으니 참으로 한심한 일이다.[2]

마부치는 이처럼 일본인의 정신이 '대장부다운 풍취'에서 '계집애 같은 풍취'로 변하게 된 원인이 유교와 불교에 있다고 보았다.

만년에 마부치는『고사기』연구의 필요성을 강하게 느꼈다. 그러면서도 그것이 자기 세대에서 이룰 수 있는 작업이 아니라고 판단하여 그것을 모토오리 노리나가에게 의탁하였다. 당시 마부치

---

2) 가모노 마부치(賀茂眞淵),『니히마나비』.

의 나이 67세였고, 노리나가는 34세였다. 서로 면식은 없었으나, 어느 날 밤 노리나가가 마부치를 방문하자 두 사람은 밤새 무릎을 맞대고 허심탄회하게 이야기를 나누었다고 한다. 그 자리에서『고사기』연구의 이야기가 나왔던 것이다.

노리나가는 원래 고문사학에 정통했으며, 또한 게이추의 저서도 섭렵한 바 있었다. 그는 이 마부치와의 만남을 결정적 계기로 하여 본격적으로 국학에 뜻을 두게 된다. 노리나가가 국학의 대성자로서 저술한 것이 바로『고사기전古事記伝』이다. 그런데 이처럼 마부치의 정통 후계자라 할 만한 노리나가가 '계집애 같은 풍취'를 부정하지 않고 오히려 그것을 하나의 미학으로서 적극 인정했다는 점이 흥미롭다. 노리나가는『고금화가집』보다 더욱 기교적이고 우미한 가풍을 지닌, 즉 '계집애 같은 풍취'로 가득 차 있는『신고금화가집新古今和歌集』이야말로 일본인의 가장 아름다운 마음이 반영되어 있는 가집歌集이라고 높이 평가했다.

노리나가에 의하면, 모든 사물(자연 및 인간 관계)을 접할 때 사람들이 지극히 자연스럽게 "아아, 좋구나"라는 솔직한 감동을 느낀다면, 그 감동의 정서야말로 사람을 향상시키는 가장 중요한 것이라고 한다. 노리나가는 이를 '모노노아하레'라고 불렀다. 그는 이런 '모노노아하레'를 '예禮'라는 규범으로 제어하려 드는 잘못된 유교 사상의 영향을 받아서 일본인의 마음이 거칠어지고 말았다고 비판한다. 그래서 '모노노아하레'를 몸으로 이해할 수 있는 인간이야말로 '마음을 지닌 인간'이며 가장 기품 있는 일본인이라고 설명한다. 이런 '모노노아하레'가 예술로 나타나면 '계집애 같은 풍취'가 되며, 그 정점에서『겐지모노가타리』(源氏物語)와『신고금화가집』등 헤이안 시대의 우아한 귀족문학이 탄생했다는 것이다. 노리나가의 '계집애 같은 풍취'에 대한 평가는 분명 마부치의 '대 장부다운 풍취'와는 대립된다. 하지만 이 두 가지는 모두 "이전에 존재했던 일본의 아름다운 마음이 유교와 불교의 영향으로 엉망 이 되었다"고 보는 데에는 공통점을 가지고 있으며, 좋든 싫든 여 기에 국학의 진수가 있다.

3. 국학의 정치관

국학이 정치를 언급할 경우 그것은 당연히 "태고적 일본의 정치 야말로 기가 막히게 좋았다"는 식이 되고 만다. 그렇다면 그런 '기 가 막히게 좋은 정치'란 구체적으로 무엇을 가리키는가? 이것은 『고사기』를 통해 그 주장의 근거를 살펴볼 수 있는데, 이는 결국 '천황의 직접통치'를 가리키는 말이 되고 만다.

게이추는 그의 저서 『만엽대장기』에서 '일본(本朝)은 신국'이라 고 단언하면서 "고대는 신의 도(神道)였던 만큼 나라가 멋지게 다 스려졌다"고 설명한다. 한편, 마부치의 경우는 "유교적인 형식주 의에서는 결국 구석구석까지 나라가 잘 다스려지기 힘들다"고 비 판하면서 다음과 같이 말한다.

> 일본인은 '마음이 곧은' 백성이므로 번거롭게 일일이 지시하지 않더라도 원 래 자연스러운 상태 그대로 평화로운 나라를 만들어 나가는 사람들이다. 때 때로 천황이 중요한 지시를 내리면 그것은 그냥 놔두어도 바람처럼 사방으 로 울려 퍼져 물처럼 사람들의 마음에 스며들어간다.[3]

즉 일본인은 매우 자연스럽게 천황의 통치를 받아들이는 국민성을 가지고 있다는 설명이다. 노리나가의 국가관도 기본적으로는 이런 관점과 큰 차이가 없다. 가령 그는 다음과 같이 말한다.

고대에 일본인은 하나같이 '곧고 바른 마음'을 가지고 있었으므로 모두가 천황의 마음을 자기 마음처럼 여겨 다만 전적으로 조정을 경외하면서 위로부터 정해진 규칙에 따랐다. 모두가 자기 멋대로 생각하거나 행동하지 않는 것을 지극히 자연스럽게 여겼기 때문에 나라 전체가 잘 화합하여 모든 일이 순조롭게 다스려졌다.[4]

이와 같은 국학의 발상은 앞에서도 언급했듯이 지극히 환상적인(즉 비현실적인) 감각이다. 그들에게 있어 자연스런 일본인의 모습은 '천황의 통치에 대한 어떤 이론적 정당성을 따지지 않은 채 거기에 따르며 어떤 의문도 품지 않는 사람들'인 것이다. 그러면 그들은 왜 이런 국민상을 올바른 것이라고 규정하는가. 그 이유는 아주 단순하다. 『고사기』에 그렇게 쓰여 있기 때문이라는 것이다.

국학은 분명 고전의 의의를 문헌학적 접근에 의해 재발견하고 인간의 자연스러운 감정(모노노아하레)을 긍정적으로 평가했다는 점에서 뛰어난 사상이었다. 하지만 국학의 철저한 배타성과 너무 단순한 천황 통치의 국가관은 현실을 보다 좋은 방향으로 이끌어 나갈 사상적 에너지로서는 역시 문제점이 적지 않았다. 이런 문제점은 후에 막말에서 메이지 시대에 걸쳐 여러 가지 형태로 분출되어 나온다. 이에 관해서는 뒤에서 다시 언급할 것이다.

---

3) 가모노 마부치(賀茂眞淵), 『語意考』.
4) 모토오리 노리나가(本居宣長), 『다마쿠시게』.

23

에도 시대에는 신도를 어떻게 해석했는가

1. 야마자키 안사이의 스이카 신도

일본 고래의 종교인 신도神道가 외래 종교인 불교와 충돌하고
혹은 융합하는 역사를 지나 온 것은 5장에서도 언급한 바 있다. 에
도 시대에는 특히 두 사람의 사상가에 의해 신도를 재해석하려는
기운이 높아졌고, 그것은 막말에서 메이지 시대에 걸쳐 큰 영향을
끼쳤다. 그 중 한 사람이 야마자키 안사이(山崎闇齋, 1618~1682)이다.

안사이는 하야시 라잔(林羅山, 1583~1657)과 거의 동시대인 에도
시대 전기의 사상가이다. 또한 라잔 이상으로 열정적인 주자학자였
다. 하지만 그는 외곬에다 철저한 엄격주의의 인물로서 라잔의 체
제 영합적인 처세를 특히 못마땅해했다고 한다. 그래서 안사이는
라잔에 대해 "라잔은 그저 박학을 뽐내는 교양주의자에 지나지 않
으며 진짜 주자학자는 못된다"고 혹독한 비난을 퍼부었다. 안사이

가 주자학 중에서 특히 중시한 요소는 '경敬'이었다. 이 '경'의 요체는 내면적으로는 '자신을 도덕적으로 엄격하게 규제하는' 자기억제이며, 바깥 세상에 대해서는 '개개인이 항상 윗사람을 공경하고 상하관계를 정확하게 지킴으로써 사회질서를 유지한다'는 군신관계의 철저함에 있다.

그런데 안사이가 신도에 관심을 갖기 시작한 것은 만년의 일이었다. 하지만 이런 관심의 근간에는 역시 주자학에 대한 그 나름대로의 이해가 깔려 있었던 듯싶다. 즉 안사이에게 있어 '윗사람을 공경한다'는 것은 '윗사람 위의 윗사람⋯⋯' 이런 식으로 계속 올라가다 보면 결국 궁극적으로는 '유일한 지고의 존재'를 공경해야 하는 것이 된다. 그가 주자를 존경하는 것도 그 위에 공자가 있고 또 공자 위에는 유일하고 절대적인 '하늘'(天)이 있기 때문이라는 것이다. 그는 이런 발상을 일본 고유의 종교인 신도에 적용시켰다. 그리하여 그는 다음과 같은 결론을 얻었다.

일본의 유일한 지고의 존재는 이 일본을 창조하신 아마테라스 오미가미(天照大神)이다. 따라서 그 정통을 이은 자손인 천황가의 지배를 받는 것이 일본인의 올바른 도이다. 그리고 그 도에서 가장 중요한 것은 '삼가는 마음'이다.[1]

여기서 말하는 '삼가는 마음'이란 바로 그가 주자학에서 설한 '경'과 직결된다. 이러한 안사이의 신도 해석은 주자학과 신도의 융합이라는 점에서 매우 개성적이라 할 수 있으며, 무엇보다 천

---

1) 야마자키 안사이(山崎闇齋), 『神代卷風葉集』.

황에 대한 절대적 숭경을 설한다는 점에서 새롭다고 말할 수 있다. 이와 같은 안사이의 신도는 특히 '스이카(垂加) 신도'라고 불리며, 무사층을 중심으로 상당한 지지자를 얻었다.[2] 안사이의 금욕적 학구 자세는 사무라이들에게 인기가 있었던 듯하다. 게다가 사무라이 세계의 절대적 도덕인 군신관계의 정당성을 일본의 천지창조와 관련시켜 설한 웅대한 스케일이 많은 사무라이들의 마음을 사로잡은 듯싶다. 에도 시대를 통해 안사이 학파는 강한 결집력으로 활동해 나갔으며, 막말 수호학水戶學[3]에까지 영향을 미치게 된다.

에도 시대 가장 근엄하고 엄격했던 번은 막말기 백호대白虎隊의 비극으로도 유명한 아이즈(會津) 번일 것이다. 이 아이즈 번의 기풍은 초대 번주 호시나 마사유키(保科正之, 1611~1673*)[4]의 성실한 인품을 그대로 이어받아 형성되었다. 호시나는 안사이의 사상에 크게 반하여 그를 스승으로 추앙했다. 호시나는 제2대 쇼군 도쿠가와 히데타다(德川秀忠, 1579~1632*)의 서자였다. 그렇기 때문에 아이즈 번은 도쿠가와 일족에 대한 절대충성을 서약함과 동시에 안사이의 영향으로 천황 숭배의 분위기가 매우 강한 번이 되었다. 그만큼 아이즈 번은 막말에 천황을 모시는 도막군과의 싸움에서 딜레마에 빠졌다. 그들의 비극은 정신적으로도 심각한 것이었다. 참으로 불운한 운명이었다.

---

2) 만년에 제자의 수는 6천 명을 헤아렸다고 한다.
3) 수호학에 관해서는 24장 '에도 시대의 상식이었던 존왕 사상'에서 상술할 것이다.
4) 이 호시나를 에도 시대 최고 명군의 한 사람으로 칭송하는 역사가들이 많다.

3. 히라타 아쓰타네와 복고 신도

안사이에 이은 두 번째 신도 사상가는 에도 시대 말기의 국학자 히라타 아쓰타네(平田篤胤, 1776~1843)이다. 아쓰타네는 하급 사무라이의 아들로 태어나 가난한 생활을 감내하면서 공부를 계속했다. 그러다가 20대 후반에 모토오리 노리나가의 저서를 접한 후 국학에 뜻을 두게 된다. 그는 노리나가의 제자가 되기를 원했으나 그 때 이미 노리나가는 타계하고 없었다. 그러나 아쓰타네는 꿈속에서 노리나가를 만나 제자로 허락 받았다고 말한다.

이 에피소드에서도 엿볼 수 있듯이, 아쓰타네에게는 무언가 신비스러운 것을 추구하는 경향이 강했다. 그래서 그의 사상은 노리나가의 『고사기』 연구와 같은 문헌학적 방향으로 나아가지는 않았다. 그 대신 일본의 신비로움을 추구하는 '국학의 종교적 측면'으로 기울어졌다. 그의 사상이 최종적으로 신도에 도달하게 된 것은 하나의 필연이었을 것이다.

국학은 유교나 불교와 같은 '외래 사상'을 일체 부정하는 입장이었으므로 당연히 아쓰타네는 신도에 관해서도 '고대 일본의 순수한 신도'를 추구한다. 즉 이것은 주자학의 입장에서 신도를 해석한 안사이의 '스이카 신도'와는 기본적으로 상이한 유형의 신도였다. 이로 인해 아쓰타네의 신도는 특히 '복고復古 신도'라고 불린다.

아쓰타네는 『고사기』 등의 일본 고전을 자신의 강렬한 종교적 관념으로써 독해하였다. 바꿔 말하자면, 아전인수격으로 해석함으로써 그는 엉뚱한 결론에 도달했다. 즉 이 지구상의 모든 문화권 중에서 일본이야말로 유일한 최상의 신국이며, 이 일본의 신은 모든 만물의 근원이라는 것이다. 그리하여 유교, 불교, 기독교 모두 일본 신도에서 파생된 가르침에 불과하다는 것이다. 이른바 이것은 '일본이 최고라는 우월론'이라 할 수 있다. 실로 신들린 듯한 국수주의가 아닐 수 없다. 그러므로 '최고신의 자손인 천황'에게 절대충성을 맹세하는 것은 너무나 당연한 것이 된다. 자국을 절대시하는 국수주의는 일본에 있어 천황에 대한 절대복종과 직결되지 않을 수 없다. 이런 결론만을 보자면 아쓰타네의 사상은 망상에 가깝다. 그러나 그 결론을 증명하기 위해 그는 모든 종교 문헌들을 조사했다. 이러한 그의 분석은 실로 무섭게 면밀했다. 그와 같은 연구는 분명 일류급 학자이자 사상가의 '자세'라고 평할 만하다. 하지만 그 내용은 역시 아전인수격인 억지에 불과하다. 그의 사상은 국학이 가장 관념적으로 응결된 하나의 사례이며, 위험한 사상이라고 불러도 변명의 여지가 없는 그런 내용을 내포하고 있다.

또한 아쓰타네의 사상적 특징은 '사후세계'에 관해 독자적 견해를 제시한 그의 종교성에서 찾아볼 수 있다. 그는 사후세계를 '유명계幽冥界'라 불렀다. 그곳은 일본 신화에 나오는 건국 신 오쿠니누시(大國主命)가 주재하는 곳이라고 한다. 그곳에서는 살아 있는 동안 쌓은 선행 혹은 악행에 의해 상벌이 주어진다. 또 한편으로 그곳에서는 지상계를 계속 지켜볼 수 있다는 것이다. 요컨대 아쓰타네는 "사후세계란 현세와 밀접하게 연결된 장소이므로 인간은 죽음을 불안하게 생각할 필요가 없다"고 설했다. 그러니까 "불교에 의지하여 극락왕생을 기원할 필요도 없다"는 것이다. 아쓰타네는 그의 저서에서 이렇게 말한다.

일본인은 일본인의 주체성인 '위대한 야마토고코로'(大倭心)를 확실하게 굳히지 않으면 안 된다. 이를 위해서는 사후세계에 대해 아는 것이 최우선이다."[5]

이와 같은 아쓰타네의 사상은 많은 공감을 얻었다. 당시는 외국 함선들이 빈번히 내항하였고, 막부의 약체 외교를 목격한 많은 일본인들은 일본인으로서의 자신감을 상실하던 시대였다. 때문에 철저한 일본우월론 사상은 당시 사람들에게 매력적인 사상으로 다가서게 되었던 것이다. 그리고 이러한 신도 사상이 막말기 일본에 몰아닥친 존왕양이尊王攘夷 운동의 배경에 크게 영향을 미쳤음은 두말할 나위도 없다.

---

5) 히라타 아쓰타네(平田篤胤), 『靈能眞柱』.

24

에도 시대의 상식이었던 존왕 사상

1. 일본사에서 존왕 사상은 왜 중요한가

일본은 신이 창조한 나라이며, 그 신의 자손인 천황은 모든 일본인을 통치하는 존재이다. 그러므로 천황은 모든 일본인에게 숭경되지 않으면 안 된다. 이는 에도 시대 일본의 지극히 '상식적인 문화 인식'이었다. 이를 '존왕尊王 사상'이라 한다. 도쿠가와 일족의 '정이대장군'이란 위계는 천황에게서 하사 받은 것이며, 가마쿠라 시대 이래의 무가 정권도 천황의 권위를 배경으로 비로소 성립될 수 있었다. 존왕 사상은 무가 정권을 지탱하는 기본적 이데올로기 그 자체였다고 말해도 좋다. 요컨대 어느 시대라도 일본의 지배층은 적어도 표면적으로 조정(천황)을 숭경하는 것이 정권의 정당성을 내외로 과시하는 문제와 직결되었다. 물론 이는 오늘날에도 변함이 없다. 총리대신의 임명권은 여전히 천황에게 있기 때문이다.

존왕 사상은 '군주를 숭경한다'는 의미이므로 사실 일본 고유의 사상은 아니다. 그것은 많은 문화권에서 찾아볼 수 있는 인류의 보편적 사고방식이다. 다만 일본의 경우, 그렇게 숭경 받아 마땅한 군주가 영원한 '만세일계万世一系'의 천황 단 하나뿐이라는 데 그 특징이 있다. 이는 다른 문화권에서는 찾아보기 힘든 특징인 것이다. 중국의 경우는 역사상 왕조가 계속 바뀌었으므로 '존왕의 실제적 대상'도 시대에 따라 달라지게 마련이었다. 이 점에서 일본의 존왕 사상은 일본인들에게 우월감을 느끼게 해 주곤 한다. 가령 국학자를 비롯한 당시의 지식인들은 "만세일계라는 사실이야말로 일본 천황이 신이며, 완벽한 왕이며, 중국 역대 왕들보다 뛰어나다는 증거다"라고 종종 주장했다. 그리하여 에도 시대의 존왕 사상은 어떠한 경우라도 합리성을 결여한 관념적 사상이 되기 십상이었다. '천황이 절대적 정점에 선다'는 대전제는 전혀 의문시되지 않은 채 모든 사상이 거기서부터 전개된다. 이와 같은 천황의 문화적 의미를 재확인하여 사상으로서 확립시킨 점은 국학의 의의 중 하나였다. 또한 그것을 전면에 내세워 주장한 것이 에도 시대의 스이카 신도라든가 복고 신도라는 신도였다.

2. 수호학과 후지타 부자

그렇다면 여기서 지극히 현실적인 정치적 문제가 제기될 만하다. "천황을 일본의 정점이라고 인정한다면 도쿠가와 일족의 지위는 어떻게 이해해야 할 것인가?" 하는 문제가 그것이다. 이 문제에 관해 마찬가지로 존왕 사상을 강하게 표방하면서 대조적 견해를 보인 막말의 사상가들이 있다. 후지타 유코쿠(藤田幽谷, 1774~1826)와 후지타 도코(藤田東湖, 1806~1855) 부자를 대표로 하는 수호학파의 사상가들 및 도막의 원동력이 된 조슈(長州) 번의 이념을 사실상 단독으로 완성시킨 요시다 쇼인(吉田松陰, 1830~1859)이 그들이다.

수호학이란 그 이름 그대로 미토(水戶) 번의 공식적인 역사학을 가리키는 말이다. 수호학은 '코몬님'으로 유명한 미토 미쓰쿠니(水戶光國)가 번의 일대 프로젝트로서 시작한 『대일본사』 편찬을 계기로 흥륭한 학문이다. 이는 한 마디로 '역사란 무엇인가'를 관념적으로 파악한 연구였다. 그 실태는 '지배층의 지위에 대한 긍정'을 논증하는 내용이었으며, 원래 관학인 주자학과 별다른 차이는 없었다. 그러나 에도 말기에 구미 세력이 잇달아 일본에 내항하고 쇄국 체제가 흔들리기 시작할 무렵, 수호학파에 새로운 사상적 지도자가 출현한다. 그리고 독자적 사상이 전개되기 시작했다. 이는 앞서 언급한 후지타 부자에 의해 이루어졌다.

수호학의 역사 인식은 물론 존왕 사상이다. 후지타 부자를 비롯한 에도 말기의 수호학자들은 그 존왕 사상을 전제로 일본측에 집요하게 외교적 공세를 가해 오는 외국 세력을 비판했다. 그 내용은 철저한 배타적 사상이었다.

신국 일본의 위대함을 이해하지 못한 채 이렇게 난폭하게 행동하는 구미는 야만적이고 열등한 녀석들이다. 이런 녀석들이 신국 일본을 더럽히지 못하도록 단호하게 내쫓아야만 한다.

이런 주장을 토대로 하여 의연한 실력 행사에 나서기 위해 "일본인은 도쿠가와 막부의 기치하에 일치 단결하지 않으면 안 된다"
고 설한다. 유코쿠는 그의 저서에서 다음과 같이 말하고 있다.

쇼군이 천황을 마음 깊이 존숭한다면, 전국의 다이묘들은 그런 쇼군을 마음
으로 숭경하게 될 것이다. 다이묘들이 쇼군을 숭경한다면 전국의 뜻있는 사
무라이들은 모두 각자의 주군인 다이묘에게 마음 깊이 충성을 다하게 될 것
이다. 이리하여 일본은 상하 모두가 일치 단결할 수 있게 된다.[6]

즉 수호학이 설하는 존왕 사상의 국가관은 도쿠가와 일족에 의
한 막번제도와 모순되지 않는다. '천황 → 도쿠가와 쇼군가 → 다
이묘들 → 무사층'으로 이어지는 단계적 군신관계를 유지함으로
써 전체가 다스려진다는 발상이다. 하지만 "만일 당대의 쇼군이
천황을 숭경하지 않는다면 그 쇼군은 어떻게 되는가?"라는 의문
에 대해 수호학은 분명한 언급을 하지 않는다. 이는 역시 미토 번
이 도쿠가와 일족에 속해 있고, 그렇게 '부정되어야만 하는 쇼군'
을 내놓고 상정할 수 없는 입장이었기 때문이었을 것이다.

요컨대 수호학이 제시하는 일본의 국가 시스템은 매우 형식적
인 것으로서 도쿠가와 일족을 지키는 것을 목적으로 한 정략적 발
상이었다고까지 말할 수 있겠다. 그러나 현실적으로 막부 최후의
쇼군 도쿠가와 요시노부(德川慶喜, 1837~1913)는 미토 번 도쿠가와
일족 출신으로서 수호학을 깊이 학습한 인물이었다. 그는 수호학
적 이상 국가를 구축하기 위해 스스로가 천황을 숭경함으로써 일
본을 존왕이라는 거당擧黨 체제로 일치 단결시키고자 상당한 노

---

6) 후지타 유코쿠(藤田幽谷), 『正名論』.

력을 기울였다. 하지만 이러한 그의 노력이 수포로 끝났다는 엄연한 역사적 사실은 결국 수호학이 현실적으로 무엇인가를 이루기에는 너무 관념적 사상이었음을 증명해 준다.

3. 요시다 쇼인과 일군만민 사상

이에 비해 존왕 사상에서 출발했으면서도 근대를 내다보는 현실적 국가관을 제시한 이가 바로 요시다 쇼인이다. 쇼인은 조슈 번의 병학사범(야마가 소코의 병학)인 요시다 가문을 계승한 인물이다. 즉 그는 번을 책임진 군학자였다. 당시 그는 구미 세력의 진출을 목격하면서 조슈 번을 넘어서서 일본 전체의 방위를 생각하게되었다. 그 또한 원래 사무라이 출신이므로 애초에는 막번 체제를 매우 자연스럽게 긍정했다. 이것은 수호학과의 큰 차이다. 다만 그는 사상가이기에 앞서 그 인간성이 지극히 순수했던 나머지 무릇 상식적으로 생각하기 어려운 두 가지 행동을 하고 만다.

첫 번째는 일본에 들어오는 외국 선박으로 밀항하는 계획이다. 그는 군사력에서 압도적으로 불리한 일본의 국방을 고민하다가 '적을 알고 자신을 알면 백전백승한다'는 군학자의 발상에서 "먼저 실제로 구미 문화를 알 필요가 있다"는 결론에 도달했다. 그리고 이런 목적을 수행하기 위해 페리 함대로 밀항을 시도했던 것이다. 이 계획은 실패했고, 그는 고향인 조슈에서 평생 죄인의 몸으로 지내게 된다.

두 번째는 이후 그가 조정과 막부 양측에 반복적으로 계속해서 내정과 외교 및 국방문제에 관해 간언하는 의견서를 보낸 일이다.

그는 막부와 조정이 파트너십으로 결부된 기관이라고 생각했던 것이다. 일본의 정점에 있는 것이 천황이고, 막부는 그 천황에게서 실제 정치를 위탁받았다고 할 수 있다. 그래서 양측은 서로 도와 나라를 다스려야만 한다는 것이 쇼인이 품었던 당초의 국가관이었다. 여기서 그는 외국 세력에 의해 좌지우지되는 막부와, 그 막부를 엄격하게 지도하지 않는 조정의 쌍방에 대해 의견을 개진한 것이다.

그러나 막부의 현실 도피적이고 느슨한 굴욕 외교가 쉽사리 개선되지 않는 현실을 접한 결과, 그는 막번 체제를 단념하고 보다 결속력 있는 국가 체제를 모색해야만 한다고 생각하게 되었다. 이때 존왕 사상 자체는 절대적으로 양보할 수 없는 대전제이다. 여기서 그는 "일본 국민 모두가 천황에게 직접적으로 충성을 다함으로써 평등하게 국가를 위해 일한다"는 '일군만민一君万民'의 국가 체제를 제시했다. 즉 천황을 숭경함에 있어 일본인 모두를 평등하게 만든다는 것인데, 이는 명백히 신분제도의 부정이었다. 당시 일본의 사상가로서 이렇게까지 혁명적 발상을 생각한 인물은 다시는 없었다고 말해도 좋다.

쇼인의 가르침은 많은 제자들에 의해 계승되었다. 그의 문하생 가운데 많은 이들이 막말의 역사를 움직였다는 것은 주지의 사실이다. 가령 구사카 겐즈이(久坂玄瑞, 1840~1864)[7], 다카스기 신사쿠(高杉晋作, 1839~1867)[8], 마에바라 잇세이(前原一誠, 1834~1876)[9], 시나가와 야지로(品川弥二郎, 1843~1900)[10] 등을 들 수 있다. 하

7) 막말 조슈(長州) 번 번사로서 존왕론자.*
8) 막말 조슈(長州) 번의 번사.*
9) 조슈(長州) 번 출신으로 막말 유신기의 지사.*

지만 이보다도 조슈 번 전체가 예컨대 사무라이 이외의 영민에 의해 '기병대'라는 군대 조직이 성립한 데에서 알 수 있듯이 모든 계층의 영민들이 일치 단결하여 움직였다는 사실을 간과해서는 안 될 것이다. 이는 같은 도막파라 해도 사쓰마(薩摩) 번이나 도사(土佐) 번에는 거의 찾아볼 수 없는 현상이었으며, 거기서 쇼인 사상의 영향이 얼마나 컸는지를 충분히 미루어 헤아릴 수 있다.

쇼인은 사상가로서 살기에는 너무 순수했고 격정적이었다. 만년의 그는 막부를 하루라도 빨리 무너뜨려야겠다는 열정에 쫓긴 나머지 막부 요인을 암살하려는 계획까지 세웠다. 이러한 그를 막부가 위험 인물로 지목한 것은 당연하다. 그는 막부의 검거 움직임 속에서 암살 계획을 스스로 누설시켰고, 끝내 감옥에서 사형당하고 말았다.

나는 충의를 다하고, 여러 벗들은 공업功業을 다하면 그만이다.

이 말은 쇼인이 사형당한 해에 남긴 편지의 한 구절이다.

---

10) 조슈(長州) 번 출신으로 막말 유신기의 정치가.*

25

두 유형의 양학자

1. 주자학을 반대한 양학

도쿠가와 막부는 쇄국정책을 취하기는 했지만 중국과 조선 이외에도 유럽의 네덜란드와 다소간 외교관계를 유지했다. 그 관계를 통해 접한 유럽 정보를 토대로 서양을 연구한 학문이 '양학洋學'이다. 양학의 연구 대상은 처음에는 네덜란드의 문화가 중심이었으므로 '난학蘭學'이라고 불리기도 했다. 그런데 에도 후기에는 영국과 프랑스 등 다른 유럽의 문화도 그 대상이 되었기 때문에 양학이라고 부르게 된 것이다.

원래 제3대 쇼군 도쿠가와 이에미쓰(德川家光, 1604~1651*) 시대에 감행된 쇄국정책은 유럽 연구를 일체 금지했으며, 다만 막부 관계자들만 네덜란드 문화에 접하는 것이 허용되었다. 따라서 양학은 에도 중엽까지는 거의 일어나지 않았다. 그러다가 제8대 쇼군 도쿠가와 요시무네(德川吉宗, 1684~1751*) 시대에 이르러 막부는 절박한 재정 문제를 해결하기 위해 모든 방책을 강구하게 되었고, 그 일환으로 1720년에 기독교 관련 이외의 양서를 해금했다. 이로써 시정의 학자들도 유럽 문화를 공부할 수 있게 되어 양학 연구가 본격화되었다.

이와 같은 배경에서도 짐작할 수 있듯이, 양학은 기본적으로 식산흥업을 목적으로 한 '실학實學'이었다. 따라서 먼저 의학, 천문학, 공학과 같은 이과계 학문이 많이 연구되었다. 양학에 뜻을 둔 이들은 그 학문의 힘으로 일본의 생산력과 문화 수준을 향상시키고자 했다. 즉 양학자들은 대개 애국자들이었다. 또한 그들은 일본의 전통적 과학기술(가령 한방의학)이 유럽의 과학기술보다 뒤떨어져 있음을 솔직하게 인정했다는 점에서 매우 현실주의자들이었다. 그러니까 양학자들의 눈으로 보면, 전통 학문에 매달려 현실적인 진보를 적극적으로 추구하지 않는 체제파의 주자학자들은 쓸모없는 존재이며 비판받아 마땅하다. 양학자와 주자학자가 항상 대립하고 양학자가 반체제의 이미지로 오늘날까지 전해지는 것은 이러한 역사적 사정에 의한 것이다.

이 양학이라는 범주는 사실상 모든 학문 분야를 포함한다. 따라서 대표적 양학자라 하더라도 장르별로 다르고 그 숫자도 상당수에 이른다. 가령 의학과 어학의 마에노 료타쿠(前野良澤, 1723~1803), 의학의 스기타 겐파쿠(杉田玄白, 1733~1817), 물리학과 화학의 히라가 겐나이(平賀源內, 1728~1779), 식물학의 우다가와 요안(宇田川榕庵, 1798~1846), 천문학의 시즈키 다다오(志筑忠雄, 1760~1806) 등을 들 수 있다.

양학자는 연구 장르보다도 연구 자세에 있어 두 가지 유형으로 나눌 수 있다. 순수한 학문적 연구에 몰두하는 '연구자 유형'과 양학을 통해 국내외의 정치적 위기를 타개할 길을 모색하려는 '경세가(사회활동가) 유형'이 그것이다. 양학의 융성은 에도 후기에 외국 함선들이 빈번하게 출몰한 시기와 겹쳐진다. 그러므로 양학자들 중에는 실학의 의의를 넘어서서 국제 정세의 지식을 추구하여 정치적 사고를 추구하는 이들도 적지 않았다.

2. 와타나베 가잔은 왜 주자학을 비판하였는가

경세가 유형의 대표적 인물이 와타나베 가잔(渡辺崋山, 1793~1841)이다. 가잔[1]은 다와라(田原) 번의 가로家老였다. 그는 해안을 관리하는 일을 계기로 해방海防 문제를 현실적으로 생각하게 되었다. 그리고 외국 함선의 능력으로 상징되는 유럽 문화의 강대함을 냉정하게 응시함으로써 해방 문제 및 일본의 정치 체제 전반에 걸쳐 절박한 위기감을 느끼게 되었다. 그는 한 논문에서 이렇게 주장하고 있다.

무릇 정치라는 것은 현실을 토대로 해야만 한다. 재난이란 현실에 눈을 돌리는 것을 게을리하여 정신이 해이해졌을 때 일어난다. 일본은 바다로 둘러싸여 있고 지금까지는 그 덕에 타국의 침입이 없어 무사했다. 그러나 세계의 진보된 조선 기술은 그런 안도감을 빼앗아 갔다. 이런 사실을 받아들이지 않는다면 지켜야만 할 안전도 지킬 수 없게 된다.[2]

---

1) 통칭 와타나베 노보리(渡辺登).
2) 와타나베 가잔(渡辺崋山), 「愼機論」.

이런 생각을 갖고 있던 가잔은 유럽 문화를 배우고 흡수함과 동시에 유럽 제국과 어떻게 교류해야 일본의 국익을 챙길 수 있을지를 궁구했다. 가잔이 양학자로서 가장 뛰어난 점은 유럽 문화의 우월성을 단순히 인정할 뿐만 아니라 그 문화를 기르고 토대가 되어 준 유럽인들의 사고와 사회관까지도 시야에 넣어 거기서 일본과의 국력차의 근본적 원인을 읽어 냈다는 점에 있다. 이리하여 가잔은 "일본은 정신적으로는 본래 뛰어나므로 유럽으로부터 과학 기술만 받아들이면 된다"는 '화혼양재론'을 펼쳤다. '진보적 주자학자'[3]들과의 결정적 차이가 여기에 있다. 이 때 가잔이 특히 주목한 것은 유럽의 '자연과학 우선의 합리적 발상'과 '인재 육성의 자세'였다. 그는 다음과 같이 설명한다.

서양에서는 '물리학'을 문화의 기본으로 삼고 있으며, 천지의 구조를 분석하려 한다. 그런 식으로 생각하기 때문에 그들에게 '천하'란 일본처럼 자국만을 가리키는 게 아니라 이 지구 전체를 뜻한다.[4]

서양에서는 나라를 지탱시켜 줄 인재를 기르는 교육이 국가 사업의 근간이 되어 있다. 학교 교육의 충실성은 일본인이 고맙게 여기는 중국은 전혀 따라갈 수 없을 정도다.[5]

여기서 우리는 "그러니까 지금 같은 상황이라면 일본은 안 돼"라는 가잔의 심한 자책을 읽을 수 있다. 또한 그는 다음과 같이 말하기도 한다.

---

3) 20장 '화혼양재 정신을 낳은 프래그머티즘적 주자학' 참조.
4) 와타나베 가잔(渡辺崋山), 『外國事情書』.
5) 와타나베 가잔(渡辺崋山), 『再稿西洋事情書』.

서양에서 '리를 추구한다'는 것은 관념적으로 리를 파악하여 현실을 거기에 억지로 뜯어 맞추는 식이 아니다. 그것은 현실을 분석하면서 객관적인 자세로 토론하고 자연의 구조를 규명하려는 태도이다.[6]

여기서는 유럽의 합리적 정신을 높이 평가함과 동시에 에도 시대 일본 사상의 원점인 주자학을 명백히 비난하는 마음이 담겨져 있다. 또 다른 글에서는 "일본은 중국으로부터 나쁜 영향을 받아 '공허한 학문'이 만연하여 광채를 잃고 말았다"[7]고 말하면서 상당히 노골적으로 주자학에 대한 증오심을 토로하고 있다. 이러한 태도에는 "일본을 국제 사회에서 어떻게든 자주 국가로 세우고 싶다"는 그의 국제인으로서의 진지함이 배어 나 있다고 평할 만하다.

3. 와타나베 가잔은 어떤 사람인가

이상과 같은 가잔의 발언을 듣고 있노라면, 그 내용에서 그가 뛰어난 사회사상가였음을 알 수 있는 반면, 그 말투가 사상가의 그것으로서는 너무 감정적이고 다혈질적이라서 좀 위화감을 느낄 수도 있다. 실상 그는 양학자이며 사상가임과 동시에 일류급 화가이기도 했다. 즉 그는 섬세하고 정감 넘치는 '예술가로서의 감성'을 지닌 인물이었다. '가잔'이라는 호는 사상가의 호로서는 너무 화사하다. 그것은 화가에게 어울리는 호이다.

그러나 가잔은 이처럼 열정적인 만큼 막부의 눈밖에 났고, 그의

---

6) 와타나베 가잔(渡辺崋山), 『初稿西洋事情書』.

7) 와타나베 가잔(渡辺崋山), 「愼機論」.

사상은 막부 정치를 비방하는 사상으로 간주되어 마침내 체포당하고 만다. 즉 정치범으로 다루어진 것이다. 어쨌거나 당시의 막부는 쇄국 체제를 강고하게 고집하고 있었다. "일본 영해에 들어온 외국배는 무조건 포격한다"는 식의 비현실적 입장8)을 정치적 강령으로 고수했던 국제 감각으로는 가잔의 사상을 도저히 이해할 수 없었을 것이다.

그리하여 가잔에게 내려진 판결은 영지 내에서의 영구적 금고령(永蟄居)이었다. 이로 인해 결국 그는 자살하고 만다. 그 때 그가 장남에게 보낸 유서에는 '불충불효한 애비 적음'이라고 써 있었다. 억누르기 힘든 그의 막부에 대한 충정과 일본에 대한 애정, 그리고 양학자로서의 강렬한 열정을 이 구절에서 선명하게 느낄 줄 아는 일본인이 있다면, 그런 사람이야말로 가잔이 추구했던 참된 일본인의 모습이었을 것이다.

---

8) 이를 '異國船打拂令'이라 한다.

26

사무라이들에 의해 주창된 중상주의

1. 혼다 도시아키의 경제 사상

21장에서는 상인의 입장에서 근대적 경제 시스템을 제시했던 사상가들을 소개했었다. 그런데 지배 계급인 무사층 중에서도 '에도 시대의 경제적 한계'를 일찍부터 간파했던 사상가들이 있었다. 하지만 이들은 어디까지나 사무라이 입장에서 경제를 바라보았기 때문에, 이른바 '정부 주도의 경제 정책'을 모색했다. 이 점이 21장에서 다룬 상인 사상가들과 여기에서 다룰 사무라이 사상가들의 근본적 차이다. 따라서 이 양자를 비교함으로써 에도 시대 경제 사상의 폭을 짐작할 수 있다.

무사층에서 나온 독창적 경제사상가로서는 특히 혼다 도시아키 (本多利明, 1743~1820)와 가이호 세이료(海保靑陵, 1755~1817) 등을 들 수 있다. 이 중 도시아키의 경우는 에치고(越後) 출신이라는 점만

알려져 있고, 그의 가문에 대해서는 별로 전해지는 기록이 없다. 다만 조상이 사무라이였다는 점은 분명한 듯싶다. 원래 도시아키는 이과계에 천재적인 두뇌를 지닌 인물로서 18세 때 에도로 나아가 수학을 공부했고 곧이어 사숙을 열었다. 그는 만년의 1년 반 정도 가가(加賀) 번에서 관리 생활을 한 것 이외에는 평생 낭인으로 지냈다. 공식적 신분은 '이에모치 조닌'(家持町人)[1]이다. 요컨대 그는 전형적인 '시정의 지식인'이었다.

하지만 도시아키의 경제 사상은 조닌의 입장에만 치우치지 않고 '정부(막부) 주도의 경제를 통한 국가 재건'을 지향했다. 왜냐하면 그는 당시 지독한 기근이 각지에서 발생하고 있음을 보았고, 식량 부족에 의한 서민(농민)들의 궁핍한 형편을 자주 목도했기 때문이다. 이런 상황 속에서 도시아키로서는 전국 규모의 생산력의 증가가 무엇보다 시급한 문제라고 인식하게 되었다. 그런 만큼 민간의 자주적인 노력에 대해서는 그다지 신경을 쓰지 않았다.

2. 일본 정치 시스템의 변화를 시도하는 관영 무역

도시아키의 사상은 그 전제로서의 국가관이 이미 특징적이라고 말할 수 있다.

잘 생각해 보면 알 수 있는 것이지만, 한 국가가 국토 내에서의 생산물만으로 전체 국민을 먹여 살리고자 한다면 반드시 부족하게 된다. 즉 해외의 생산물을 수입하지 않는다면 나라가 발전적으로 뻗어 나갈 수 없다. 따라서

---

1) 에도 시대 상인 및 직인 계층의 네 가지 신분 중 하나이다.*

교역이 불가결하며 교역에는 항해술이 불가결하다. 그런 항해술의 습득에는 천문학과 지리학이 불가결하며, 그 학문들은 모두 수학을 기본으로 한다. 그러므로 수학이란 국가를 지탱해 주는 모든 것의 기본이다.[2]

도시아키는 수학자이다. 그런 만큼 수학을 국가관의 기본으로 삼아야 한다는 위의 결론은 수학자다운 발상으로 흐른 감이 있다. 여기에서 유념할 점은 당시 국가의 미래상을 생각함에 있어 '인구문제'에 착안한 경세가는 도시아키 정도였다는 것이다. 인구는 점차 증가하는 데 국토가 한정되어 있다면 국민 전체 사활이 걸린 문제로서 해외로부터의 수입은 절대적으로 필요하다. 그렇기 때문에 이는 국가 사업으로서 행해지지 않으면 안 된다는 것이 도시아키의 분석이다. 그는 '사람들을 먹여 살리기 위한 사상'을 모색한 사상가였다.

그러나 도시아키의 이와 같은 발상은 일반적인 '사무라이의 자각'과는 거리가 멀다. 왜냐하면 사무라이들은 일반적으로 야마가 소코의 무사도 윤리로 상징되듯이, 사회의 생산 활동보다 한 계단 더 높은 곳에 있는 '도덕적 주체'로서 규정되기 때문이다. 교역 곧 '해운업이라는 장사'를 몸소 행한다는 것은 사무라이의 아이덴티티를 손상시키는 것이 된다.

하지만 도시아키는 이러한 무사적 체면의식을 일축했다. 그리고 다음과 같이 무사층과 상인층 모두를 강하게 비판했다.

사무라이의 아이덴티티라는 것 때문에 본래 국민들 모두에게 골고루 분배

---

2) 혼다 도시아키(本多利明), 『西域物語』.

되어야 할 부富가 극소수의 상인들에게 독점되고 있고, 많은 서민(연공을 바치는 농민)들이 고통을 받는다.[3]

이리하여 도시아키는 오직 '관선官船에 의한 관영 무역'만이 일본 서민들의 궁핍을 해결해 줄 수 있다고 주장했다.

그런데 이런 도시아키의 사상은 사무라이 아이덴티티의 문제를 넘어서서 실은 막번 체제라는 기존 정치 시스템 자체로부터도 크게 일탈했다고 말할 수 있다. 그가 주창하는 전국 규모의 관영 무역을 성립시키기 위해서는 세계를 상대로 일본 전체가 하나가 되어 유통 구조를 만들어 내지 않으면 안 되며, 일원적인 네트워크로 일본 전국이 묶여지지 않으면 안 된다. 즉 각 번의 자치 범위를 넘어선 '중앙집권적인 통일국가'가 이루어져야만 한다는 것이다.

막번 체제는 도쿠가와 막부가 정치의 정점에 있다고는 하지만, 각 번이 사실상 독립국가였으며, 정치 및 경제 활동은 각 번의 권한에 속해 있었다.[4] 다시 말해 도시아키가 제안한 것은 지배층인 무사가 주도하는 무역이다. 하지만 이 때의 '무사상'은 현실과 멀리 떨어져 있었으므로 그의 사상은 좀 환상에 흐른 것이었다고 말하지 않을 수 없다.

3. 가이호 세이료와 군신 관계에 대한 비즈니스적 해석

한편, 가이호 세이료의 경우는 기존 막번 체제를 붕괴시키지 않

---

3) 혼다 도시아키(本多利明), 『經世秘策』.
4) 참고로 에도에 있는 각 다이묘들의 저택에는 막부의 관청인 奉行所가 들어설 권리가 없었다. 당시 다이묘의 저택은 일종의 대사관 같은 것이었다.

으면서 경제의 재건을 모색했다는 점에서 도시아키와는 차이를 보인다. 세이료는 단고(丹後)5)의 미야즈(宮津) 번 가로의 가문에서 태어났다. 그의 부친은 번의 재정을 재건하고자 노심초사했던 인물이었는데, 부친의 이러한 가르침에 의해 경제를 보는 그의 시야가 열렸다. 세이료 사상의 가장 큰 특징은 '무사의 군신 관계를 비즈니스적 계약 관계'라고 당당하게 규정했다는 것이다.

주군은 지행知行으로써 가신을 움직인다. 가신은 자신의 능력을 주군에게 판다. 이는 명백히 매매의 관계이다. 매매는 나쁜 것이 아니다. 매매를 천하다고 말하는 것은 유교의 낡은 가르침을 아무 생각 없이 받아 삼키는 어리석은 자들이나 하는 말이다.6)

세이료는 원래 주자학자였다. 하지만 그의 경우 주자학에서 설하는 '리'를 경세학적으로 파악했다는 점에서 독창적이라 할 수 있다. 그는 '리'를 다음과 같이 이해했다.

이 세상의 모든 것에는 가치가 있고, 그 가치는 수치화할 수 있다. 그리고 같은 가치를 지닌 것끼리 교환되는 것이 올바른 '상품의 흐름'이다.

주자학에서의 '리'는 이 세상의 모든 존재를 관통하는 질대적 법칙이다. 그렇다면 세이료가 볼 때, 사람의 마음뿐만 아니라 도덕 또한 수치화할 수 없는(돈으로 환산할 수 없는) 것은 아니다. 당연히 무사의 충의도 돈으로 환산할 수 있는 '상품'이다.

---

5) 교토 북부 지방에 해당하는 옛 지명.*
6) 가이호 세이료(海保靑陵), 『稽古談』.

무릇 천지에는 리로 가득 차 있다. 그리고 매매라든가 이자는 리에 합당한 것이다. 나라를 부유하게 하려면 이와 같은 리로 돌아가야만 한다. 즉 매매의 의의를 이해하지 않으면 안 된다. 뛰어난 무사는 자신의 충의를 팔아 생활을 꾸려 나간다. 이는 가마꾼이 가마를 끌어 수당을 받고 그것으로 밥을 먹고 술을 마시는 것과 다를 바가 없다.[7]

이처럼 지나칠 정도로 세이료가 무사의 의의를 돈과 결부시켜 주장한 것은 당시 무사들의 의식 개혁을 원했기 때문일 것이다. 그의 경우 가로의 장남으로 태어났지만 학문의 길을 선택한 관계로 동생에게 가독을 이어받게 했다. 하지만 그는 항상 무사들의 생활을 잘 알고 있었다. 당시의 무사층은 대개 가록家祿만으로 생활하기에는 부족했기 때문에 많은 무사들이 돈을 차용하는 등 매우 궁핍한 생활을 했다. 세이료는 이런 상황에 대해 "에도 시대가 시작되면서 무사층이 유교 윤리에 고착되어 돈 모으는 것을 천시하는 풍조가 만연했기 때문"이라고 분석한다. 그리고 무사들에게 이 점을 자각시키고 싶어했다.

다시 말해, 세이료는 본래 가장 높은 지위에 있는 무사가 거기에 합당한 생활 수준을 유지할 것을 추구했으며, 그런 의미에서 '에도 시대의 봉건 체제를 건전하게 유지하는 것'이 그의 바람이었다. 즉 그는 서민(농공상)의 행복을 첫째로 여긴 사상가는 아니었다. 그렇다고 해서 '무사는 서민들을 착취하면 그만'이라는 식의 냉담한 사상가도 결코 아니었다. 그는 무사들이 경제적 감각에 눈 떠 '스스로 경제 활동에 참여하여 스스로 경제 문제를 해결할 것'

---

7) 같은 책.

을 주장한 것이다. 이는 지금까지와는 전연 새로운 발상이었다.

그 구체적인 방책으로서 세이료는 두 가지를 제안한다. 먼저 그는 각 번이 영지 내의 유통 루트를 관리함으로써 민간의 출입 상인으로부터 통행료(運上金)를 징수할 것을 제안했다. 그에 의하면, 영지는 번의 재산이므로 거기서 수입을 얻는 것은 '리'에 합당하다는 것이다. 둘째로 그는 번이 주도하여 특산품을 개발하고 그 제조와 판매를 관리할 것을 제안했다. 즉 이것은 '번의 전매 제도'이다. 그는 각 번이 이런 정책을 시행함으로써 막번 체제의 일본 사회가 그대로 자유경쟁 체제가 되면 호황을 이끌어 내어 나라 전체가 부유해질 수 있다고 생각했다.

그의 말대로 각 번이 상업적 수익에 의해 번 운영을 꾸려 나갈 수만 있다면 연공 수입에 크게 의존할 필요가 없어지며, 농민들의 생활도 더 좋아질 것이다. 그러나 세이료는 이 점을 분명하게 언급하지는 않았다. 역시 그의 시야에는 서민들의 생활은 직접 들어와 있지 않았던 것 같다. 이 점은 도시아키에 비해 좀 낙차가 있다.

4. 도시아키와 세이료 사상의 공통점

그러나 이 도시아키와 세이료에게는 한 가지 큰 공통점이 있다. 즉 두 사람 모두 무사의 입장에 가까웠으며, 실로 낙관적인 평화주의자였다. 도시아키는 나라를 부유하게 만들기 위해 국가가 갖추어야만 하는 자산의 하나로서 화약(焔硝)을 들고 있다.[8] 왜냐하면 화약은 암석을 분쇄하고 운하를 파고 신전을 개발하는 등 국토

---

8) 혼다 도시아키(本多利明), 『經世秘策』.

개발에 필요하기 때문이라는 것이다. 도시아키가 추구한 관선官船 또한 어디까지나 상선이지 군선은 아니다. 그는 교역이란 각국이 대등한 입장에서 건전한 비즈니스로서 행하는 것이라고 믿었다.

세이료 또한 번 상호간의 자유경쟁에 관해 다음과 같이 말하고 있다.

> 지금 세상은 이웃 번들끼리도 방심할 수 없는 냉엄한 세태이다. 그러나 이 때 '방심할 수 없다'는 것은 전국 시대에서와 같은 그런 의미가 아니다. 매 매 경쟁에서 서로 방심하지 말라는 말이다.9)

세이료에게 있어 사무라이의 힘이란 더 이상 '무력'이 아닌 '경영 능력'을 의미한다.

미국의 페리 함대가 압도적 군사력을 앞세워 굳게 닫혀 있던 쇄국 일본의 문고리를 열게 만든 역사적 사실을 생각할 때, 이 두 경세가의 발상은 역시 지나치게 낙천적이었는지도 모른다. 하지만 그렇기 때문에 더더욱 그들의 사상은 뛰어난 지성의 편린으로서 일본 역사에 길이 남을 만하다. 그런데 이 두 사람이 제안한 방책을 막부뿐만 아니라 번에서도 거의 수용하지 않음으로써 그들은 '잊혀진 사상가'가 되고 말았다. 그들의 사상이 재발견되고 재평가 받는 것은 메이지 시대에 들어서서였다.

---

9) 가이호 세이료(海保靑陵), 『稽古談』.

27

막말 사상의 다섯 가지 키워드

1. 다섯 가지 키워드는 무엇인가

막말기의 동란에서 메이지유신에 걸쳐 일본은 역사적으로 수차례 내란 상태에 빠졌다. 그러나 당시에 충돌한 각각의 세력이 정의로 삼았던 사상이 어떤 것이었는지는 의외로 오늘날 잘 알려져 있지 않다. 이는 그 사이에 내란의 주역이었던 도쿠가와 막부, 사쓰마 번, 조슈 번, 도사 번 등이 모두 내부적으로 세력 다툼에 휘말렸고 그에 따른 주류파의 교체가 빈번하게 일어났으며, 그 때마다 각각의 주장도 달라졌기 때문이다. 분명히 말하자면 막말에서 메이지유신으로 진행된 역사적 파고 속에서 그들은 모두가 사상적 일관성을 결여하고 있다. 이 점이 이 시기의 사상사를 몹시 복잡하게 만든다.

여기서는 이런 복잡한 막말 사상을 몇 가지 키워드로 나누어 정리해 보고자 한다. 그 키워드는 다섯 가지다. 즉 '존왕尊王', '양이攘夷', '개국開國', '좌막佐幕', '도막倒幕'이 그것이다.

2. 존왕

일본에서 '존왕'이란 천황을 일본의 가장 존귀한 정신적 지주로 이해하는 사고방식을 말한다. 이는 다른 장에서도 종종 언급한 것처럼 일본인의 교양이자 문화 관념으로서 의심할 여지없는 절대적 진리로 여겨진다. '천황은 왜 존귀한가'라는 '현실적 근거'는 이 경우 전혀 불필요하다. 요컨대 존왕은 '신은 존귀하다'는 종교에서의 기본 명제와 마찬가지로 사상이라기보다는 하나의 종교적 인식이라고 볼 수 있다. 물론 이는 일본의 전통 사상으로서 막말에만 관련된 것은 아니다. 하지만 막말에는 특히 존왕 사상이 '시대적 첨단 사상'으로 환영받는 분위기에 있었다. 국학, 수호학, 복고 신도, 그리고 요시다 쇼인의 사상 등 존왕 사상의 논리를 새롭게 재구성한 새로운 사상이 많았기 때문이다.

그런데 에도 시대의 존왕 사상에는 큰 문제점이 있었다. 즉 에도 시대에는 '절대적으로 존귀하다고 상정되는 관념으로서의 천황'(즉 종교에서의 신과 같은 의미에서의 천황)과 '실제로 존재하는 인간으로서의 천황'을 전혀 구별하지 않은 채 일원적으로 파악해 버린 것이다. 그리하여 모두가 인간으로서의 천황이 나타내는 주관적 호오好惡마저도 절대적으로 거슬러서는 안 될 정의正義로서 받아들여야만 하는 것이라고 단정지어 버렸다. 바로 여기에 막말의 역사를 복잡하게 만든 원인의 일단이 있다. 이런 존왕 사상에 입각하여 천황에게 충성을 다하는 자세를 '근왕勤王'이라 한다. 가령 막말 후기의 도막파는 '근왕의 지사志士'라 하여 "자신들과 대적하는 도쿠가와 막부는 존왕 정신이 없다"고 암암리에 비판하고 있었다. 하지만 일본인인 이상 도쿠가와 막부 또한 당연히 존왕 사상을 줄곧 숭배하고 있었다.

3. 양이와 개국

'양이'란 원래 고대 중국의 중화 사상에서 유래한 말이다. 중화 사상은 '중국 문명이 전 세계의 중심이며 인류 보편의 문명'이라는 사고방식으로서, 이 때 '이夷'란 그 중화 사상의 영향 바깥에 있는 세력 즉 '미개한 야만인'을 의미한다. 그리고 '양攘'은 쫓아낸다는 뜻이다. 즉 '양이'란 "문명이 더럽혀지지 않도록 문명을 알지 못하는 오랑캐가 접근해 오면 이들을 철저하게 배격해야 한다"는 배타적 사상을 가리킨다.

일본에서 문명이란 천황을 존숭하는 '존왕' 그 자체이다. 그러므로 일본의 천황을 숭경할 줄 모르는 유럽 세력이 일본 땅을 밟게 해서는 안 된다는 것이었다. 여기서 '존왕'과 '양이'는 기본적인 한 셋트를 이루게 된다. 또한 역사적으로 도쿠가와 막부는 세3대 쇼군 도쿠가와 이에미쓰 통치기부터 '쇄국정책'을 취했으므로 쇄국를 유지하는 것이 그대로 양이가 된다.

말할 것도 없이 양이 사상은 항해술이 크게 발달한 19세기 당시의 국제 사회에 있어 비현실적이고 무의미한 낡은 사상이었다. 그러므로 일본인 중에서도 조금이나마 현실적 인식을 하는 이는 쇄국정책과 양이 사상을 비판했다. 그러나 공교롭게도 기존의 사실로서 쇄국을 하고 있는 이상 양이는 '현실 긍정의 사상'으로 여겨졌다. 또한 당시 천황은 개인적으로 유럽 문화를 싫어한 양이주의자였다. 이 두 가지 사실로 인해 양이 사상은 일본에서 일반적으로 하나의 올바른 '정의'로서 받아들여지기 십상이었다. 그 결과 양이를 비판하는 현실주의자는 일본인으로서 자격이 없는 사람으로 취급되었다.

한편 '개국'은 문자 그대로 모든 나라와 국교를 맺을 것을 지향하는 사고방식인데, 이는 당연히 '쇄국'을 부정한다. 다시 말해 존왕 사상의 입장해서 비판하자면, 개국은 '악의 사상'에 지나지 않는다. 그러나 '개국' 쪽이 현실에 더 가까운 정당한 주장이었음은 두말할 나위도 없다. 실은 막부 요인 중에는 페리 내항시의 노중老中이었던 아베 마사히로(阿部正弘, 1819~1857*)를 비롯하여 '속내로는 개국주의자'였던 인물이 적지 않았다.

4. 좌막과 도막

'좌막'과 '도막'은 대립적 키워드이다. 전자가 도쿠가와 막부의 편에 서는 입장이라면, 후자는 도쿠가와 막부 타도를 지향하는 혁명파의 입장이다. 좌막파에는 도쿠가와 본가, 도쿠가와 어삼가御三家,[1) 그리고 아이즈 번처럼 도쿠가와 일족과 연고가 깊은 번들이 속해 있다. 한편, 도막파 진영은 메이지유신을 성공시킨 사쓰마 번, 조슈 번, 사도 번 등이다. 하지만 막말 시대사의 거의 막판

---

1) 미와리(尾張), 기이(紀伊), 미토(水戸)의 세 명문가.

에 이르기까지 이들 중 어느 쪽을 지지해야 하는지에 대한 입장을 정하지 못한 번들도 많았다.

유명한 전투 집단 '신선조新選組'는 '좌막'만을 신조로 삼은 집단이었다. 그들에게는 양이든 개국이든 어느 쪽이든 상관이 없었다. 다만 그때그때 막부의 방침에 따를 뿐이었다. 그런 만큼 그들이 역사상 수행한 일은 화려하긴 했지만 별 의미가 없었다. 하지만 이들의 단순한 가치관은 복잡한 막말기의 역사에서 '예외적으로 한 우물 파기가 통했다'는 평가도 가능할 것이다. 그런 이유로 이들이 지닌 인간적 매력은 오늘날까지도 인정받고 있다.

5. 막말의 역사적 상황을 보여 주는 사쿠라다몬가이의 변

이상과 같은 키워드의 의미를 충분히 고려하면서 막말의 역사적 사건들을 재검토한다면 그 배경과 의미가 보다 선명하게 보일 것이다. 가령 '사쿠라다몬가이(櫻田門外)의 변'(1860년) 때 막부의 대로大老 이이 나오스케(井伊直弼, 1815~1860*)는 암살당하고 만다. 암살범들은 도쿠가와 어삼가御三家 중 하나인 미토 번 인물들이 중심이었다. 그들은 나오스케가 쇄국정책을 무시하고 일미 수호통상 조약을 체결한 점, 그리고 천황의 허가(勅許)를 얻지 않고 그 조약을 체결한 점에 대해 분노했던 수호학을 신봉하는 존왕양이주의자였다.

또한 앞서 언급했듯이 메이지(明治) 천황의 부친이었던 당시의 고메이(孝明) 천황은 열렬한 양이주의자였으며, 그런 만큼 미토 번 출신의 15대 쇼군 도쿠가와 요시노부(德川慶喜, 1837~1913*)에 대해서는 두터운 신뢰를 가지고 있었다. 고메이 천황과 요시노부는 매우 좋은 파트너십으로 연결되어 있었다고 평가할 만하다. 고메이 천황은 '막부(요시노부)에 의한 양이의 단행'을 계속적으로 추구해 나갔다. 다시 말해 당시 조정에서 도막의 의지는 전혀 없었다.

물론 요시노부는 수호학을 공부한 인물로서 존왕 의식이 깊었고, 심정적으로는 양이주의에 대한 이해도 있었다. 그러나 그는 그 이상으로 총명한 정치가였기 때문에 개국의 필요성 또한 잘 알고 있었다. 그렇기 때문에 고메이 천황의 바람과 정치적 판단 사이에서 상당히 고심하게 된다. 역사상 요시노부의 정치적 입장이 종종 애매하게 보이는 것도 이런 이유 때문이다.

실은 도막파가 천황을 추앙하여 '관군官軍'[2]의 지위를 얻을 수 있었던 것은 고메이 천황이 죽고 난 다음의 일이었다. 고메이 천황은 막말 동란기 와중인 1866년에 병으로 사망했고, 황위를 계승한 메이지 천황은 아직 소년이었다. 도막파는 이 '소년 천황'을 옹립하여 '도막의 칙소'를 손에 넣었던 것이다. 그 때 정치적 모략이 개입되었음은 말할 것도 없다.

이처럼 막말의 사상은 다양한 주의주장이 교차하면서 얽혀 있었으며, 하나의 입장에 입각한 단순하고 일관성 있는 것은 아니었다. 가령 조슈 번의 정치적 지침은 막말사를 통해 '존왕좌막 → 존왕양이 → 존왕개국 → 존왕도막'으로 바뀌어 갔다. 이처럼 존왕 사상과 조합을 이루는 입장이 정세에 따라 시시각각 변화했다. 그러니 후세 사람들이 이 때의 역사를 뒤돌아볼 때 혼란스럽게 느끼는 것도 당연할 것이다.

---

2) 천황 직속의 정의의 군대라는 의미.

뛰어난 독창성을 보여 준 사상가들

1. 에도 시대의 독창적 사상가

에도 시대의 사상은 어떤 것이든 대체로 '원점이 되는 사상'을 과거에서 구했으며, 거기에다 면밀한 사색을 첨가함으로써 사상적 발전을 이루었다. 일본 특유의 유교라고 평해지는 고학파의 사상도 『논어』라는 '유교의 가장 근본적 이념'을 원점으로 하고 있다. 국학의 경우는 『고사기』, 『만엽집』과 같은 나라 시대의 문헌을 토대로 일본의 아이덴티티를 추구한 사상이다.

그러나 그 중에는 일체 과거에서 원점을 찾지 않은 채 철저히 백지부터 시작하여 오직 자기 자신에게만 의지하고 사색을 심화시킴으로써 완전히 독창적 사상을 완성시킨 사상가도 있었다. 이는 분명 특별한 인간만이 이룰 수 있는 천재적 작업일 것이다. 그런 사상가로 소개하고 싶은 인물은 도미나가 나카모토(富永仲基,

1715~1746)와 안도 쇼에키(安藤昌益, 1703~1762)이다.

이 두 명의 사상가는 연구 대상뿐만 아니라 사상 유형도 매우 다르다. 다만 앞서 설명했듯이 그들은 근본적으로 독창적 사상가 라는 점에 있어서 공통점을 가지고 있다. 그리하여 기존 사상이 아무리 역사를 움직이는 권위를 가졌다 하더라도 그들은 당당하 게 자신의 눈으로 기존 사상을 비판할 수 있었던 사상가였다. 그 들만큼 비판 정신이 왕성한 사상가를 일본에서 다시는 만날 수 없 을 것이다. 그들의 비판은 결코 단순한 비방이 아니었고, 자신의 사상을 정당화하기 위한 타산적 논의도 아니었다. 그것은 다만 인 간 지성의 순수한 발전을 지향하는 발언이었음을 간과해서는 안 될 것이다.

2. 도미나가 나카모토의 대승 사상 비불론

도미나가 나카모토는 오사카 출신이다. 부친은 상인이면서도 학문을 좋아하는 사람이었다. 그 영향을 받은 나카모토는 사상가 로서 조숙한 인물이었다. 그의 중요한 사상적 업적은 종교 교전을 독자적인 문헌학적 접근으로 재검토하고 거기서 기성 종교의 문 제점을 밝혀 낸 점에 있다. 나카모토는 '종교에서 절대시되는 경 전을 하나의 문헌으로 본다'는 자세를 확립시킨 인물이다. 이러한 발상은 상당히 특이한 것이라고 말할 수 있다. 대체로 경전이란 해당 종교에서 믿는 신의 음성이 기록된 것으로 인식되기 때문이 다. 따라서 거기에 기록된 것은 본래 절대적 진리로서 '그저 믿어 야만 하는 것'으로 간주된다. 때문에 그것을 연구나 분석의 대상으로 삼을 수는 없다고 여겨진다.

그러나 나카모토는 "경전이라 해도 어떤 특정한 곳에서 특정한 시대에 만들어진 이상, 그 지역성이나 시대성이 반영되는 것은 당연하다"는 주장을 폈다. 바꿔 말하자면, 모든 경전과 교전의 내용은 역사적, 풍토적 제약 속에서 쓰여진 것이라는 것이다. 그러한 경전이나 교전의 내용을 '모든 인류에게 공통된 절대보편의 진리'라고 단정짓는 것은 오류라고 할 것이다. 나카모토는 철저한 상대주의적 관점에서 절대보편의 진리가 있을 수 없음을 비판했다.

> 그러니까 옛 도를 설하고 가르쳐 널리 폈던 성인들도 특정한 역사적 배경에 제한되어 있으면서 사람들을 인도했던 것이다. 역사나 풍토의 영향으로부터 자유로운 군자는 아무도 없다.[1]

이 말의 단순한 의미만을 취하자면, 마치 불교의 교조인 석가와 유교의 교조인 공자의 가치를 폄하하는 발언처럼 들릴지도 모른다. 그러나 이는 나카모토가 말하고자 한 것이 아니다. 그는 경전에 고착되어 그 경전 해석만으로 인도人道를 알 수 있다고 설하는 기존 종교가들에 대해 "보다 객관적으로 종교를 파악하고 여러 가지 제약 속에서 열심히 살았던 교조들의 '인간적 탁월성'을 알아야 한다"고 말하고 싶었던 것이다.

나아가 나카모토는 이와 같은 철저하고 냉철한 입장에서 불교 경전을 분석한 결과 대단한 결론을 끌어냈다. 그것은 '불교도가 경전으로 절대시하는 대승 불교의 경전은 석가와의 직접적 관계

---

1) 도미나가 나카모토(富永仲基), 『出定後語』.

가 완전히 부재하는 후대의 작품'이라는 지적이다. 이를 '대승 사상 비불론非佛論'이라 한다.

여기서 나카모토는 먼저 "절대보편의 진리를 완전히 드러내는 종교 이론이 그렇게 쉽사리 생겨날 리 만무하다"는 인식에 서 있다. 따라서 "어떤 종교 이론이 새롭게 만들어질 때, 신자들에게 그이론이 보편 진리임을 느끼게 하기 위해 과거의 권위 있는 종교론을 강하게 반영시키고자(요컨대 그런 분위기를 띄우고자) 여러 모로 궁리한다"고 그는 지적하고 있다. 말하자면 이는 '종교 문헌이란 것이 역사적 성격을 지니고 있음'을 지적하고 있는 것이다. 나카모토는 이를 '가상加上'이라고 부른다.

그렇다면 새로운 문헌일수록 그만큼 더 오래된 이미지가 의도적으로 풍겨 나오게 마련이다. 예컨대 대승 불교의 경전도 그런 성격을 지니고 있는 것으로 '석가가 전한 말의 분위기를 반영시킨 후대의 작품'에 불과하다는 것이다. 이와 같은 나카모토의 주장에 대해 당시의 불교계는 발끈했다. 그도 그럴 것이 이는 "위대한 석가님의 말씀을 전하여 현세의 중생들을 구제한다"는 불교도들의 정신적, 사회적 입각점을 간단히 무너뜨리는 주장이었기 때문이다. 하지만 불교 비판의 입장에 서 있는 신도가들은 이런 나카모토의 주장을 환영하였다. 그리하여 나카모토의 연구는 종종 신도에 의해 정치적으로 이용되곤 했다. 가령 히라타 아쓰타네는 "불교는 참 꼴 좋게 되었군" 하는 논조로 지나치게 떠벌려대곤 했다.

말할 것도 없이 이와 같은 세간의 반응은 나카모토의 진의와는 거리가 먼 것이었다. 나카모토의 고매하고 독창적인 사상은 당시 충분히 이해받지 못한 채 잊혀지고 만다. 천재 사상가 도미나가 나카모토는 32세의 젊은 나이로 세상을 떠났다. 그의 저서에는 다음과 같은 말도 나온다.

> 이 현실 세계에 사람으로 태어나 살아가는 동안, 설령 신도, 불교, 유교를 지식적으로 아무리 많이 공부한 자라 해도 성실한 삶을 잊어 버린다면 그런 사람은 단 하루도 사람으로서 참되게 살았다고 말할 수 없다.[2]

3. 안도 쇼에키의 중농적 공산주의

한편, 안도 쇼에키 또한 기존의 권위와 상식을 정면으로 부정했다는 점에서 나카모토 이상으로 대단한 사상가이다. 쇼에키는 전기적 기록이 거의 남아 있지 않은 사상가로서, 그의 출생에 대해서도 알려진 바가 별로 없다. 다만 그는 도호쿠(東北) 지방 사람으로 아키타(秋田)에서 만년을 보냈으며, 그곳에서 죽었다는 정도가 알려져 있을 뿐이다. 그는 동네 의사(町医)를 개업하면서 저술 활동을 했던 것으로 알려져 있는데, 자신의 전 생애에 걸쳐 쓴 『자연진영도自然眞營道』는 전체 101권 93책에 이르는 대작이다.

첫째, 쇼에키는 하나의 자연관을 완성시켰다. 그것은 '천지도, 자연현상도, 그리고 그 안에 있는 인간 사회도 동일한 근원적 에너지가 각각의 형태를 취한 것'이라고 보는 사고방식이다. 이런 근원적 에너지를 그는 활진活眞이라고 불렀다. 그렇다면 천지는 '별개의 존재'가 아니다. 활진에 의해 이루어진 '하나의 덩어리'이다. 때문에 쇼에키는 사실상 천지에 상하관계가 없듯이 이 세계에는 본래

---

2) 도미나가 나카모토(富永仲基), 『翁の文』.

상하관계 자체가 전혀 존재하지 않는다는 논리를 발전시켰다.

여기에 이르러 그는 "인간 사회는 완전히 평등하다. 이것이야말로 올바른 세계의 모습이다"라고 하여 에도 시대의 봉건제도, 사농공상의 신분제도는 말할 것도 없고 고대 일본의 율령 귀족제도 및 중국의 황제, 나아가 종교의 교조들까지도 철저하게 부정한다.

> 이 세상에는 현실적으로 상하관계가 있다. 그러나 만일 상급자가 그 지위를 버린다면 아랫사람을 착취하고 사치에 빠지는 오류는 없어질 것이다. 또한 하급자가 그 지위를 거부한다면 윗사람에게 아첨하는 굴욕감을 느끼지 않게 될 것이다. 그리 되면 인간 세상에서 증오와 원한이 사라지고 세상의 모든 싸움이 없어질 것이다.3)

그러니까 쇼에키는 한 사람도 빠짐없이 모두 스스로 땅을 가는 농민이 되어야만 한다고 주장했다. 이처럼 모두가 농민이 되어 상하·귀천의 차별이 없는 이상사회를 그는 자연세自然世라 불렀다. 이 때 생산 활동에 종사하지 않는 '상급자'는 그저 착취를 반복하는 '도둑놈'에 지나지 않는다. 그런 사람은 전혀 무가치한 존재인 것이다. 또한 현실 세계의 상급자(지배계급)만이 비판의 표적은 아니다. 쇼에키의 관점에서는 사람들을 정신적으로 인도한다는 종교가들 또한 용서받을 수 없는 존재이다.

> 위에 서서 가르치고 인도한다는 '성인'과 같은 어리석은 무리들이 없어진다면, 그 가르침을 듣고는 '밭도 갈지 않은 채 탐식하며' 살면서도 거기에 만족하는 방탕자들은 애당초 생겨나지 않을 것이다.4)

---

3) 안도 쇼에키(安藤昌益), 『自然眞營道』.

쇼에키는 많은 제자들을 키워 낸 세계종교의 교조 석가와 공자에 대해서도 신랄하게 비난을 퍼붓는다. 이들 사상가들은 일도 하지 않고 타인에게 기생하는 종교가라는 무가치한 인간을 양산하고 있다는 것이다. 쇼에키는 세계가 오직 '활진' 운동에 의해 이루어진다고 본다. 그래서 그는 자연을 초월한 신비적 존재 따위는 전혀 인정하지 않는다. 다시 말해, '신의 존재'를 전제로 하는 종교란 모두가 기본적으로 가짜라는 것이다. 이러한 쇼에키의 주장에 의하면, '농사짓지 않는 인간'은 그 점 하나만으로도 이미 부정된다. 그는 사색이나 연구만으로 사람이 정신적 깊이에 이르는 일은 결코 있을 수 없다고 생각했다.

이와 같은 쇼에키의 철저한 '중농적 평등주의'는 일면 인간을 '본래 타인으로부터 지배받지도 않고, 또한 누군가에게 보호받지도 않는 자립적 존재'로 파악하는 일종의 개인주의라고 말할 수 있다. 그런 만큼 이는 자기자신에 대해서도 엄격한 사고방식이다. 이렇게까지 철저하게 원리적으로 인간 사회의 모든 상하관계를 부정하는 사고방식은 보통 사람들이 가질 수 있는 것은 아니다. 참으로 그는 일본사상사에 있어 희귀한 천재였다.

하지만 천재에게는 통상 후계자가 없다. 나카모토와 쇼에키는 일본사상사에서 하나의 독특한 빛으로 이채를 발했으면서도 사회에서 충분히 받아들여지지 못한 채 사라져 버리고 말았다. 그러나 현대 일본인들은 그토록 참신한 사상가를 가졌다는 사실에 자부심을 느껴도 좋을 것이다.

---

4) 같은 책.

제4부

근대편

29
근대 일본 사상의 방향성을 결정한 인물들

1. 메이지유신과 일본의 근대

1871년 유신정부는 '폐번치현廢藩置縣'을 단행했다. 독립적 자치 체제였던 '번藩'을 해체하고 그 대신 새롭게 '현縣'을 설치한 것이다. 여기서 '현'이란 '아가타'라고도 읽는데, 이는 '고대 천황의 영지'를 의미하는 말이다. 즉 일본이라는 나라를 천황 지배에 의한 중앙집권 국가로 변모시킨 것이다.[1]

유신정부의 급선무는 도쿠가와 막부가 굴욕 외교로 체결한 각국과의 불평등 조약을 개정하고 부국강병을 실현시킴으로써 구미와 어깨를 나란히 할 만한 국력을 획득하는 데에 있었다. 유신정부의 입장에서 보면 그와 같은 목적은 결코 야망이 아니었다. 그

---

1) 이런 의미에서 메이지유신은 국가의 모습을 고대로 복귀시킨 혁명이었다고도 말해진다.

렇게 하지 않으면 일본은 유럽의 식민지가 되어 먹혀 버리고 말 것이라는 '진퇴양난의 위기감에서 나온 절박한 자기 구제책'이었던 것이다. 그런 만큼 유신정부는 전체 일본인들의 지성이 발전되기를 절실하게 원하고 있었다. 구미와 같은 반열에 끼어 일본이 살아남기 위해서는 자주적으로 '국가의 이상에 협력'하고자 하는 많은 국민들의 기개와 이해가 필수적이었기 때문이다. 정부의 입장에서 볼 때 그저 세상 흘러가는 대로 몸을 맡겨 본능적으로 살아가는 국민성으로는 정말 곤란한 일이 아닐 수 없었던 것이다. 출발 단계 때부터 이러한 배경을 가지고 있던 일본 근대 사상의 흐름은 에도 시대의 사상 경향과는 큰 차이가 있다.

에도 시대는 사농공상士農工商이라는 '내실이 복잡한 신분제도2)가 있었다. 또한 봉건제도의 군신관계에 관해서도 비즈니스의 관점에서 파악하려는 사상이 발생하고 있었다. 요컨대 사회구조가 단순한 상하관계만으로 다 설명될 수 없었던 시대였다. 그런 만큼 에도 시대는 사상의 방향성이 대단히 풍부했고, 의외로 깊이 있는 인간 탐구도 이루어진 시대였다.

그런데 메이지 시대의 중앙집권적 국가 체제는 분명하게 '정부와 인민'이라는 '신분의 양극화'라는 형태를 띠었다. 근대 일본인은 '지배하는 자'와 '지배받는 자'로 확실하게 나뉘어진 것이다. 그리하여 여기서 태어난 사상 또한 당연히 양자가 각각 상대방을 의식하는 사상이 될 수밖에 없었다. 가령 위로부터 아래를 계몽하려는 사상, 밑으로부터 위에 협력하려는 사상이 그것이다. 한편, 위로부터 아래를 탄압하려는 사상, 아래로부터 위에 대항하려는

---

2) 가령 가장 낮은 신분이었던 상인들이 국가 경제를 실질적으로 장악하고 있었다.

사상도 나왔다. 이처럼 일본 근대 사상은 에도 시대의 사상보다도 그 범주가 훨씬 선명하다. 그렇기 때문에 이런 식의 대립 구도를 통해 구별해 보면 의외로 일본 근대 사상을 파악하기가 좀더 수월할 수 있다.

2. 일본 근대 사상의 틀 만들기

일본 근대 사상은 에도 시대의 사상을 부정하면서도 잠재적으로는 그 영향의 흔적을 남기고 있다는 점도 하나의 특징이라고 말할 수 있다. 유교 특히 주자학의 사회관은 개인보다 전체 질서를 중시한다. 때문에 근대에 적합한 인간의 자립성을 주자학에서는 찾아보기 힘들다. 한편, 국학이나 신도는 일본의 아이덴티티를 확립시켜 주었다. 그런 의미에서 국학이나 신도는 유신 혁명의 에너지가 되어 준 것이 사실지만, 거기에 내포된 배타성은 국제 사회에서 통하지 않았다. 게다가 에도 시대에 있어 불교는 사상으로서 완전히 시들어 버렸다.[3] 그래서 불교 사상은 근대에 곧바로 되살아나기가 쉽지 않았다.

이런 연유로 일본 근대 사상의 틀 만들기는 전혀 새롭게 구미 사상의 수입에서부터 시작하지 않을 수 없었다. 그리하여 메이지 초기의 사상적 지도자들은 그 원점을 구미의 사상에서 찾았다. 하지만 그들의 잠재의식 속에는 전통적 일본 사상이 뿌리내려 있었고, 구미 사상과의 간극을 어떻게 넘어서느냐가 그들의 중요한 테마였다. 예컨대 일본 근대 사상에는 무사도의 재평가 및 불교 사

---

3) 제3부 근세편에서 불교 사상을 일체 다루지 않은 것은 이런 이유 때문이다.

상의 관점에서 본 구미 문화비평 등을 통해 '구미 사상과 비교함으로써 일본 문화의 의의를 재검토'하려는 움직임도 활발했다.

이리하여 일본의 근대 사상은 "일본인의 근대적 자아를 확립하고 주체적으로 산다는 것의 의미를 발견한다"는 큰 목적을 지향하면서, 여러 사상가들에 의해 다양한 접근이 시도되었다. 이는 먼저 지배층에 의한 대중 계몽활동으로 나타났다. 그것이 명육사明六社의 활동이다.

3. 명육사 운동의 발기인 모리 아리노리

명육사는 막말부터 활동하던 양학자들이 만든 모임이다. 메이지(明治) 6년에 창립되어 '명육사明六社'라는 이름이 붙여졌다. 발기인은 사쓰마 번 출신의 모리 아리노리(森有禮, 1847~1889)이다. 그는 영미권에 유학한 경험을 통해 일본인에 대한 근대 문화 계몽의 필요성을 느껴 뜻있는 양학자들과 힘을 합치고자 했다. 창립 멤버는 10명이었다. 그 중에는 후쿠자와 유키치(福澤諭吉, 1834~1901*)[4]도 끼어 있다. 이들은 기관지 『명육잡지明六雜誌』를 발행하여 구미의 문화를 일본에 소개하는 등 활발한 활동을 펴나갔다.

그런데 흥미롭게도 이 명육사 멤버의 대부분은 후쿠자와를 포함하여 전직 막부 관리들이었다. 또한 그들 대부분은 유신정부에 의해 능력을 인정받아 고급 관료로 임명받은 자들이었다. 이로써 보건대 막부의 뛰어난 인재들일수록 막부를 따라 순직하지 않고

---

4) 후쿠자와 유키치(福澤諭吉)에 대해서는 30장 '정한론에서 탈아론으로' 참조*

새로운 일본을 위해 진력했다는 사실을 엿볼 수 있다. 그 중에서도 특히 니시 아마네(西周, 1829~1897)는 『명육잡지』에서 필력을 자랑한 명육사의 대표적 논객으로서 명육사의 이념을 상징하는 인물이다.

4. 니시 아마네와 근대 공리주의

니시 아마네는 쓰와노(津和野) 번 번의藩医의 집안에서 태어났다. 그는 오규 소라이의 학문을 깊이 공부했는데, 페리 내항을 계기로 양학의 필요성을 느껴 사회과학과 사상면에서 양학을 공부하기 시작했다고 한다. 즉 니시의 사상은 소라이학5)이 근본에 깔려 있다. 소라이는 유교의 '도道'의 의미를 도덕적으로 해석하지 않고, '선왕의 도'라고 하는 '올바른 정치 시스템'으로 이해한 유학자였다.6) 마찬가지로 니시 또한 "올바른 정치와 올바른 사회를 구축하기 위한 마음가짐은 무엇인가"라는 문제에 대답하고자 한 사상가이다. 니시는 다음과 같이 주장했다.

인간은 진보하는 능력을 갖춘 존재이며, 모든 세계의 항구적 평화를 실현하기 위해 그 능력을 발휘하고자 노력해야만 한다.7)

그는 그 모델로서 실제로 뛰어난 진보를 이룬 서구를 본떠야 한

---

5) 오규 소라이(荻生徂徠)의 사상과 학문을 총칭하는 말. 이 중에서 특히 문헌 연구의 분야를 '고문사학'이라고 한다.
6) 19장 '고학은 왜 새로운 학파인가' 참조
7) 니시 아마네(西周), 『末廣の壽』.

다고 외쳤다. 그러나 니시는 "그렇다고 해서 그저 원숭이 흉내만 내서는 안 된다"는 점을 분명히 했다.

무엇보다도 '실험'이 중요하다. 스스로 실제로 경험해 보아야 한다. 그 다음으로 외국 문화를 지탱해 주는 원천이 무엇인가를 깊이 살펴보아야 한다. 그래야만 비로소 서양의 기술이 올바른 일본상을 구축하는 데에 도움이 될 수 있다.[8]

즉 니시가 설하는 '마음가짐'이란 "도덕적으로 성실하게 살라"는 식의 인간성을 문제삼는 것도 아니고, "기계적으로 기술을 익혀라"는 식의 지식 편중의 발상도 아니다. 그것은 자신의 능력을 자발적으로 발휘함으로써 타인의 힘을 빌리지 않고도 스스로 일어설 수 있는 실리를 지향하는 차원 높은 '공리주의'였다.

확실히 근대 초기의 일본은 이런 마음가짐을 지닌 인재를 필요로 했다. 니시의 사상은 어디까지나 일본 국가의 자립이라는 매우 현실적 과제에 부응하는 것이었다. 물론 그것은 명육사의 모든 멤버들에게 공통된 인식이었다. 개인의 자립을 크게 외친 후쿠자와 또한 "일신이 독립해야 일국이 독립한다"[9]고 주장했다. 요컨대 이는 '개인과 국가는 결코 따로 떼려야 뗄 수 없는 관계'임을 주장한 것이다.

그런데 니시는 냉정한 국제 사회에서 살아남기 위해서라면 전쟁도 불사한다는 태도를 가지고 있었다. 그는 궁극적으로 항구적인 평화 세계의 구축을 위해 노력하는 과정에는 어쩔 수 없이 전

---

8) 니시 아마네(西周), 『학문은 심연을 깊게 하는 데에 있다는 주장』.
9) 후쿠자와 유키치(福澤諭吉), 『학문의 권장』.

쟁에 의한 문제 해결도 있을 수밖에 없다고 생각하였다. 그리고 사실상 그는 병부성兵部省[10]의 고급 관료를 지냈으며,『군인칙유軍人勅諭』의 기초자起草者이기도 했다. 근대 일본에서는 '군사력을 긍정하는 것'이 국가를 진지하게 생각하는 큰 전제로서 엄연히 존재했던 것이다.

이밖에도 니시는 명육사를 대표하는 논객답게 많은 철학 용어를 만들어 냈다. '철학'이라는 용어를 비롯하여 '주관·객관·이성·오성·감성·분석·종합·개념·정의定義·긍정·부정' 등은 모두 니시가 만든 신조어들이다. 그의 어학 능력은 실로 천재적이었다. 이 점에서도 일본 사상에 끼친 그의 공헌은 헤아릴 수 없을 만큼 큰 것이었다고 평가할 만하다.

---

10) 육군과 해군을 관리하는 부서.

30

'정한론'에서 '탈아론'으로

1. 서구 열강의 아시아 진출에 대한 위기 의식

일본사상사를 뒤돌아보면, 일본인이 지성을 닦아 사상을 키우는 데에 중국철학으로부터 받은 은혜가 얼마나 큰 지를 알게 된다. 불교는 중국을 경유하여 배웠으며, 유교는 일본인의 윤리와 사회관을 틀 지우는 데 큰 역할을 했다. 그런데 중국과 함께 근대에 이르기까지 정치적, 사상적으로 직결되어 있던 나라가 바로 한국이다. 당시 한국은 조선시대로서 '작은 중국'이라고 불러도 좋을 만큼 철저한 유교 국가였으며, 사실상 중국 황제에 대해 종주국으로서의 예를 다하고 있었다.

이와 같은 상황이었기 때문에 단순하게 도덕적으로 생각한다면 '일본은 조선과 우호적인 관계를 유지하면서 조선과 함께 중국에 대해 예를 갖추는 것'이 바람직한 모습일 것이다. 실제로 조선과 중국 역시 일본이 그런 자세로 대응하는 것이 '마땅하다'고 생각했다. 그러나 막말에서 메이지 시대에 걸쳐 일본에서는 중국과 조선을 경시하는 풍조가 만연해 있었다. 예컨대 '일본인은 중국인과 조선인을 존경할 필요가 없다'는 식의 인식이 대세를 이루고 있었다. 그와 같은 인식을 낳고 사상적으로 정당화시킨 것이 바로 '국학'과 '양학'이다.

국학의 경우 "유교와 불교의 영향을 받기 이전의 순수한 고대 일본의 정신이야말로 올바르다"고 여겼으므로, 애당초 국학에는 중국을 존경하는 마음이 전혀 끼어 들 여지가 없다. 나아가 국학은 일본의 천황을 가장 존귀하다고 생각하므로 중국 황제를 특별히 위대하다고 보지도 않는다. 이와 같은 발상과 관련하여 조선 또한 천시의 대상이 되는 것은 당연한 귀결이었다. 그런데 이런 사고방식은 국학의 틀에만 머물러 있지 않았다. 그것은 메이지유신의 정신적 에너지였던 존왕 사상 전반에 걸쳐 결부되어 있었으므로 메이지 시대 일본에는 이데올로기적으로 중국과 조선에 대한 경시 풍조가 처음부터 존재했다고 볼 수 있다.

한편, 양학의 관점에서도 중국과 조선은 부정적으로 평가받는 대상이었다. 막말기에 중국 대륙에서는 아편전쟁(1840~1842)이 일어났고, 이 전쟁에서 중국은 영국에게 철저히 패배하였다. 이는 양국의 군사력에 있어서의 현격한 차이에서 비롯된 결과였다. 이 전쟁의 소식을 들은 일본의 지식인들은 유럽의 국력에 경악한 한편, 중국이라는 나라가 유럽 제국에 비해 후진국에 불과하다는 사실을 비로소 깨닫게 되었다. 그렇다면 더 이상 중국에 대해 고마워하고만 있을 수는 없는 것이다. 오히려 양학자들은 중국처럼 되지 않도록 지금까지의 인식을 바꾸어 유럽을 일본의 모델로 삼지 않으면 안 된다고 생각했다.

이처럼 중국과 조선에 대한 부정적 평가는 단지 그들을 부정하는 데에만 그치지 않았다. '차라리 때려 부셔 버려도 상관없다'는 식의 공격성도 일본인의 마음속에 싹텄던 것이다. 그리하여 에도시대의 일본인들이라면 상상도 못했을 이와 같은 '동아시아에 대한 폭력적 우월감'이 근대 일본인들에게 하나의 상식적 감각으로 자리잡게 된다. 근대 일본의 이런 사상적 동향을 잘 보여 주는 사례로서 막말기의 영웅 사이고 다카모리(西鄕隆盛, 1827~1877)가 주장한 '정한론征韓論'과, 근대 일본을 대표하는 사상가 후쿠자와 유키치 (福澤諭吉, 1834~1901)가 주장한 '탈아론脫亞論'에 관해 검토해 보자.

2. 사이고 다카모리의 정한론

'정한론'이란 한 마디로 사이고 다카모리를 비롯하여 이타가키 다이스케(板垣退助, 1837~1919) 등 유신 정부 요인들이 주장한 '조선에 대한 군사 침략 계획'을 말한다. 원래 정한론은 조슈 번벌의 지도자 중 한 사람이었던 기도 다카요시(木戶孝允, 1833~1877)가 일찍이 메이지 초기부터 주장했던 발상으로써 막말기 보신(戊辰) 전쟁1)에 동원된 군사력을 전용하는 방책으로 제시된 것이었다.

메이지 초엽에 유신정부는 일본이 천황 중심의 국가 체제로 바뀐 사실을 조선에 통보했다. 이 때 일본측 문서를 접한 조선은 일본 천황을 기술함에 있어 '황皇'과 '칙勅'의 문자가 사용되었다는

---

1) 1868년에서 1869년에 걸쳐 도쿠가와 군과 유신 정부군 사이에 일어난 전쟁.*

이유를 들어 일본측 문서의 접수를 거부했다. 그러면서 조선측은 '황'과 '칙'의 문자가 중국 황제에게만 허용될 수 있는 표현이므로 이 문자들을 다른 문자로 바꿀 것을 일본측에 요구해 왔다. 하지만 당시 일본의 입장에서는 중국에 대한 존경심이 상당히 희석화되어 있던 터라 조선의 요구에 응할 턱이 없었다. 오히려 조선의 요구에 발끈한 일본은 조선조차 무시해 버렸다. 이에 조선측이 일본을 '무례한 나라'라고 응수하게 되자 조선과 유신정부의 관계는 급격히 냉각되고 말았다. 이로 인해 조선은 일본 국학주의자의 관점에 의하면 '일본 천황의 가치를 인정하지 않는 불쾌한 나라'였고, 양학주의자의 관점에 의하면 '국제 사회의 원칙도 모르는 낡고 완고한 나라'로 인식되었다. 그러니 당시 일본의 감각으로서 이런 나라를 군사력으로 침략하는 일에 대해 전혀 주저할 필요가 없었던 것이다.

이로부터 5년의 시간이 흐른 뒤에도 '정한론'은 유신정부 요인들의 머릿속에 줄곧 미완의 과제로 남아 있었다. 그러다가 결국 1873년 '정한론'이 급부상하면서 정부 내에서 서서히 현실적 문제로 제시되기 시작했다. 이 때 사이고 다카모리 또한 적극적으로 조선에 대한 군사적 침략을 염두에 두었던 듯싶다. 먼저 그는 조선과 한 번 더 평화적인 대화를 시도하기 위해 자신이 조선 파견 사절이 될 것을 제안했다고 한다. 그러나 당시 꼬일 대로 꼬여 버린 조일朝日 정세에서는 조선측과 대화가 통할 여지가 거의 없었다. 이 점을 잘 알고 있었던 사이고는 사절로 조선에 가면 살해될 가능성도 있음을 각오했다고 한다. 여기서 그는 "만일 그렇게 되면 나의 죽음이 정한론을 정당화하는 구실이 될 것"이라고까지 생각했던 모양이다.

그러나 이 직후에 해외 시찰을 마치고 귀국한 오쿠보 도시미치(大久保利通, 1830~1878)[2]에 의해 '정한론'파는 정부로부터 쫓겨나고 만다. 이리하여 당시 조선 파병은 실제로 이루어지지는 않았다. 하지만 근대 일본인이 중국인과 조선인을 멸시하는 태도에서 그들을 적대시하는 태도로 그 감정을 증폭시켜 갔던 사정은 이와 같은 일련의 정변을 통해서도 잘 엿볼 수 있다.

3. 후쿠자와 유키치의 탈아론

그 후 유럽 제국이 아시아에 대한 노골적인 침략과 식민지화의 움직임을 보이자 일본도 이에 뒤질세라 자국의 세력 팽창을 도모하기 시작했다. 후쿠자와 유키치의 '탈아론'이 등장한 것은 바로 이 무렵인 1885년의 일이었다. 후쿠자와가 주장하는 '탈아론'의 내용은 다음과 같다.

우리 일본의 국토는 아시아의 동쪽에 위치하고 있지만, 그 국민 정신은 아시아를 벗어나서 서양 문명으로 향해 있다. 그런데 불행히도 우리의 이웃에는 중국과 조선이라는 나라가 있다. 이 두 나라는 진보라는 것이 무엇인지에 대해 전혀 무지하다. 서양 문명이 얼마나 강력하고 무서운지를 목도하면서도 거기서 아무것도 깨닫는 바가 없이 그저 낡은 유교 윤리에만 집착함으로써 천 년 전과 다름이 없는 감각으로 살고 있다. 내가 보기에 이런 나라들은 지금의 국제 사회에서 도무지 자립할 수 없다. 오늘날의 중국과 조선은 우리 일본에게 아무런 이익도 되지 못한다. 아니, 오히려 이 두 나라는 일본과 지리적으로 근접해 있기 때문에 삼국이 같은 동료인 것처럼 서양에 비쳐

---

2) 사쓰마(薩摩) 번 출신의 정치가.*

질 가능성도 있으므로 아주 곤란한 존재이다. 오늘날 일본에는 '중국과 조선이 언젠가는 문명에 눈을 뜨게 되는 날이 있을 것이니 느긋하게 그날을 기다리자'는 식의 시간 여유가 없다. 만일 서양이 이 두 나라를 침략한다면 일본도 서양과 보조를 함께 하는 편이 차라리 나을 것이다. '서양 제국과는 달리 우리 일본은 두 나라의 이웃나라인데……'라는 식으로 점잔 뺄 필요는 전혀 없다.

후쿠자와는 이렇게 중국과 조선을 부정했다. 그러면서 그는 다음과 같은 유명한 말을 남겼다.

나쁜 친구와 사귀는 자는 같이 오명을 피할 수 없다. 나는 진심으로 아시아 동방의 악우를 사절하는 바이다.

이와 같은 후쿠자와의 중국과 조선에 대한 부정은 국제 정세를 고려한 분석이었다. 과연 양학자다운 발상이다. 그로서는 유럽 제국의 국력과 아시아 진출의 야심을 몸으로 느끼면서 상당한 위기 의식을 갖고 있었던 듯싶다. 다시 말해 '일본이 도덕적으로 아시아의 이웃나라와 교제한다면 함께 유럽에 의해 먹혀 버리고 말 것'이라는 위기감이 '탈아론'의 다소 히스테릭한 표현으로 나타났다고 보여진다.

4. 정한론과 탈아론의 차이점

이상에서 근대 일본이 중국과 조선에 대해 어떤 생각을 가지고 있었는지를 '정한론'과 '탈아론'을 통해 검토해 보았다. 그런데

'정한론'과 '탈아론'은 기본적으로 공통점을 가지기는 하지만 역시 미묘한 차이를 노정하고 있다. 예컨대 중국과 조선을 부정(멸시 혹은 적대)한다고 했을 때, 그것은 두 나라를 본질적으로 부정하는 것 즉 '이 두 나라는 본래 존경할 만한 것이 없는 나라'라고 단정 짓는 것을 뜻하는 것일까, 아니면 두 나라에 대해 본질적으로는 인정하지만 현실적 결함을 지적하는 것 즉 '과거야 어찌 되었든 현재의 국제 정세에서는 그래서는 안 된다'고 하는 입장을 나타내는 것일까? 또한 근대 일본이 중국과 조선에 침략한다는 것이 그저 자국의 이익을 위한 야심을 뜻하는 것일까? 그것이 아니라면 '이웃 나라를 희생양으로 삼아서라도 국력을 배양하지 않으면 일본은 유럽에게 먹히고 말 것'이라는 위기감에서 취한 어쩔 수 없는 자기방어의 수단을 의미하는 것이었을까? '정한론'과 '탈아론'의 미세한 차이는 바로 이런 문제들과 관련이 있다.

사이고가 주장한 '정한론'이 어떤 이념과 아시아관에 의한 것이 었는지는 실은 단언하기 어렵다. 반면 후쿠자와의 경우는 명백히 '현재의 중국과 조선'을 비판한 것으로써 본질적인 부정이라기보다는 현상 비판이었다. 또한 군사적 침략에 대한 후쿠자와의 긍정은 적어도 그에게 있어서는 일본의 자기방어를 위한 수단으로 간주되었던 것 같다. 그러나 현실의 역사가 어떻게 움직여 갔는지, 그리고 메이지 후기에서 다이쇼를 거쳐 쇼와 전기에 이르기까지 일본의 정치적 지도자들이 중국과 조선을 어떻게 보았는지를 후대의 우리들은 잘 알고 있다. 실제의 역사에서는 사이고와 후쿠자와의 진의가 충분히 전달되지 못한 감이 있다.

31

근대 일본이 기독교를 배척한 까닭은 무엇인가

1. 유신정부와 기독교 금령의 폐지

의외로 유신정부는 당초 도쿠가와 막부와 마찬가지로 기독교를 '사교'로서 금지했다. 이에 대해 구미 각국이 맹렬히 항의한 것은 말할 것도 없다. 그리하여 유신정부는 기독교를 인정할 수밖에 없게 되어 1873년(메이지 6년)에 기독교 금령을 폐지했다. 일본에서도 마침내 기독교의 활동이 시작된 것이다.

근대 일본에서 활동한 기독교는 '개신교'이다. 개신교는 16세기 유럽의 종교혁명에 의해 성립한 종파로, 요컨대 "교회가 신자들을 통솔하는 것이 아니라 신자 개개인이 직접 신과 대면한다"는 사고방식을 가지고 있다. 이는 개인의 자립심을 중시하는 교의이며, 거기에는 신자의 자기 책임을 강하게 추구하는 엄격함이 수반되어 있다. 그러나 그런 만큼 근대인에게 설득력을 가지는 종교라고도 할 수 있다. 일본의 경우 개신교의 이와 같은 속성은 무사도 윤리와 통한다고 이해되는 듯하다. 그리하여 무사 출신의 뛰어난 인재들이 다수 기독교에 입신하여 근대 일본의 독자적 기독교 사상을 전개해 나갔다.

하지만 초기에 정부가 기독교를 금지한 데에서도 짐작할 수 있듯이, 일반적으로 기독교는 반체제적 사상으로 간주되는 경향이 많았다. 첫째, 기독교의 신에 대한 신앙심이 천황 숭배의 국시와 양립되기 어려웠다. 둘째, 개신교의 뛰어난 복지 관념이 '약자에 대한 구제'를 너무 강하게 내세우는 나머지 그것이 국가의 '부국강병'책에 대한 비판과 결부되기 쉬웠다. 이와 같은 두 가지 측면에서 기독교는 '정부에 적대적인 사상'으로 의심받았던 것이다.

또한 근대 일본 기독교의 사상적 지도자들은 종교 생활에만 파고드는 일은 없었고, 사회에 적극적으로 눈을 돌리는 자들이 많았다. 도시사(同志社) 대학을 설립하여 근대 교육에 힘쓴 니이지마 조(新島襄, 1843~1890), 러·일 전쟁 때 '비전론非戰論'을 제창한 것으로 유명한 우치무라 간조(內村鑑三, 1861~1930), 노동운동을 지도하고 사회적 약자의 구제를 외친 아베 이소오(安部磯雄, 1865~1949)[1]와 가타야마 센(片山潛, 1859~1933)[2], 고도쿠(鑛毒) 사건[3] 및 폐창廢娼 운동을 통해 일본 사회가 안고 있는 문제들을 끊임없이 제기했던 기노시타 나오에(木下尚江, 1869~1937)[4], 평생을 목사로 지내면서 기독교 탄압에 단호하게 맞서 싸운 우에무라 마사히사(植村正久, 1857~

---

1) 사회 운동가.*
2) 사회주의자.*
3) 메이지 중엽 아시오(足尾) 광산에서 나온 폐기물 광독에 의해 발생한 사회문제.*
4) 소설가.*

1925) 등 근대 일본의 기독교 신자 중에는 기개 있는 사상가들이 많았다.

2. 천황숭배 사상과 기독교 사상의 모순

그 중에서도 특히 대표적인 인물로서는 우치무라 간조를 손꼽지 않을 수 없다. 우치무라는 다카사키(高崎) 번 무사의 아들로 태어나 자연스럽게 무사도 윤리를 몸에 익혔다. 그는 12세 때 도쿄로 상경했다가 그 후 삿포로(札幌) 농학교에 입학하여 그곳에서 기독교에 입신했다. 농학교를 졸업한 후에는 미국에 유학했는데, 그때 흔들리지 않는 신앙심을 굳혀 평생 기독교를 신봉하게 되었다. 그는 자신의 신앙심에 관해 다음과 같이 간결하게 말하고 있다.

> 두 개의 아름다운 이름이 있다. 하나는 그리스도이고, 또 하나는 일본이다. 그리스도는 이상적 인간이며, 일본은 이상적 국가이다. 나는 이 두 가지 이름을 위해 모든 것을 바칠 것이다. 그리하면 나의 생애는 이상적인 것이 될 것이다.5)

이는 곧 기독교를 신앙하는 것과 일본에 대한 애국심을 갖는 것이 양립할 수 있다는 주장이다. 또한 우치무라는 이런 의미를 나타내는 표현으로서 '두 개의 J'라는 말을 쓰기도 했다. 이는 'Jesus'와 'Japan' 즉 '예수 그리스도'와 '일본'을 가리키는 말로서, 그는 이 두 가지를 위해 생애를 바치겠다고 한 것이다. 물론 이와 같은 발

---

5) 우치무라 간조(內村鑑三), 『두 가지 아름다운 이름』.

언은 그의 진지한 마음의 표출이었다. 그러나 현실의 근대 일본 체제에 비추어 그의 주장을 보건대, 거기에는 확실히 모순이 존재한다. 왜냐하면 메이지 국가는 제도적으로 고대 일본에 입각한 체제 곧 '제정일치의 체제'이기 때문이다. 이러한 체제에서 국가의 실질적 지배자인 천황은 국가 종교의 유일신으로 군림하는 것이다. 따라서 엄밀히 말하자면 일본 국민인 이상 누구라도 천황 이외에 대상에 대해 신앙심을 가진다는 것은 허용될 수 없었다.

그러나 이는 어디까지나 이론상의 이야기일 뿐이다. 실제로 일본인의 일상생활에는 예나 지금이나 불교 신앙이 다양한 형태로 스며들어 있다. 산신과 해신을 모시는 토착 신앙 또한 일본 곳곳에 존재한다. 유신정부는 일본인의 일상적 신앙 생활에 대해서는 일일이 간섭하지 않았다. 물론 이것은 민간신앙이 국가 정치에 영향을 미칠 만한 힘을 가지지 못했기 때문이다. 종교측 또한 천황숭배의 국시를 거스르는 태도는 결코 보이지 않았다. 가령 불교에서는 '천황보다 석가가 훨씬 더 고마운 존재다'라는 말을 결코 발설하지 않았다.

그런데 근대 일본의 기독교는 순수하고 진지했던 만큼 '하나님은 존귀하다'고 말하지 않을 수 없었다. 그래서 기독교 신자들이 선택한 방법은 하나님을 믿으면서도 천황에 대해서는 '현세의 군주'로서 현실적, 정치적으로 충성을 맹세한다는 태도였다. 아울러 그들은 일상적으로는 지극히 통상적인 일본 국민으로서 생활한다는 자각을 가지고 있었다. 이들의 다양한 사회활동도 엄밀히 말해 기독교의 종교성과 직결된 것은 아니었다. 즉 그들은 특별히 '하나님의 음성'에 따라 사회활동을 한 것은 아니다. 다만 기독교 문화에 수반된 복지 정책의 이념에 대해 순박한 그들의 정의감이 발동한 것일 뿐이다. 가령 이는 기독교의 입장에서 사회정의를 주창한 아베 이소오의 다음과 같은 발언에서도 잘 엿볼 수 있다.

> 기독교는 평등주의를 선언한다는 점에서 사회주의와 일치한다. 인간은 모두 신의 자녀라는 사실을 염두에 둔다면 모든 사람이 평등하게 행복을 추구할 권리를 가지는 것은 당연하다. 기독교는 정신적인 평등을 주창하고, 사회주의는 경제적인 평등을 보증한다.6)

이런 입장은 천황을 축으로 하여 모든 국민을 동등하게 다룬다고 하는 메이지 국가의 '명분'과 조금도 다를 바가 없다. 기독교인들이 설하는 '사회주의'란 단순히 부의 평등한 분배를 주장하는 것에 지나지 않으며, 군주제를 본질적으로 부정하는 논리에까지 나아가지는 않았다. 때문에 현실적으로 메이지 정부가 솔선하여 복지 정책을 추진하기만 했다면, 기독교 신자들은 조금도 주저 없이 '현세의 좋은 군주'인 천황에게 충성을 다 바쳐 국정에 협력했을 것이다. 다시 말해, 근대 일본의 기독교 신자들이 취한 태도는 현실과 종교를 별개의 차원에서 파악하는 '제정분리'의 이념에 따른 것이었으며, 실로 이것은 '근대적 태도를 넘어서는 현대적 태도'였던 것이다. 그러나 시대를 앞서가는 이와 같은 종교 이념이 메이지 시대의 일본에서는 받아들여지지 못했다. 기독교는 결국 반체제의 세력으로 간주되기 십상이었던 것이다.

더군다나 기독교 신자들 중에는 무사 출신 계급이 많았고, 또한

---

6) 아베 이소오(安部磯雄), 『사회주의와 기독교』.

유럽 문화를 동경하는 학생층도 적지 않았다. 이는 근대 일본의 기독교 신자층에는 지적으로 세련된 사람들이 대다수였음을 의미하는 것이기도 하다. 이들은 언변도 뛰어났으며 대사회적인 발언도 거침없이 토해냈다. 가령 기독교적 입장에서 국정 비판을 논한 『육합잡지六合雜誌』라든가 『평민신문平民新聞』 등 당시의 출판물들은 일본 사회에 적지 않은 영향을 끼쳤다. 더 이상 그들은 정부가 모른 척해도 좋을 만한 사소한 세력이 아니었다.

3. 불경사건

정부와 기독교측 사이의 이와 같은 잠재적 갈등 요인 혹은 기독교 이념과 현실의 일본과의 간극이 일거에 분출된 사건이 바로 '불경사건不敬事件'이었다. 이 사건은 1891년(메이지 24년)에 발생했는데, 이 해는 교육칙어가 발포된 다음 해였다. 이 교육칙어에 따라 일본 내의 각급 학교에서는 이 칙어를 낭송하는 봉독식이 행해지고 있었다. 이 봉독식은 매우 형식적인 것으로 교육칙어를 낭송한 후 학교 직원과 생도들이 그 칙어에 대해 공손히 머리를 숙이는 정도였다. 그러나 당시 제일고등중학교의 강사로 근무하던 우치무라는 이 봉독식의 예배의식에 대해 주저하는 태도를 보였다. 이 예배의식은 엄밀히 말해 하나의 종교의례 같은 것이었기 때문이다. 우치무라로서는 기독교 신자의 입장에서 십자가 이외의 대상을 예배하는 것은 자연스럽지 못한 행위로 여겨졌고, 그래서 약간의 거부감을 느낀 것에 지나지 않았다. 그런데 이런 우치무라의 태도에 대해 당시 기독교를 못마땅해하던 국수주의자 등이 일제히 공격 표적으로 삼았던 것이다. 이것이 전국의 매스컴에 보도됨으로써 기독교 신자들을 '불경한 자들' 혹은 '난신적자亂臣賊子'로 몰아대는 기독교 공격이 무서운 기세로 개시되었다.

이 사건으로 인해 우치무라는 제일고등중학교에서 사퇴하지 않을 수 없었다. 뿐만 아니라 한때는 일본 내에 안주할 곳이 없을 정도로 심신이 모두 압박을 당하는 처지에 빠지게 되었다. 참으로 안타까운 이야기다. 이 사건에 관해 기독교측은 당연히 의연한 자세로 반론을 제기했다. 예컨대 다음과 같은 우에무라 마사히사의 반론은 너무도 논리정연하였다.

'천황은 신이며 일본은 모두가 종교적 예배를 드려야만 한다'는 설은 사람들의 양심을 속박하고 제국 헌법에 보장된 신앙의 자유를 건드리는 주장이다. 나는 목숨을 걸고 이런 주장에 저항할 것이다.[7]

정치상의 군주는 국민의 양심을 범해서는 안 된다. 국가 권력은 인간의 정신까지 침해할 수 없다. 기독교 신자 또한 일본 국민이며, 국가의 일원으로서 정부 방침에 따를 의무가 있음은 당연하다. 그러나 이와 동시에 자신의 신앙에 충실하게 행동할 정신적인 의무도 가지고 있다.[8]

이와 같은 우에무라의 주장이 제정분리에 입각한 본래적 근대 국가관과 일치하는 정론이었음은 누구라도 부정할 수 없다. 하지만 이런 정론이 별 지지를 받지 못했다는 사실은 당시 일본의 국민성의 한계를 보여 줌과 동시에 에도 시대 이래 줄곧 계속된 기

---

7) 우에무라 마사히사(植村正久), 『감히 세상의 식자들에게 고백한다』.
8) 우에무라 마사히사(植村正久), 『오늘날의 종교론 및 德育論』.

독교에 대한 편견이 얼마나 뿌리 깊은 것이었는가를 여실히 말해 준다. 결국 목숨을 건 우에무라의 주장은 사회적 반향을 얻지 못했고, 이 불경사건 이후 일본 기독교는 생존을 위해 불교와 마찬가지로 체제에 영합하는 길을 선택하게 된다.

한편, 우치무라는 나중에 저널리즘에 뛰어들었으며, 러·일 전쟁이 일어나자 반전론을 주창하기도 했다. 하지만 이에 대해서 일본 사회는 귀를 기울여 주지 않았다. 이후 그는 만년에 성서 연구에 몰두하다가 1930년(쇼와 4년) 조용히 숨을 거두었다. 다음 해 만주사변을 일으킨 일본은 천황의 이름하에 흙탕물 튀는 전쟁에 돌입했다.

32

무사도는 영원불멸인가

1. 세이난 전쟁에 의한 무사의 소멸

이른바 메이지유신이라는 혁명을 일으킨 것은 결코 서민층이 아니었다. 그 중심 세력은 하급 무사들이었으며, 이들은 보신 전쟁에서 각 번마다 주군의 가문家紋을 깃발 삼아 진군했다. 조슈 번의 세력은 모리(毛利)가의 가신단이었고, 사쓰마 번의 세력은 시마즈(島津)가의 가신단이었다. 그러나 유신정부로서는 유럽 제국에 맞먹을 근대 국가를 세우는 데 전력을 기울이다 보니 무사의 아이덴티티를 지켜 줄 여유가 없었다. 이들 구무사층에게는 '사족士族'이라는 명칭이 붙여졌고, 표면상으로는 나름대로의 지위가 확보된 것처럼 보이기도 했다. 하지만 실제로는 모든 특권이 정부에 의해 박탈되었고, 에도 시대에 가록으로 보증되었던 정定 수입마저 없어졌으므로 생활은 에도 시대보다 더 힘들었다.

그러다가 1876년(메이지 9년) 마침내 '폐도령廢刀令'이 실시되기에 이른다. 그리하여 사족들은 가마쿠라 시대 이래 무사의 상징이었던 칼을 지니는 것조차 법률적으로 금지당했다. 이 법령이 사족들에게 던진 충격은 오늘 우리들의 감각으로 상상할 수 있는 것보다 훨씬 더 큰 것이었다. 이를 계기로 전국 각지에서 사족의 불평불만이 터져 나왔고 급기야 반란이라고 할 정도의 실력 행사가 불거져 나오기 시작했다. 이와 같은 사족들에 의한 반란의 총결산이 바로 사이고 다카모리를 필두로 한 가고시마(鹿兒島) 사족들이 일으킨 1877년(메이지 10년)의 '세이난(西南) 전쟁'이다.

세이난 전쟁에서 정부의 근대적 군대는 칼을 휘두르며 달려드는 사족들을 압도하였으며, 결국 반란군들은 정부군에 의해 거의 일방적으로 진압당하고 말았다. 이 시기를 전후하여 일본에서는 무사라는 계층이 소멸되었다고 말해도 좋을 것이다. 그러나 일본인이 오랜 세월에 걸쳐 배양해 온 무사도라는 미의식은 좋든 나쁘든 사라지지 않았다. 근대 일본에서 가장 무사도가 살아 있던 무대는 아마도 사회주의 운동일 것이다. 사회주의 운동의 역사에 관해서는 33장 및 34장에서 상술하기로 하겠지만, 이들 사회주의 운동가 중에는 자신의 신념을 관철시키기 위해 죽음도 불사한다는 비장한 결의로 나날을 보냈던 자들이 적지 않았다. 그와 같은 사고방식은 분명 무사도의 그것이었다. 사실 일본인의 모든 계층과 그들의 관점 속에서 무사도적 미의식은 계속 살아 있었다고 말할 수 있다.

2. 무사도를 전 세계에 알린 니토베 이나조

이런 역사적 정황을 배경으로 하여 무사도를 보다 보편적인 인간의 윤리 및 미의식으로서 재구축하고, 그것을 일본 고유의 세계적 도덕으로까지 고양시켜 전 세계를 향해 발언한 사상가가 바로 니토베 이나조(新渡戸稲造, 1862~1933)이다. 니토베는 난부(南部) 번의 무사 집안에서 태어났다. 삿포로 농학교 제2기생으로 우치무라 간조와 동기생이었다. 그 삿포로 농학교에서 니토베는 기독교에 입신했다. 농학교를 졸업한 뒤 상경하여 도쿄제국대학에 입학했는데, 그 무렵 그는 '장래 태평양의 가교가 되겠다'는 자신의 포부를 말했다고 한다. 이는 단순히 일본과 미국의 가교역을 하겠다는 의미가 아니라 모든 이문화 및 이질적인 사상 사이에서 상호 이해가 이루어지도록 중개자 역할을 하고 싶다는 뜻이었다.

이리하여 니토베는 38세 때 영문으로 일본의 '무사도'를 소개하는 책1)을 발표한다. 그는 이 저서에서 "무사도는 일본인 전반에 걸쳐 공통된 도덕과 미의식"이며 "세계적으로 통용될 수 있는 선성善性을 지닌 것"이라는 두 가지 측면을 외국인들에게 설명하고자 시도했다.

무사도는 벚꽃과 마찬가지로 일본 고유의 꽃이라 할 수 있다. 무사도는 결코 고대의 덕목이 고사하여 표본처럼 보존된 것이 아니며, 오늘날도 여전히 우리 일본인들의 힘과 아름다움을 지탱시켜 준다. 무사도를 낳고 키운 봉건 사회는 사라진지 이미 오래다. 그러나 무사도의 광채는 그 모체인 봉건제도가 소멸된 후에도 살아 남아서 오늘날까지도 우리 일본인들의 도덕의 길을

---

1) 원제는 *Bushido, The Soul of Japan.*

비쳐 주고 있다.[2]

　니토베는 여기서 무사도가 근대 일본인의 정신을 지탱시켜 주
는 것임을 역설하고 있다. 그리고 무사도가 어떤 측면에서 세계적
으로 통용될 수 있는 도덕인가를 설명하고 있다. 먼저 그는 무사
도의 기원이 본래 중국 철학에서 발생한 것임을 역사적으로 추적
한다.[3] 나아가 무사도가 유럽의 기사도 및 기독교적 도덕과 어떤
측면에서 유사성을 지니는지를 논증한다. 가령 니토베는 무사도
윤리에는 남을 불쌍히 여기는 자비의 정신이 잘 발달되어 있기 때
문에 근대 일본에는 적십자 운동이 일찍부터 깊게 뿌리내릴 수 있
었다고 설명한다. 실제로 일본인은 적십자 운동에 대한 이해에 빨
랐으며, 세이난 전쟁 때에 이미 '일본 적십자사'의 전신인 '박애사
博愛社'가 설립되어 있었다.

　니토베는 적십자 운동이 실제로 유럽에서 일어나기 훨씬 이전
에 다키자와 바킨(瀧川馬琴, 1767~1848)[4]의 희곡 속에서 상처 입은
적을 치료해 주는 장면이 실감나게 묘사되어 있다는 사실을 소개
한다. 그리고 무사도는 적십자의 정신을 선구적으로 실천했다고
까지 주장한다.

3. 근대 무사도 도덕의 재구축

　이런 사례에서도 엿볼 수 있듯이, 니토베가 묘사하는 무사도는

---

2) 니토베 이나조(新渡戸稲造), 『무사도』.
3) 이 경우 그는 주자학보다는 양명학을 중시한다.
4) 에도 시대 후기의 讀本 작가.*

어디까지나 에도 시대의 무사도이다. 즉 니토베는 무사도를 전투자의 마음가짐이라기보다는 도덕적인 삶의 방식으로서 이해하고 있는 것이다. 따라서 칼이 무사의 상징으로서 중시되었다는 사실을 긍정적으로 이해하면서도, "함부로 칼을 휘두르는 자는 무사로서는 이류이다. 일류 무사일수록 아주 특별한 경우가 아니면 칼을 뽑지 않는다"고 설명한다. 이런 주장을 증명하기 위해 그는 막말의 영웅 가쓰 가이슈(勝海舟, 1823~1899)[5]가 칼부림을 싫어한 나머지 자기 칼이 빠지지 않도록 묶어 놓았다는 점을 들어 이 가쓰야말로 진짜 무사였다고 역설한다.

니토베의 이와 같은 무사도 인식은 그가 받은 교육의 직접적인 영향이 크다. 니토베 집안은 난부 번의 재정을 관리 운영하는 직책인 감정봉행勘定奉行의 집안이었다. 흔히 그런 직책에 요구된 정신은 무엇보다도 '공명정대한 공공심'이었다. 이는 물론 에도 시대 무사도의 중요한 요소임과 동시에 확실히 인류 보편의 선성善性을 드러내는 요소이기도 했다. 그러나 니토베의 무사도 이해는 '어떻게 적을 쓰러뜨릴까' 하는 병학의 측면과 '주군을 위해 죽는 것이 본뜻'이라고 하는 정서적 군신관계에 대해서는 거의 간과하고 있었다. 니토베가 설한 무사도는 미야모토 무사시(宮本武藏, 1584~1645)가 설한 무사도라든가 『하가쿠레』(葉隱)의 무사도와는 거리가 먼 사상이었다.

하지만 니토베의 『무사도』는 구미에서 높은 평가를 받아 영어뿐만 아니라 폴란드어, 독일어, 노르웨이어, 스페인어, 러시아어, 이탈리아어 등 각국어로 번역 출판되었다. 또한 해외에 지일과 내

5) 정치가.*

지는 친일파를 다수 만들어 내는 공적을 남겼다. 러·일 전쟁의 종결을 위해 중개 역할을 했던 미국의 루즈벨트 대통령도 이 책을 읽었다고 한다. 니토베는 이 책을 통해 멋지게 '태평양의 가교'로서의 사명을 수행했던 것이다. 한편 구미와 같은 시기에 일본 내에서도 영어판이 간행되었고, 1909년에는 일본어로 번역되었다.

요컨대 니토베의 사상이 무사도의 모든 측면을 담고 있다고는 말할 수 없다. 그는 독자적인 판단으로 무사도적 요소를 취사선택하여 '근대 도덕'과 결부되는 점만을 신중하게 직조해 냈던 것이다. 그러나 그렇기 때문에 『무사도』는 세계적인 평가를 받았다. 이는 근대에 있어 무사도를 재구축한 가장 성공적인 성과라 말할 수 있다. 하지만 우리는 『무사도』의 내용을 무비판적으로 추종할 것이 아니라 그 배경을 염두에 두면서 니토베가 이 책을 쓰기 위해 잘라내 버린 요소들까지 확인해야 할 것이다. 그 때 비로소 그의 사상적 독자성과 신념을 올바로 읽어 낼 수 있을 것이다.

33

자유민권운동의 급속한 보급과 쇠퇴

1. 봉건제도의 해체와 자유민권운동

'국가의 주체는 민중'이라는 명제는 봉건제도의 해체에 따라 필연적으로 탄생한 것이다. 이 이념의 실천이 바로 오늘날의 민주주의임은 두말할 나위 없다. 하지만 일본인이 민주주의에 도달하기까지에는 여러 가지 난관이 있었다. 일본의 민주주의 운동에서 우리는 역사적으로 몇 가지 전환점을 발견할 수 있다. 크게 볼 때 메이지 초기의 자유민권운동, 메이지 후기의 사회주의운동, 그리고 다이쇼 시대의 다이쇼 데모크러시 등 세 가지 역사적 사건이 그것이다.

먼저 자유민권운동이란 메이지 초기에 국회 개설과 헌법 제정을 촉구한 정치운동이다. 요컨대 이는 메이지유신의 공로자들에 의해 독점되었던 번벌정치의 국정을 '보다 공공적이고 근대적인 것으로 바꾸자'는 주장의 운동을 가리킨다. 이 자유민권운동은

1874년에 정계에서 밀려난 '정한론'파가 제출한 백서가 도화선이 되어 일어난 것으로서(사이고 다카모리는 여기에 가담하지 않았다), 처음에는 민중 주도의 운동만은 아니었다. 그러나 점차 '정한론'파의 예상을 훨씬 깨고 전국적으로 파급되었고, 나아가 농민의 이익을 주장하는 호농층의 움직임과 연계되어 전국 규모의 민중운동이 되었다. 당시 일본 민중의 자립 정신은 이미 상당한 수준에 도달해 있었다. 그 사상적 지도자로서는 나카에 조민(中江兆民, 1847~1901)과 우에키 에모리(植木枝盛, 1857~1892) 등의 이름을 들 수 있다.

2. 자유민권운동의 사상적 지도자 나카에 조민

'동양의 루소'라 불리는 조민은 도사 번의 하급무사 출신이다. 그는 1871년 유신정부의 사법 유학생으로서 프랑스에 건너가 철학, 역사, 문학을 공부했으며, 귀국 후 번벌정부의 비판에 힘쓰는 등 자유민권운동의 고양에 공헌했다. 또한 루소(1712~1778)의 『사회계약론』을 한문으로 번역하는 등 일본인에게 근대 사회의 모습에 관한 철학적 고찰을 촉구하기도 했다.[1] 조민은 다음과 같이 강력하게 주장했다.

민중의 권리(民權)는 리理이다. 자유평등은 대의이다. 이 리와 대의에 반하는 자는 반드시 벌을 받을 것이다. 제왕이 아무리 존귀하다 해도 이 리와 대의를 중시하지 않으면 안 된다. 민권이란 결코 구미의 독점물만은 아니다.[2]

---

1) 참고로 루소의 『사회계약론』이란 "모든 민중의 자유와 안전이 보장되기 위해서는 공평한 '일반의지'의 존재에 정치를 맡겨야 한다"는 주장을 가리킨다. 즉 "민중을 위해 공정하게 일하는 정부를 모색한다"는 사고방식이다.

이런 조민의 말에서 우리는 몇 가지 흥미로운 점을 보게 된다. 우선 그는 민권이 보편적 정의라는 의미에서 그것을 '리'라고 표현한다. 이는 분명 유교적 논리의 채용이다. 조민 사상의 근간에는 역시 일본의 전통적 유교 도덕이 있음을 알 수 있다.

이와 관련하여 더욱 중요한 점은 '제왕이 아무리 존귀하다 해도'라는 구절에서 찾아볼 수 있다. 여기서 조민은 국가의 지배자인 '제왕의 존귀함'을 결과적으로 긍정하고 있다. 그는 보다 일반적인 의미에서 '제왕'이라는 말을 사용했다고 여겨지는데, 제왕은 구체적으로 당연히 '천황'을 가리키는 말이다. 실상 자유민권운동뿐만이 아니라 메이지 후기 이후의 사회주의 운동이나 다이쇼 데모크러시 운동에서는 민중의 권리를 주장함에 있어 천황의 존재를 어떻게 이해하느냐가 일본사상사에서 큰 핵심이 된다. 단적으로 말해, 이는 일본 민중의 지배자인 천황을 긍정하느냐 부정하느냐 하는 문제이다.

그렇다면 민주주의 사상을 가진 이들은 한결같이 천황을 부정했는가. 실상은 그렇지 않다. 천황을 부정한 이들은 오히려 소수파였다. 이런 소수파를 제외한 대다수는 대체로 천황의 지위를 기본적으로 긍정하면서 "어떻게 해석하면 민중 주체의 국가와 천황을 모순 없이 양립시킬 수 있을까"라는 물음을 설정하여 그 해답을 독자적으로 모색했다. 조민 또한 천황을 인정하면서 매우 이상적인 해석을 시도했다.

민권이라 불려지는 것에는 두 종류가 있다. 하나는 영국과 프랑스의 '회복

---

2) 나카에 조민(中江兆民), 『一年有半』.

적 민권'이다. 이는 밑으로부터 민중들이 들고일어나 적극적으로 민권을 쟁취하는 유형이다. 또 하나는 '은사恩賜적 민권'이다. 이는 위정자가 위로부터 민중들에게 수여해 주는 것이다. 은사적 민권은 양적으로는 적을지 모르나, 질적으로는 회복적 민권 못지 않다. 그러니까 일본의 민중들은 은사적 민권을 소중히 키워야만 한다. 그렇게 하면 우리의 은사적 민권은 저 회복적 민권과 양적, 질적으로 어깨를 나란히 할 수 있게 될 것이다. 이것이야말로 진화의 이법이다.3)

여기서 조민은 군주(천황)를 '민중의 적'이라고 해석하지는 않는다. 이는 평화적이고 이지적으로 군주와 민중이 서로 이해함으로써 궁극적으로 군주(천황)가 민권 주체의 국가를 실현하도록 인도한다는 발상이다.

3. 천황을 부정한 우에키 에모리

이에 비해 같은 자유민권운동가라 해도 우에키 에모리는 대조적으로 천황을 부정한 소수파에 속했다. 그 또한 도사 번의 무사 출신으로서 '정한론'파로 정계에서 밀려난 이타가키 다이스케(板垣退助)의 연설을 듣고 감동한 일을 계기로 자유민권운동에 참가하게 되었다. 그는 "무릇 국가란 보편적으로 인민을 위해서만 존재한다"고 아무런 주저 없이 주장한다.

대저 국가란 민중들이 모이는 곳에서 가능한 것이지 정부가 만드는 것은 아니다. 예로부터 왕이 없어도 민중이 있으면 나라는 성립한다. 왕이 있어도

---

3) 나카에 조민(中江兆民), 『三醉人經綸問答』.

민중이 없다면 나라는 성립될 수 없다. 민중이 아무도 없다면 처음부터 왕도 없는 것이다.[4]

이렇게 우에키는 왕(천황)의 존재를 논리적으로 무가치하다고 가차없이 비판했다. 나아가 그는 일본인이 종교적으로 공유하고 있는 존왕 사상에 대해서도 논리적으로 비판하고 있다.

국학자 등은 중국 왕조가 전란에 의해 교체되어 온 역사를 '도적'의 짓이라고 비난하면서 만세일계의 천황을 정당화하고 싶어한다. 하지만 무릇 천황가라 해도 진무(神武) 천황이 이 땅을 침략해서 통일을 이룸으로써 시작된 것이므로 실로 도적의 폭거가 아니고 무엇이겠는가. 국학자는 중국의 흠집을 들춰내어 흉보는 데에만 필사적이고, 진짜 중요한 자국의 정체에 대해서는 보지 않으려 든다.[5]

이처럼 고대에까지 거슬러 올라가 천황의 종교성을 부정한 것은 일본에서는 찾아보기 힘든 발상이라고 말할 수 있다. 우에키는 이와 같은 사상 전개를 통해 '민중 주권의 체제야말로 유일하고 절대적 정의'라고 주장하여 나름대로의 지지를 얻었다.

4. 자유민권운동의 쇠퇴와 전환점

정부는 전국적으로 고양된 자유민권운동을 물리적 힘만으로 진압할 수는 없는 노릇이었다. 그리하여 한편으로는 일일이 집회를

---

4) 우에키 에모리(植木枝盛), 『민권자유론』.
5) 우에키 에모리(植木枝盛), 『無天雜錄』.

탄압하고, 다른 한편으로는 1881년에 국회를 개설하고 헌법을 발포하겠다고 국민들에게 약속했다. 이른바 당근과 채찍의 정책이라 할 수 있겠다. 그 후 자유민권운동은 급속히 쇠퇴했다. "정부로부터 약속을 얻어 낸 것으로 목적이 달성되었다"고 해서 그런 것도 있겠지만, 운동 내부적으로 간부들이 이탈하고 일부 급진파의 폭주(가령 계획성 없는 무장봉기의 획책 등)로 인해 제대로 된 민중운동으로 기능하기 어렵게 된 탓도 있었다.

예컨대 조민은 제1회 총선거(1890년)에서 당선되었지만, 제1회 의회에서 같은 도사 번 출신 의원들의 배반에 격분하여 곧바로 의원직을 사퇴해 버렸다. 정부가 의회의 권한을 제한하는 내용인 '관료의존적 예산사정안'을 제출하면서 이에 응하지 않으면 의회를 해산할 수도 있음을 시사한 데 대해 많은 의원들이 타협하여 찬성 쪽으로 돌아선 것이다. 조민은 이에 대해 분노의 음성으로 "의회는 내각의 충신일 뿐이며 천황과 국민에게는 불충을 저질렀다"고 적고 있다. 그는 만년에는 저술 활동에 종사했는데, 사상적으로는 국가주의로 경도되었다. 그 중 『일년유반一年有半』이란 저서는 의사로부터 1년 반밖에 살 수 없다는 암선고를 받은 후에 쓴 것이었다. 우에키 또한 제1회 총선거에서 당선되었고, 그 후에도 필력의 건재함을 보여 주다가 제2회 총선거 입후보 준비중에 급사하고 만다.

나카에 조민과 우에키 에모리의 자유민권운동은 근대 일본 민주주의의 맹아였다고 평가할 수 있다. 그러나 조민이 결국 배반당한 데에서도 알 수 있듯이, 그것이 반드시 당초의 이념을 관철시킨 운동이었다고는 말하기 어렵다. 조민의 하야와 스에키의 급사는 이 운동의 말로를 상징적으로 잘 말해 주고 있다.

34

메이지 후기는 사회주의 시대였다

1. 일본 사회주의의 등장 배경

근대 일본은 사상면에서도 유럽으로부터 많은 것을 받아들이려고 시도하였다. 그렇게 수입된 사상 가운데 '사회주의'가 있다. 여기서 잠시 '사회주의란 무엇인가'에 대해 확인해 보기로 하자. 무릇 사유재산을 기초로 하여 자유경쟁과 자유경제 사회를 구현한 것이 '자본주의'이다. 그런데 이 자본주의에서는 자본가 계급과 노동자 계급 사이에 '빈부 격차의 문제'가 발생하기 쉽다. 이러한 노동자 계급의 빈곤을 타파하기 위해 '생산수단의 사유화를 폐지하고 공동사회의 소유로 개혁해야만 한다'고 주장한 것이 바로 '사회주의'이다.

근대 일본의 경우 메이지 정부는 '부국강병'이라는 목적을 위해 자본주의를 급속한 기세로 촉진시키고 육성했다. 구체적으로는 면방직 공업과 군수산업을 중심으로 공장제 공업을 급격히 발달시켰다. 청·일 전쟁(1894~1895)과 러·일 전쟁(1904~1905)은 일본의 공업 생산력을 높이는 커다란 계기였다. 하지만 이들 전쟁은 노동자의 저임금과 장시간 노동이라는 심각한 사회문제를 본격적으로 야기시키기도 했다. 이런 상황에서 사회주의 사상이 일본에서도 현실적 대안으로 전개되기 시작했다. 메이지 후기의 일본 사상계는 실로 사회주의의 시대였다고 할 것이다.

2. 일본 사회주의의 계보

일본의 사회주의는 대략 세 가지 계통으로 나누어 살펴볼 수 있다. 첫째는 기독교의 박애정신과 복지 관념에서 발생한 사회주의의 계보이다. 아베 이소오(安部磯雄, 1865~1949)가 "기독교는 평등주의를 선언한다는 점에서 사회주의와 일치한다"[1]고 말한 것은 이 계보의 입장을 상징한다고 할 수 있겠다.[2] 이들은 종교인답게 약자들을 구제하기 위해 성실한 활동을 전개하면서 계급제도의 폐지 및 토지와 자본의 공유 등 이상적인(달리 말하자면 그다지 현실적이지 못한) 사회주의의 실현을 호소했다. 이와 같은 기독교적 사회주의는 지극히 이상주의적이고 순수했다. 그런 만큼 한편으로 그것은 정신론에 기울어지기 마련이었고, 실제로 강력한 정치 세력이 될 만한 현실 대처 능력은 별로 없었다.

둘째는 자유민권운동에서 발생한 사회주의의 계보이다. 자유민

---

1) 아베 이소오(安部磯雄), 『사회주의와 기독교』.
2) 31장 '근대 일본이 기독교를 배척한 까닭은 무엇인가' 참조

권운동의 흐름이 단절된 이후에도 재야에 남은 운동가들은 일본 개혁을 위한 새로운 수단으로서 사회주의를 외치게 되었다. 이 계보에 속한 대표적 사상가로는 고토쿠 슈스이(幸德秋水, 1871~1911)를 들 수 있다. 그는 소년기 때부터 자유민권운동의 영향을 받았으며 나카에 조민을 스승으로 모셨다.

셋째는 구미의 사회주의운동과 노동조합운동을 모델로 삼는 사회주의 계보이다. 사회주의 사상으로서는 이 세 번째 계통이 가장 정통이라 할 수 있다. 이들은 노동조합운동을 근대 일본에 정착시켰다. 대표적 사상가로는 가타야마 셴(片山潛, 1859~1933*)을 들 수 있다. 가타야마 또한 기독교 신자로서 자신의 사상 활동을 시작한 인물이다. 하지만 그는 사회주의 운동에 조직력의 필요성을 분명히 인식한 현실주의자였으며, 일본 최초로 근대적 노동조합을 결성한 인물로서 역사에 이름을 남겼다. 그는 의회제에 입각한 사회주의를 주장했으며, 일본 공산당의 결성을 지도했다. 요컨대 그는 정치가로서의 감각이 뛰어난 인물이었다. 모스크바에서 병사한 후 그의 유골은 크레믈린의 붉은 벽에 안치되었다. 이런 가타야마는 국제적인 사회주의 활동가로서 생애를 바친 사상가라고 평가할 만하다.

3. 사회주의 사상가들의 반전론

이상과 같은 세 계통의 사회주의 사상가들은 동지로서 결탁하여 1901년 일본 최초의 사회주의 정당인 '사회민주당'을 결성했다. 그러나 이 당은 결성 당일부터 정부에 의해 금지당했다. 메이지 정부는 사회주의 활동을 지나치게 두려워했던 것이다. 왜 정부는 그들을 두려워했을까? 이는 사회주의자들이 철저한 '반전론자'였기 때문이다. 사회주의자들은 이 점에서 개인의 입장과 종교관에서의 미묘한 입장 차이를 넘어서서 강하게 결속되어 있었다. 그들은 한 목소리로 군비의 완전철폐, 전쟁의 전면적 근절을 주장했다. 이는 한치도 양보할 수 없는 그들의 주장이었다. 고토쿠 슈스이는 러·일 전쟁 때 발표한 논문에서 다음과 같이 말하고 있다.

나는 무엇보다도 전쟁을 부인한다. 전쟁은 도덕적으로 볼 때 끔찍한 죄악이며, 정치적으로 볼 때 무서운 해독이며, 경제적으로 볼 때 엄청난 손실이다. 이런 전쟁으로 인해 사회정의가 파괴되고 만민의 이익과 행복이 유린당하고 만다.[3]

이 말은 지금의 시각에서 보더라도 논리 정연한 주장이라 아니 할 수 없다. 특히 전쟁의 폐해에 관해 '경제적' 측면을 지적한 점은 매우 현실적이라고 보여진다. 사실 러·일 전쟁은 '밑빠진 독에 물붓기식 전쟁'이었다. 당시 국가 예산의 67.5%가 군사비로 지출될 정도였으니 말이다. 게다가 세금 수입만으로는 그 막대한 비용을 조달할 수 없어 엄청난 공채가 발행되었다.

그런데 사회주의자들이 주장한 철저한 반전론은 당시 국제 사회의 정세로 본다면 그다지 현실적이지 못했다. 일찍이 명육사의 니시 아마네(西周)가 언급했듯이,[4] 당시 전쟁은 하나의 국제 분쟁 해결 수단으로서 기능한 측면이 있었기 때문이다. 하지만 전쟁이

---

3) 고토쿠 슈스이(幸德秋水), 『나는 어디까지나 전쟁을 인정하지 않는다』.
4) 29장 '근대 일본 사상의 방향성을 결정한 인물들' 참조

란 '근본적으로 누가 뭐라 해도 악'이라는 진실을 염두에 둔다면, 설령 그것이 아무리 비현실적이라 해도 '전쟁 반대'를 외치는 소리는 반드시 필요할 것이다. 세상에는 항상 '현실적인 타협'과 '이상을 잊지 않는 마음'의 동거가 중요하기 때문이다. 이런 의미에서 사회주의 사상가들의 반전론 주장은 하나의 의의를 가지고 있었다.

그러나 당시 정부가 그런 의의를 인정할 리 없었다. 정부는 사회주의자들의 힘을 '즉시라도 일본을 전복시킬 수 있는 무서운 반체제 세력'으로 간주한 것이다. 여기서 우리는 메이지 정부의 편협성과 소심함을 엿볼 수 있다. 러·일 전쟁 후에도 정부의 탄압은 계속되었다. 결국 사회주의 진영 내부에서도 기독교파와 무종교파(유물론파) 사이의 감정적 대립이 생겨난다. 나아가 운동의 방침에 관해서도 대립이 생겨났다. 어디까지나 평화적 정치운동의 형태를 유지하고자 하는 '의회 정책파'와, 정부의 탄압에 대해 직접 테러를 감행해서라도 운동을 활성화시켜야 한다는 '직접 행동파'로 의견이 분열되었다.

3. 대역 사건과 사회주의 사상의 쇠퇴

앞에서 소개한 가타야마는 의회정책파였다. 그러나 혈기왕성한 젊은 운동가들은 가타야마의 견실한 의견에 귀를 기울이려 들지 않은 채 급진적으로 달려나가기만 했다. 그런 직접 행동파의 논리적 지도자가 바로 고토쿠였다. 그리하여 그는 "일본에 사회주의를 실현시키기 위해서는 폭력 혁명밖에 달리 방법이 없다"고 주장하기에 이른다. 그런데 바로 이 무렵 1901년에 '대역' 사건이 발생했다. 이 때 직접 행동파는 테러와 파괴 활동도 운동의 형태로 보았으며, 일부의 운동가는 폭탄을 소지하기도 했다. 정부는 이 사실을 알고 고토쿠를 비롯한 직접 행동파의 사회주의 운동가들을 일망타진한다. 그들에게 씌워진 죄상은 '천황암살을 획책했다'는 것이었다. 이것은 '대역' 사건이라고 불리게 된다.

물론 이 사건은 정부의 날조였다. 고토쿠는 적어도 기업 빌딩이나 관청을 파괴하려는 생각을 가지고 있었지만, 천황 암살을 계획한 일은 결코 없었던 것이다. 한 마디로 이는 어떻게 해서든 사회주의운동을 '일본 사회에 용납할 수 없는 악'으로 부각시키기 위해 정부가 만들어 낸 사건이었던 것이다. 고토쿠는 "사회주의는 사상의 자유를 인정한다. 때문에 천황 숭배 또한 부정하지 않는다"고 말하면서 "천황의 존재와 사회주의는 양립할 수 있다"고까지 언급하기도 했다.[5] 그 후에도 고토쿠는 적극적으로 천황 비판을 한 적이 없었다. 요컨대 그에게는 천황을 부정하려는 어떤 명확한 생각도 가지고 있지 않았던 것으로 보인다.

처음부터 정부의 모략이었으므로 대역 사건의 처리는 놀랍도록 신속하게 진행되었다. 비밀리에 열린 재판은 24명의 사회주의 운동가들에게 사형을 판결했다. 다음날 그들 중 반은 무기징역으로 감형되었지만, 나머지 12명에 대해서는 일주일 후에 사형이 집행되었다. 물론 그 때 처형된 사람의 명단에는 고토쿠의 이름도 들어가 있다.

그 때 소수의 지식인들은 정부의 모략을 간파하고 있었다. 그들

---

5) 고토쿠 슈스이(幸德秋水),「주간 평민신문 사설」.

지식인들에 의해 정부에 대한 저항운동 및 체포자들에 대한 구명 운동이 없었던 것은 아니지만, 대부분의 일반 대중들은 거의 내막을 알지 못했다. 이 사건을 계기로 일본의 사회주의 운동은 동면기에 접어든다. 가타야마 역시 망명하여 일본에서 모습을 감추었다.

> 만일 세계 만국에서 지주와 자본가 계급이 사라지고 부가 모든 사람들에게 공평하게 분배되어 모두가 인생을 즐겁게 향유하게 된다면 도대체 전쟁을 할 필요가 있겠는가? 사회주의란 한편으로 민주주의이고, 다른 한편으로 세계평화주의이다.[6]

이는 고토쿠의 말이다. 몽상적 이야기라고 해도 그만이겠지만 그 내용은 이상적이다. 이런 그의 꿈을 단지 망상으로만 일축하는 시대가 있다면 그 시대는 큰 오류를 범하는 셈이다.

---

6) 고토쿠 슈스이(幸德秋水), 『社會主義神髓』.

35
다이쇼 데모크러시의 시대적 한계

1. 미곡 소동과 제1차 세계대전

다이쇼(大正) 시대는 일본사상사에서 그 평가가 엇갈리는 시대이다. 이 시대는 민주주의적 사상이 크게 꽃핀 시대였지만, 결국은 일본사에서 암흑시대로 불리는 '쇼와 전기'와 직결되는 시대이기도 하다. 그래서 이 시대의 의의가 무엇인지, 오늘날의 일본인들이 자랑할 만한 시대인지 아니면 반성해야만 하는 시대인지 끊어 말하기가 쉽지 않다.

다이쇼 시대는 통상 사상사에서 '다이쇼 데모크러시'의 시대라고 불린다. 여기서 데모크러시라 하면 말할 것도 없이 민주주의를 뜻하는 영어이다. 이 시대에 민주주의 이념이 전 세계로 퍼졌으며, 그런 세계 정세를 배경으로 일본 국내에서도 민주주의 운동이 활발히 일어났다. 그래서 특히 이런 식으로 다이쇼 데모크러시라고 부르기도 하는 것이다.

정부는 대역 사건이라는 일대 선전을 연출함으로써 국민들을 완전히 통제하는 데 성공한 듯이 보이기도 했다. 그러나 정부가 생각하듯이 국민들의 생각은 그렇게 단순하지는 않았다. 민중의 에너지는 사건 후에도 여전히 정부에 대한 비판 의식을 잃지 않고 있었다. 신문과 잡지 등의 저널리즘은 벌족 정치를 규탄하면서 민주주의를 소리 높이 외쳤다. 그 상징적 사건으로서 1918년에 발생한 '미곡 소동'을 들 수 있다. 당시의 쌀값 폭등에 대해 민중의 분노가 폭발했고, 전국 규모로 쌀값 인하를 요구하는 데모 및 투기적 미곡 상인에 대한 습격 사건 등이 빈발했다. 정부는 이를 진압하기 위해 군대까지 동원했다. 사태가 어느 정도 진정된 후에 매스컴은 정부의 강압적 진압을 일제히 공격하고 나섰다. 이로 인해 결국 내각은 총사퇴하게 된다. 실로 이는 "민중과 저널리즘이 한 조를 이루어 정부와 맞선다"는 다이쇼 데모크러시의 전형적인 도식을 잘 보여 준 사건이었다고 말할 수 있다.

또한 사회주의 운동 그 자체는 여전히 어려운 상황에 있었지만, 고토쿠 슈스이(幸德秋水, 1871~1911)의 사상적 후계자들에 의해 활동이 재개되어 <평민신문>[1] 등을 비롯한 사회주의의 발언의 장이 새롭게 등장하기도 했다. 이와 같은 다이쇼 시대의 민중운동과 관련하여 다음 두 가지 점에서 상찬하느냐 비판하느냐 하는 판단이 엇갈리고 있다.

하나는, 민주주의 운동과 천황의 의의에 대한 재평가가 지극히 현실적으로 이루어졌다는 점에서 '실천적이고 효과적인 현실적

---

1) 메이지 시대에 고토쿠 슈스이(幸德秋水) 등이 발행한 것과는 다른 신문이다.

판단'이었다고 평가할 만한 것인지, 아니면 '사상의 순수성을 결한 타협에 불과한 것'이라고 부정적으로 보아야 하는지에 대해 판단하기가 결코 쉽지 않다는 점이다. 또 하나는 전쟁에 대한 인식의 문제이다. 다이쇼 데모크러시 운동은 사실상 제1차 세계대전 (1914~1918)에의 참전에 대해서는 반대하지 않았다. 오히려 전쟁 덕택에 경기가 좋아짐으로써 민중의 생활이 활성화되었고, 그것이 다이쇼 데모크러시의 한 배경을 이루고 있었기 때문이다. 당시 일본 민중은 국내에서 민주주의를 외치면서도, 다른 한편 전쟁 피해에 시달리는 세계의 민중들에게까지 마음을 쓸 만한 상상력이 없었던 것이 사실이다. 이 점에서 다이쇼 데모크러시를 비판적으로 보는 후대의 역사가들도 적지 않다.

이와 같은 다이쇼 시대의 시대적 특징을 잘 보여 주는 상징적 사상가로서 여기서는 요시노 사쿠조(吉野作造, 1878~1933)와 미노베 다쓰키치(美濃部達吉, 1873~1948)의 사상에 대해 살펴보고자 한다.

2. 요시노 사쿠조와 그의 민본주의

요시노 사쿠조는 미야기(宮城) 현 출신으로 동경제국대학에서 정치학을 공부했으며, 졸업 후 같은 대학의 교수가 되어 정치사를 가르친 바 있는 다이쇼 데모크러시의 논리적 지도자이다. 그런데 요시노의 사상은 '민주주의'가 아니라 '민본주의'라고 불린다.

'민주주의'라는 말은 일본어로서는 매우 새로운 용어이다. 종래는 '민주주의'라는 말이 있었지만, 이는 '국가의 주권은 민중에게 있다'는 원칙론을 보여 주는 말로서, 천황을 정점으로 삼는 우리 나라의 체제에는 어울리지 않는 말이다. 우리가 대일본제국 헌법에 입각하여 운영하는 올바른 나라의 모습이란, 정치에 있어 무엇보다 일반 민중을 중시하고 그 속에서 상하 귀천의 구별을 하지 않는다는 사실이 중요하다. 이 때 '국가 체제가 법률상 군주제이냐 공화제이냐'라는 원칙적 문제는 중요하지 않다. 이런 의미를 염두에 두건대, 바람직한 국가의 현실적 모습을 나타내는 말로서 '민본주의'가 가장 적당하다고 생각한다.[2]

이것이 요시노가 설하는 민본주의이다. 요컨대 국가의 주권은 '민중이 가지느냐 아니냐'가 문제가 아니라, '민중을 위해 사용되느냐 아니냐'가 문제라는 것이다. 정치란 인민의 행복을 목적으로 실시되면 그것으로 족하며, 그 목적이 분명한 한에 있어 '정치를 행하는 당사자'가 군주(천황)든 누구든 상관없다는 것이다. 나아가 요시노는 다음과 같이 설명한다.

민본주의는 '민중의 이익과 행복을 목적'으로 행해지는 것이므로, 그 정책 결정에 있어서도 일반 서민들의 의향이 반영되지 않으면 안 된다. 그리고 '행복이란 무엇인가'는 본인이 가장 잘 알고 있을 것이므로 정책은 인민 일반이 정하는 것이 가장 좋다.[3]

여기서 그는 정치의 실행자는 군주여도 상관없지만, 그 정책 결정자는 민중이어야만 한다고 주장하고 있다. 이는 곧 의회제의 주장이라 할 수 있다. 이와 같은 요시노의 사상은 민주주의의 원칙

---

2) 요시노 사쿠조(吉野作造), 『헌정의 본뜻을 설하여 그 유종의 미를 거두는 길을 논한다』.
3) 같은 책.

론을 버리고 천황을 군주로서 인정하면서 결과적으로 민주주의와 다를 바 없는 상태를 만든다고 하는, 이른바 '명분을 버리고 실리를 취한다'는 발상이라고 할 수 있다.

이렇게 보자면 요시노의 주장은, 사회주의란 반드시 천황을 부정하지 않더라도 '어떤 면에서는 민주주의'라고 언급한 고토쿠 슈스이의 사회주의 사상과 내용적으로 그리 다르지 않다. 하지만 고토쿠와의 결정적인 차이가 있다. 즉 요시노는 천황을 명확히 긍정하고 있고, 그 위에서 '원칙보다 결과'라고 정색하며 단언함으로써 근대 일본에 민중 중심의 사회 시스템을 아무런 사상적 딜레마 없이 실현하고자 했던 것이다. 요컨대 현실 긍정의 연장으로서 사회의 개선을 도모한다는 것이 바로 요시노 사상의 기본 입장이었다. 이는 분명 일반인들에게 받아들여지기 쉬운 입장이었다. 때문에 그의 사상은 당시 다이쇼 데모크러시의 상징으로서 평가될 수 있었다. 그러나 역시 이는 현실과의 타협이라는 점도 부정할 수 없다. 그의 사상은 주권의 소재에 관하여 애매하게 얼버무림으로써 사회주의 운동가들에 의해 '불완전한 사상'이라는 비난을 받았다.

3. 미노베 다쓰키치의 민주주의 사상

한편, 미노베 다쓰키치 또한 천황의 존재를 긍정하면서 민주주의를 합리화하는 사상을 전개한 인물이다. 미노베는 효고(兵庫) 현 출신으로서 요시노와 마찬가지로 동경제국대학에서 정치학을 공부하고 같은 대학 교수가 되었다. 그는 "대일본제국 헌법은 그것을 올바르게 시행한다면 결과적으로 나라의 모습이 민주주의가 된다"고 주장했다. 그는 헌법에 기술되어 있는 천황의 권한을 제한적으로 이해하는 한편, 의회의 권한을 확대 해석하는 그 나름대로의 '헌법 해석'을 근거로 이런 주장을 내세웠다.

미노베는 헌법 발포 이래 메이지 시대의 상황에 관해 다음과 같이 비판한다.

> 우리 나라에 헌법이 시행된 지 20년 이상이 흘렀지만 아직도 그 내용이 올바르게 이해되지 못하고 있다. 헌법의 이름을 빌려 전제정치를 고취하고 국민의 권리를 억압하면서 정부에 절대 복종시키려는 주장을 접할 때마다, 나는 헌법을 연구하는 학자로서 비탄을 금할 길 없다. 헌법의 근본적 정신을 밝히고 전제정치를 주장하는 사이비 헌법학자들을 배제하는 것이야말로 나의 최대 사명이다.[4]

또한 그는 헌법에 입각한 주권의 소재에 관하여, '주권은 법인으로서의 국가에 있다'는 해석을 내렸다. 즉 일본의 주권자는 천황도 아니고 국민도 아니라는 것이다. 그렇다면 천황의 지위는 법적으로 어떻게 해석될 수 있을까? 미노베는 이에 대해 '천황이란 주권을 행사하는 하나의 기관일 뿐'이라고 말한다. 이로써 그는 '주권자로서의 국가'와 '천황이라는 주권 행사 기관'에 대해 말하고 있는 것이다. 이런 그의 해석에 따르자면, 주권의 소유자도 행사자도 모두 '피와 살을 가진 인간은 아닌' 것이 된다. 이는 국가 시스템에 대한 매우 고도의 인식 개념으로서 주권자를 애매하게 얼버무리는 요시노의 주장보다도 한층 더 분석적이다.

미노베의 이런 사상은 '천황기관설'이라고 불린다. 그러나 역시

---

4) 미노베 다쓰키치(美濃部達吉), 『憲法講話 序』.

당시 미노베는 '천황의 신성성을 희석화한다'는 이유로 이른바 국학적 국가관으로부터 맹렬하게 비난받았다. 이 때 그를 비난한 사람들 가운데는 미노베의 동료인 동경제국대학의 교수도 포함되어 있었다. 이리하여 일본의 헌법학회는 완전히 둘로 나뉘어 논쟁을 거듭했는데, 당시는 미노베 측의 주장이 더 많은 지지를 얻었다. 얼굴을 붉히고 흥분하면서 '천황의 신성성'을 주장하는 자들에 대해 세상은 오히려 시큰둥한 반응을 보였다. 이것이야말로 실로 다이쇼 데모크러시의 분위기였다.

4. 다이쇼 데모크러시의 몰락

그러나 제1차 세계대전이 끝난 뒤의 공황(1920년) 및 관동대지진으로 인한 공황(1923년)으로 잇달아 타격을 입은 일본 경제는 미국에서부터 비롯된 세계대공황(1930년)으로 결정타를 맞아 재기 불능의 상태가 됨으로써 미증유의 불경기로 빠져든다. 그런 와중에서 군부, 우익, 국가주의의 세력이 급격히 확대되었고, 다이쇼 데모크러시의 민주주의가 지녔던 에너지는 완전히 시들고 말았다.

요시노는 자신의 주장이 당국에 의해 규탄받자 1924년에 대학을 사직하고 신문사에 들어가 저널리스트로서 정부 비판의 논지를 강행했는데, 거기서도 압력을 받아 결국 또다시 퇴사당하고 말았다. 그 후 만년에 그는 전적으로 메이지 문화의 연구에만 몰두하였다. 한편, 미노베는 쇼와 시대에 들어서서 군부와 우익으로부터 강력한 공격을 받았다. 다이쇼 시대에 정론으로 인지되던 '천황기관설'은 국체에 반하는 설로서 규정되었고, 그것은 헌법학회로부터 배제당하였다. 당시 미노베의 저서는 모두 발행 금지 처분을 받았다.

이들의 비참한 말로는 단지 '시대적 불운'이라는 말로 다 설명될 수 없다. 그것은 어쩌면 다이쇼 데모크러시라는 시대의 '한계'를 보여 준 것일지도 모른다. 이런 의미에서 그들은 시대의 희생양이었을까? 아니면 그들이 다이쇼 데모크러시의 논리적 지도자였던 사실을 감안할 때, 그 최후는 그들 자신의 책임이었을까? 오늘날 일본인들은 이 점을 생각해 볼 사명을 가지고 있다.

36

이데올로기를 넘어선 사회정의

1. 나쓰메 소세키의 사회정의관

나쓰메 소세키(夏目漱石, 1867~1916)가 『나는 고양이로소이다』와 동시기에 쓴 소설로 『야분野分』이라는 작품이 있다. 사회정의를 관철하고자 하는 가난한 중년 저널리스트를 주인공으로 한 이 소설의 후반부에서 주인공은 사회주의 강연회에 연사로서 참가한다. 주인공이 이 강연회에 참가하는 이유는 데모로 검거된 운동가의 가족에게 후원금을 보내고자 했기 때문이다. 이 강연회에 참석하기 전에 주인공은 아내와 함께 다음과 같은 내용의 말을 주고받는다.

그런 사람의 가족을 돕는 것은 좋은 일임에 틀림없지만, 사회주의라니 자칫하면 뒷일이 걱정되는군요./
뭐가 좀 잘못되는 한이 있더라도 상관없소 국가주의든 사회주의든 그런 게

다 무어란 말이오. 다만 올바른 길이기만 하면 그만이지.[1]

소세키는 분명 이 주인공의 입을 빌려 자신의 견해를 드러내고 있다. 그는 여기서 이데올로기를 넘어선 양식으로써 사회정의라는 것을 모색하고자 했다. '다만 올바른 길'을 찾는 자세, 이것이 소세키의 입장이었다.

소세키처럼 어떤 주의라든가 특정한 정치적 범주에 자신의 사상을 뜯어 맞추지 않은 채 '사회의 보편적 선성善性'을 모색한 사상가는 근대 일본에 그리 많지 않다. 어떤 하나의 주의에 입각하는 것이 당연시되던 당시의 상황에서 소세키류의 사상은 '어디에도 소속되지 않은 사상'이었다고 할 수 있는데, 이러한 사상은 일반 대중들에게 나름대로의 존경을 받을지라도 경시되기 십상이었고, 현실적으로 정치적 운동의 토대로 활용되는 일이 없었다는 점에서 더욱 큰 문제가 되었다. 즉 소세키류의 사상은 '제도로서의 사회'에 대해 직접적 영향력을 갖지는 못했다. 그러나 지금의 눈으로 보자면, 이 사상이야말로 당시의 시대적 제약을 넘어선 높은 견식을 보여 주는 경우가 많으며, 현대 사회에 귀중한 교훈을 던져 주기도 한다. 여기에서는 이런 유형의 사상가로서 나쓰메 소세키와 이시바시 단잔(石橋湛山, 1884~1973)을 사례로 들고자 한다.

2. 나쓰메 소세키의 자기본위 사상

먼저 소세키는 메이지유신이 일어나기 한 해 전에 태어났다. 따

---

1) 나쓰메 소세키(夏目漱石), 『野分』.

라서 '도쿄 출신'이라기보다는 '에도 출신'이라고 말하는 편이 옳을 것이다. 그는 동경제국대학에서 영문학을 공부했으며, 졸업 후에는 15년 정도 영어와 영문학 교사를 지냈다. 그 뒤에는 아사히신문사의 전속 작가가 되었다. 그는 소설뿐만 아니라 많은 문명평론을 발표하여 사상가로서도 큰 업적을 남겼다.

그런데 소세키의 경우, 국가에 있어 주권의 소재라든가 천황의 법적 의의 등에 관한 법률학적인 독자적 해석은 거의 보이지 않는다. 이런 의미에서 그는 메이지 국가의 실상을 있는 그대로 소박하게 받아들인 인물이었다. 이는 도쿠가와 막번 체제를 있는 그대로 받아들이면서 사회정의를 모색한 에도 시대의 사상가들과 유사한 유형이라 할 수 있다. 소세키는 영문학 연구 및 영국 유학의 경험으로부터 유럽 문명의 물질적 우위성을 강렬하게 온몸으로 감지했다. 그러면서 그는 일본이 유럽에 대해 콤플렉스를 가질 수밖에 없는 점을 어쩔 수 없이 인정했다. 하지만 그는 이런 콤플렉스를 넘어서서 일본의 아이덴티티를 확립시키고 싶어했다. 결국 그가 도달한 사상은 그의 표현을 빌자면 '자기본위' 사상이라 할 수 있다.

근대 일본에서는 서양인의 문학 평론을 그대로 모방하여 기계적으로 되풀이하기만 하면 높은 평가를 받았다. 그러나 그런 식으로 아무리 많은 칭찬을 받는다 해도 결국은 남의 옷을 입은 것을 뽐내는 식이므로 내심으로는 늘 불안해하지 않을 수 없게 된다. 서양인들이 좋게 보는 것이라 해도 일본인으로서 납득할 수 없다면 그런 걸 받아들여 팔아먹어서는 안 된다. 여기서 나는 서양의 풍속, 인정, 관습 및 더 거슬러 올라가 근원적인 국민성을 객관적으로 분석하여 그것을 일본인과 비교함으로써 양자의 차이를 과학적으로 규명하고자 했다.[2]

소세키는 유럽과 일본의 사회관과 미의식 사이에서 어느 쪽에도 기울어지지 않은 채 쌍방으로부터 일정한 거리를 두고 각각을 관찰했다. 그가 말하는 '자기본위'의 입장이란 바로 이런 태도의 입각점을 가리키는 것이었다. 또한 그는 이런 입장에 선다면 일본인들이 서로 다투는 일없이 있는 그대로 자기 자신을 확립할 수 있다고 보았다. 즉 "어느 쪽이 더 좋고 올바른가 하는 식의 양자택일에 연연하지 않고, 있는 그대로의 자신을 '인간의 존재 양태'로서 인정할 수 있게 된다"고 생각했던 것이다. 다시 말해, 소세키는 일본인이 이런 식으로 사고함으로써 비로소 무리 없이 독립적인 정신을 가질 수 있다고 생각한 것이다. 소세키의 이와 같은 철저한 상대주의적 인식이 정치 이념으로 향할 경우, 거기서는 "사회주의도 민주주의도 국가주의도 각각 독자적인 가치를 가지고 있으며 함께 공존할 수 있다"는 결론에 도달한다.

우리들 양식 있는 문명인이란 국가주의자이며, 동시에 세계주의자이고, 동시에 개인주의자이기도 하다. 국가가 위험해지면 개인의 자유가 협소해지고, 국가가 평안할 때는 개인의 자유가 신장된다. 국가의 위급존망 때에는 희생이 있더라도 나라를 위해 진력을 다하는 것이 지극히 자연스러운 모습이다. 다만 국가란 개인에 비해 더욱 이해득실에 의해 움직이므로 그 운영 지침은 그리 도덕적이지는 못하다. 따라서 나는 일반적으로 당연히 개인의 존엄성을 중시해야만 한다고 생각한다.3)

즉 정치적 주의라든가 사상이란 인민의 안전을 위해 '그때그때

---

2) 나쓰메 소세키(夏目漱石), 『나의 개인주의』.
3) 같은 책.

상황에 따라 사용할 수 있는' 것이라는 말이다. 이는 '사상의 도구화'라고 바꾸어 표현할 수 있겠다. 이처럼 소세키에게는 "한 계단 더 높은 곳에서부터 모든 사상을 하나의 도구로 구사하는 '인간의 양식'이라는 것이 있다"는 전제 인식이 있었다. 여기서 그의 사상적 근간이 인간에 대한 튼튼한 신뢰에 의지하고 있음을 알 수 있다.

3. 이시바시 단잔의 소일본주의

한편, 이시바시 단잔은 독자적 정치 사상을 전개한 인물로서 소세키와는 유형을 달리 한다. 그러나 단잔은 특정한 주의주장에 얽매이지 않으면서 매우 현실적 사색을 했다는 점에서 소세키와 공통점을 보여 주는 사상가라고 할 수 있다.

단잔은 일련종日蓮宗의 한 고승의 아들로 태어났는데, 불교뿐만 아니라 폭넓은 시야로 사회를 바라본 인물이었다. 삿포로 농학교 제1기생(우치무라 간조 등의 선배 세대)인 오시마 마사타케(大道正健, 1859~1938*)는 그의 중학생 시절 은사로서 단잔은 그로부터 많은 사상적 영향을 받았다. 그 후 단잔은 와세다 대학에서 프래그머티즘4)을 공부했고, 실제적인 개인주의와 자유주의에 눈떴으며, 졸업 후에는 <동양경제신보>사에 입사하여 잡지 기자로서 정치와 경제 평론 분야에서 눈부신 필력을 보여 주었다. 이런 단잔의 독자성은 근대 일본의 팽창하는 영토적 야심(이는 정부도 그랬고 대다수의 국민들도 그랬다)을 도덕적 판단이 아닌 경제적 판단에 의해 통렬하게 비판한 점에 있다. 제1차 세계대전 후인 1921년쯤 일본이

---

4) 20장 '화혼양재 정신을 낳은 프래그머티즘적 주자학' 참조

점차 아시아에 대해 침략의 의도를 노골적으로 나타내자 단잔은 <동양경제신보>에 다음과 같은 논설을 연재하였다.

조선, 대만, 사할린(樺太)도 버릴 각오를 하라. 시베리아에 대한 간섭 또한 그만두라. 나는 이렇게 주장한다. 그러나 내게 반론하는 자는 이렇게 말할 것이다. 즉 '일본은 이 지역들을 손에 넣지 않고서는 경제적, 국방적으로 자립할 수 없다고 하지만 조선, 대만, 사할린을 손에 넣는 것이 얼마만큼 일본에 이익을 가져다주겠는가? 무역상의 수치를 보자면 이 지역들을 포기하고 미국이나 인도와 평화적으로 교류하는 편이 훨씬 이익이 클 것이다. 나아가 중국 대륙과 시베리아에 대한 간섭은 분명 큰 불이익이다. 왜냐하면 그럼으로써 중국인과 러시아인들이 일본에 대해 갖는 반감이 증대될 것이고, 그것은 일본의 해외 무역에 큰 손실을 초래할 것이기 때문이다. 국방 문제에 있어서 중국 대륙과 러시아에서 전쟁이 일어난다면 그것은 영토 문제이다. 따라서 일본이 이 지역에 대해 영토 주장을 하지 않는다면 대저 전쟁 따위가 일어날 리 없다. 생각건대 이제부터의 시대는 대제국에 의한 식민지 지배라는 구조 그 자체가 경제적으로 그리 도움이 못 되는 시대가 될 것이다. 이런 시대에 일본이 제멋대로 식민지 통치를 추구한다는 것은 시대착오적이다.[5]

이 논설에서 단잔은 '일본의 제국주의는 어리석은 환상'이라고 격하면서도 매우 냉정하게 비평했다. 단잔은 당시 일본의 아시아 침략 의도가 현실적 판단을 결한 유치한 지배 욕구에 불과한 것이라고 간파했다. 그리고 경제적 손익계산서의 차원에서 그런 욕망을 버리는 편이 '훨씬 이익이 된다'고 지적하였다. 단잔이 침략에 따른 식민지 국민들의 '반감'을 불이익 요소로 계산했다는 점은 그의 뛰어난 발상이라 할 수 있다. 그는 '경제 또한 인간의 행위'

---

5) 이시바시 단잔(石橋湛山), 『대일본주의의 환상』.

라는 사실을 명확히 이해하고 있었다. 이와 같은 단잔의 사상은 '소일본주의'라고 불린다. 내용적으로 소일본주의란 "지배욕이라는 '작은 욕심'을 버리고 실제적 경제 발전이라는 '큰 욕심'을 실현시키자"는 것이었다.

또한 단잔은 "만에 하나 일본 이외의 대국이 군비를 확장하여 아시아를 침략한다면 일본은 그 때야말로 전쟁에 뛰어들어야 한다"고 말했다. 그리고 "그 싸움에서는 일본이 전 세계로부터 지지를 얻을 것이므로 결코 패배하는 일은 없을 것"이라고 말하기도 했다. 지금의 눈으로 보자면, 이는 참으로 뛰어난 균형 감각을 지닌 국제 사회론이라 할 수 있다. 이런 의미에서 전쟁 반대의 태도를 보이지 않았던 다른 다이쇼 데모크러시의 사상가들과 단잔 사이에는 큰 차이가 있다.

그러나 단잔의 사상은 당시의 정치가와 군인들에게 별다른 영향을 주지 못했다. 이 점은 소세키의 경우도 마찬가지다. 당시는 일본이 쇼와 전기라고 하는 암흑시대를 피투성이로 물들이고 있던 때였다. 하지만 전후에 단잔의 사상은 높이 재평가되어 그는 정치가로서 활약하기도 한다. 그는 1956년에 하토야마(鳩山) 내각의 뒤를 이어 총리대신이 되었다. 이 단잔 내각에 대해 국민들도 호감을 가지고 환영했으며, 단잔 또한 국민들의 기대에 부응하고자 '일천억 감세, 일천억 시책'을 주창하는 등 전후 복구에 진력했다.[6] 한편, 소세키의 문학이 일본인에게 영원한 문화유산으로 계승되어 온 것은 물론이다. 이 두 인물의 사상은 아직 그 생명을 잃지 않고 있는 것이다.

---

6) 그러나 이시바시 단잔은 병으로 인해 고작 2개월 정도만 근무했다.

37

낭만주의는 일본의 전통적 미의식을 재구축했다

1. 낭만주의, 자연주의, 탐미주의

인간은 항상 사회와의 접점을 가지면서 살고 있다. 그렇기 때문에 인생의 의의를 사회와의 연관성이라는 시야 속에서 생각하고자 하는 것은 지극히 당연한 발상이다. 그러나 일본 근대 사상에는 그렇게 '지극히 당연한 발상'을 거부하는 사상 계통이 있다. 즉개인을 사회로부터 절연시키고 거기서 순수한 자유를 찾아낸다. 그리고 '인간이 산다는 가치는 그런 자유 안에서 마음이 원하는그대로 살아가는 기쁨'이라고 여기는 사상이 그것이다. 이와 같은 사상의 계보는 처음에는 '낭만주의'(메이지 20년대 후반에서 30년대후반)라고 불렸으며, 이어 '자연주의'(메이지 30년대 후반에서 40년대)라고 불리게 되었고, 나아가 '탐미주의'(메이지 말기에서 다이쇼 초기)라고 불리기도 했다. 이런 사상을 다른 말로 하자면, 틀에 박힌 도덕과 인습을 거부한다는 의미에서 '반봉건 사상'이라 할 수 있다. 그러니까 이러한 반봉건 사상이 도쿠가와 봉건 체제가 무너진 이후 메이지 시대에 탄생한 것은 어쩌면 하나의 필연이었다고 볼 수 있겠다.

다른 시점에서 보자면 이런 사상의 테마는 "불교나 유교의 도덕을 버리고 심정적으로 전적으로 순수한 기쁨을 추구한다"는 데에 있으며, 이는 모토오리 노리나가(本居宣長)가 제창한 '모노노아하레'와 통하는 발상이다.[1] 이런 의미에서 낭만주의는 '일본의 전통적 미의식을 재구축한 사상'이라고 평가할 수 있다. 또한 이러한 사상은 그 제창자가 문학적, 예술적인 표현으로 자기 주장을 나타내는 경향이 강하다는 특징을 가지고 있다. 그렇기 때문에 논문보다는 시나 소설의 표현으로 세상에 호소하는 경우가 많았다. 따라서 그들은 사상사에서보다는 문학사에 등장하는 경우가 더 많다.

2. 낭만주의의 효시, 기타무라 도코쿠

낭만주의 사상의 근대적 효시는 역시 기타무라 도코쿠(北村透谷, 1868~1894)라고 할 수 있다. 메이지 원년에 탄생한 도코쿠의 집안은 오다와라(小田原)의 전직 번의藩医였으며, 메이지 시대에는 전형적 '몰락 사족'이었다. 도코쿠는 가난한 집안에서 자라났지만 엄격한 교육을 받고 자랐다. 그러한 배경은 도코쿠로 하여금 자유민권운동이 격렬하게 발흥했던 시대에 정열을 불태우게 한 원인

---

1) 22장 '국학이란 무엇인가' 참조

이 되었을지도 모른다. 그는 불과 15세의 나이로 산타마(三多摩) 지방에서 일어난 자유민권운동에 참여했다. 참으로 조숙한 사상가였다.

그런데 자유민권운동은 후반부에 급진파의 폭주가 두드러지는 등 건전한 정치운동의 길에서 벗어나게 된다. 도코쿠 또한 동지들로부터 운동 자금 획득을 위해 강도짓까지 가담할 것을 강요받았다. 그는 세속적 입신 출세를 추구한 사람이 아니었다. 그는 순수한 정의감에서 운동에 참가한 인물이었다. 그런 그가 이런 강도 사건에 대해 느낀 실망과 좌절감은 매우 깊은 것이었다. 결국 그는 자유민권운동에서 탈락한다. 이러한 자신에 대해 '운동에서 도망친 배반자, 비겁자'라고 스스로를 자책하게 되며,[2] 자기혐오에 빠지게 된다.

그 후 도코쿠는 격렬한 사랑에 빠지고(상대는 이시자카 미나라는 여성이었다), 그 연정과 자기혐오의 틈새에서 아슬아슬한 고뇌의 줄타기를 하면서 "자기 마음의 내면을 철저히 추구하여 자신에게 정직한 삶을 산다"는 인생관을 확립하기에 이르렀다. 이와 같은 도코쿠의 사상은 '내부생명론'이라고 불린다. 마음의 내면에서야말로 인간은 생명 즉 살아 있음의 의의를 발견할 수 있다는 의미이다. 그는 인간 외부의 세계(현실)를 '실實세계'라 불렀고, 내면의 세계(마음)를 '상想세계'라고 불렀다. 그리고 상세계는 실세계의 그 어떤 것보다도 귀하고, 실세계로부터 독립된 세계라고 말했다.

사람의 사람다움 즉 인성人性과 인정人情이야말로 인간을 다른 동물과 다

---

2) 공교롭게도 그는 행동주의를 신조로 삼는 양명학에 탐닉했었다.

른 존재로 만들어 준다. 생명! 이 말 속에 내포된 심원한 의미를 생각해 보라. 이것 없이는 사람의 길도 없고 법도 없다. 진리! 세상이 말하는 진리란 무엇을 의미하는가? 내적 생명이 없다면 인간은 인간일 수 없다.[3]

여기서 엿볼 수 있듯이, 도코쿠에게 '생명'이란 그저 동물의 '몸뚱이로 살아가는' 것만을 뜻하지 않는다. 그는 '인간의 마음'이란 육체의 한계 곧 자연으로부터의 제약을 초월한다고 생각했다. 그래서 그는 "인간의 내면에 있는 자유 정신은 자연에 복종하지 않는다"[4]고 말한다. 다시 말해, 인간의 참된 기쁨은 육체가 쇠하는 것에 의해 영향을 받지 않는다는 것이다. 이 점에서 그의 사상은 단순한 '본능 긍정의 사상'과는 다른 것이라고 말할 수 있다.

이런 사상적 관점에서 도코쿠는 당시의 일반적 가치관이었던 '입신출세주의'와 '공리주의'를 강하게 비판했다. 그에 의하면, 인간의 미의식과 정의감은 순수하게 그 자체를 소중하게 여겨야만 하며, 그런 '마음의 아름다운 부분'을 현실의 비즈니스적 측면에서만 이해해서는 안 된다는 것이다. 그리하여 도코쿠는 당시 "문학이란 하나의 비즈니스다"라고 주장한 평론가 야마지 아이잔(産路愛山, 1864~1917)과 격렬한 논쟁을 벌인다. 이 논쟁은 '인생 상섭 相涉 논쟁'이라고 불린다. 여기서 '상섭'이란 '도움이 된다'는 뜻이다. 그러니까 도코쿠의 주장은 "문학이란 인생에 직접적으로 도움되는 것은 아니다. 문학이란 영혼에 기쁨을 주기만 하면 된다"는 것이었다.

그러나 이와 같은 도코쿠의 사상은 인간의 육체적 건강과 사회

---

3) 기타무라 도코쿠(北村透谷), 『內部生命論』.
4) 같은 책.

와의 건강한 연대를 지나치게 경시하기 십상이어서(물론 도코쿠는 그따위 것은 경시해도 그만이라는 확신을 가지고 있었다) 인간이 '현실을 사는' 데에는 어울리지 않는 사상이었다. 그러한 영향 때문인지는 몰라도 그는 신경이 약해져 건강을 해치고 만다. 하지만 회복되지 못한 채 결국은 자택의 정원에서 자살하고 만다. 불과 25세 때의 일이다.

3. 낭만주의의 계승자, 다카야마 조규

이후 다카야마 조규(高山樗牛, 1871~1902)가 등장한다. 조규 또한 "기존의 인습과 형식에서부터 사람의 마음을 해방시키고 개인의 기쁨을 존중한다"는 주장을 내세운 낭만주의 사상가이다. 그런데 이 때의 '기쁨의 내용'은 너무도 단순한 것이었다. 그는 "인생의 목적은 자기 자신의 기쁨에 있고, 그 기쁨이란 본능의 만족에 있으며, 따라서 인생의 지고한 쾌락은 성욕의 만족에 있다"5)고 결론 짓는다.

그러나 조규의 이와 같은 발상은 당시 나름대로의 지지를 얻었고, 그는 평론가로서 성공을 거둔다(하지만 나쓰메 소세키는 조규를 아주 싫어했다). 이후에 등장한 자연주의 또한 대체로 이런 조규의 발상과 유사한 틀 안에 있다. 가령 이와노 호메이(岩野泡鳴, 1873~1920)는 "존재란 맹목적이다. 산다는 것에 도덕적 목적 따위는 애당초부터 없다"6)고 주장하면서 결혼과 이혼, 정사미수, 아들을 내

---

5) 다카야마 조규(高山樗牛), 『미적 생활을 논한다』.
6) 이와노 호메이(岩野泡鳴), 『신비적 半獸주의』.

쫓은 일 등 그의 사상적 실천에 있어 항상 본능적이고 찰나적인 삶의 방식으로 일관했다. 상식적으로 보자면 엉망진창의 인생이었으나, 그는 항상 진지했다. 호메이만큼 근성을 가지고 살기도 쉽지 않을 것이다.

결국 도코쿠가 설한 "육체의 한계를 초월한 마음의 기쁨과 현실세계와의 단절에서 얻을 수 있는 만족"은 다른 사상가들에 의해 계승되지 못한 채, 낭만주의의 사상적 계통은 '본능적 쾌락의 긍정'과 '사회적 상식에 대한 주관적 선악 판단의 도전'이라는 형태로 변용되어 전개되었다. 이런 의미에서 도코쿠는 고독한 사상가였다고 말할 수 있다. 하지만 이는 도코쿠의 불행이라기보다는 하나의 운명이었는지도 모른다.

완전히 새로운 발상에서 생겨난 민속학

1. 야나기다 구니오의 민속학

헤이안 시대의 문학에 등장하는 귀족들도 가마쿠라 시대의 문학에 등장하는 무사들도 분명 현대 일본인들의 조상이다. 그러나 그들은 사회의 지배계층이거나 특권계급이었고, 그들 밑에는 수많은 무명의 서민들이 있었음에 틀림없는 사실이다. 그런 이름 없는 서민들에 의해 영위되어 온, 기록에도 남지 않은 일상들이야말로 참된 문화가 아닐까? 거기에 인간의 참된 삶의 의미가 들어 있는 것은 아닐까? 이런 생각을 품은 인물이 근대 일본에 나타났다. 그의 연구와 사상은 '민속학'이라고 불리었고, 민중의 문화의식이 그에 의해 처음으로 본격적으로 밝혀지게 되었다. 그 인물이 바로 야나기다 구니오(柳田國男, 1875~1962)이다.

야나기다는 효고(兵庫) 현 출신으로 어릴 때부터 방대한 서적에 둘러싸여 살았다. 동경제국대학 정치학과에 진학했는데, 문학적 재능이 뛰어나 단가나 시를 자주 쓰곤 했다. 졸업 후에는 대학에서 배운 것과는 전혀 다른 영역인 농촌 연구에 몰두하여 지방 공무원을 하면서 독자적 연구 생활을 계속하여 독학으로 민속학을 대성시켰다. 그는 종전의 역사학에서 전혀 고려하지 않았던 서민들의 전통적 생활상에 주목함으로써 '일본 문화의 기초는 무엇인가'를 규명하고자 했다. 그럼으로써 그는 "문헌에는 나오지 않는 일본인 본래의 정신상을 알 수 있다"고 생각했던 것이다.

따라서 야나기다가 중시한 자료는 문헌이 아니라 마을의 의식주, 연중행사, 민화 등이었다. 그런 것들을 발굴함으로써 일본인의 생활의식과 신앙심을 규명하고자 했다. 야나기다는 자신의 연구 대상이기도 한 일반 서민을 '상민常民'이라고 부른다. '민간 전승의 담지자'라고 정의 내려지는 이 상민이란 일본의 전통적인 무라(村) 사회에 대대로 살아온 사람들을 가리킨다. 이런 상민은 물론 야나기다 고유의 용어이다. 그가 종래부터 써 왔던 '서민'이라든가 '민중'이라는 말을 사용하지 않은 데에는 이유가 있다. 즉 '서민'이라는 말에는 '귀족이라든가 무사의 대칭어'라는 뉘앙스가 들어 있으며, '민중'이라는 말에는 '근대 사회운동과 관련된 정치적 이미지'가 담겨져 있기 때문이다. 야나기다는 그런 계급 대립과 정치적 차원이 아닌 '일상적 문화의 담지자'인 일반 사람들이 가지고 있는 의의를 포착하고 싶어했다. 야나기다의 연구 태도를 잘 나타내는 구절로 다음과 같은 내용이 있다.

학문이란 하나의 문제의식을 가지고 있고, 그것과 관련하여 세상 사람들의

의견을 듣고, 있는 그대로의 자연적 사실을 조사하는 것이다.[1]

여기서 '세상 사람들'이란 바로 상민을 가리키며 '있는 그대로의 자연적 사실'이란 문헌에 나오지 않는 서민들의 생활상을 뜻한다. 그런데 이전에는 누구도 이런 것들을 '분석하거나 의미를 부여'하지 않았다. 왜 그랬을까? 일반인의 생활상 따위는 '분석하거나 의미를 부여할 만한 가치가 없다'고 여겨졌기 때문이다. 야나기다는 종래의 그와 같은 역사 연구 방식에 대해 홀로 이의를 제기했던 것이다. 그리하여 일반인의 생활상을 '분석하고 거기에 의미를 부여하고 가치를 매기는 것'이야말로 자신의 학문이라고 선언했다.

그러나 지극히 일상적 생활상이란 그런 생활을 하는 당사자들이 거기에 대해 무슨 의문을 품는 경우는 없으므로 그것에 대해 "왜 그런 생활을 하느냐"를 일일이 문제 제기한다는 것 자체가 전혀 새로운 발상이었다. 이런 의미에서 민속학이라는 학문 영역은 그런 발상을 지녔던 야나기다의 천재적 탁월성으로 인해 비로소 탄생할 수 있었다고 보여진다.

게다가 종래의 문헌 연구에 의지하지 않는 민속학인 만큼 연구 방법 또한 새롭게 개척하지 않으면 안 되었다. 여기서 야나기다는 "눈으로 보고 귀로 듣고 마음으로 느낀다"는 삼단계의 방법론을 제창했다. 즉 다양한 민간 행사 및 사람들의 일상적 의식주에 직접 접촉하고, 그들의 전승 이야기와 옛날 이야기 등을 수집하고, 그 안에 담겨 있는 사람들의 감성과 심정을 포착한다는 것이다.

---

1) 야나기다 구니오(柳田國男), 『고향 칠십 년』.

야나기다는 눈으로 보는 것을 '유형문화'로, 귀로 듣는 것을 "언어 예술'로, 그리고 마음으로 느끼는 것을 '심의心意 현상'으로 규정 하면서 자료들을 유형화시켜 분류했다.

이와 같은 야나기다의 민속학 연구는 그 내용이 실로 다방면에 걸쳐 있다. 하지만 여기서는 그런 성과와 결론으로서 '하레와 케' 의 개념 및 '일본인의 생사관'을 중심으로 살펴보기로 하자.

2. '하레'와 '케'라는 생활 전통

전통적으로 결코 유복하지 못했던 일본 상민들의 생활은 그저 날이면 날마다 죽도록 일만 하는 이미지가 강하다. 최소한 '칠일 에 하루, 일요일에는 쉰다'는 생활은 근대 이후에 유럽의 캘린더 를 도입한 이후에 정착한 습관이며, 옛날 상민들의 생활은 그저 일하고 또 일하는 나날의 반복이었다고 여겨져 왔다. 그러나 야나 기다는 그런 이미지가 오류임을 명확히 보여 주었다. 일본 상민들 의 생활에는 '통상적인 일하는 날'과 '특별한 휴일'이 전통적으로 나뉘어져 있고, 일 년 중 곳곳에 휴일을 끼워 넣음으로써 생활에 강약의 리듬을 살려 내고자 하는 지혜가 담겨 있다. 이 때의 휴일 은 '의식衣食'에 있어 특별시되었다. 즉 일본인들은 휴일에는 특별 한 의복을 입고 특별한 음식을 먹음으로써 휴일을 강하게 실감하 고 즐겨 왔다. 이처럼 '일상과는 다른 특별한 시간과 장소'를 '하 레'라 하고, 그와 대조되는 '일상의 시간과 장소'를 '케'라 한다. 야 나기다는 이 '하레'와 '케'가 일본인의 생활 전통으로 이어져 내려 왔음을 학문적으로 규명하여 보여 준 것이다.

하레와 케의 대립은 의복에서 특히 현저하게 나타난다. 오늘날에도 일본에서는 '하레기'(晴れ着, 나들이옷*)라는 말이 표준어로 사용되고 있다. 한편, 식생활에서도 근대에까지 전통적 유풍이 그대로 남아 있다. 우리는 특별한 날에는 하레 음식을 먹고 보통 날에는 케의 음식을 먹는다.2)

3. 일본인의 전통적 생사관

또한 야나기다는 일본인의 전통적 생사관이 불교와는 다른 고유한 생사관임을 민속학 연구를 통해 분명히 밝혔다.

일본 주변의 많은 문화권에서는 '사람은 죽으면 먼 곳으로 여행을 떠난다'는 생각이 일반적이다. 그러나 일본에서만은 '죽고 또 죽어도 사람의 혼은 이 국토를 떠나지 않으며, 고향 뒷산의 높은 곳에서 자손들을 줄곧 지켜본다'는 사고방식이 있다. 이런 식의 사고방식이 과연 맞느냐 틀리냐 하는 것은 문제가 아니다. 옛부터 일본인들이 그렇게 믿어 왔다는 사실이 더 중요하기 때문이다. 혼이 되어서도 생애를 보낸 땅에 머무른다. 이런 상상은 나 또한 일본인인 이상 지극히 즐거운 상상이라고 느낀다.3)

일본인들은 사후에 몇 차례에 걸쳐 자손들에게 공양을 받음으로써 그 영혼이 정화되어 '조령祖靈'이 된다고 생각했다. 즉 자손을 위한 신이 되는 것이다. 그 조령은 생전에 살았던 곳에서 멀지 않은 산속에 있으며 거기서 자손들을 지킨다. 그리고 정기적으로 산에서 내려와 자손을 직접 방문한다. 이것이 야나기다가 정리한 일본인의 생사관이다. 여기서 조령이 찾아오는 특별한 때가 바로

---

2) 야나기다 구니오(柳田國男), 『목면 이전의 일』.
3) 야나기다 구니오(柳田國男), 『若越民俗』.

'오본'(盆, 추석날*) 날임은 두말할 나위가 없다.

이와 같은 생사관에 입각한 민속 행사는 예전의 서민들의 생활 속에서는 하나의 전통으로서 여러 가지 모습으로 존재했다. 그것이 이윽고 불교와 융합하여 오늘날의 형태로 전해지게 되었다. 확실히 일본의 불교 행사는 순수한 인도 불교에서 보자면 모순이 많다. 대체로 불교에서는 "사후에는 새로운 생명으로 전생한다"는 '윤회전생'의 사상을 주장한다.4) 따라서 "일본의 선조는 언제까지든 자손을 지켜 준다"는 일본적 발상은 불교의 입장에서는 오류로 여겨질 만하다. 그런데도 일본인은 '오본'의 행사를 불교식으로 지켜왔다. 이는 실로 일본 고유의 생사관을 차용한 '일본식 불교 행사'라고 할 수 있다.

이와 같은 야나기다의 체계적 연구는 일본인이 뛰어나게 섬세한 고유의 전통문화를 가지고 있음을 보여 주었다. 이는 일본인에게 있어 분명 즐거운 사실이 아닐 수 없다. 뿐만 아니라 문헌에 남아 있지 않은 사실이 지닌 문화적 의의를 인정하고 그것을 발굴하는 방법론을 확립했다는 점에서도 그의 학문적 공적은 매우 컸다. 야나기다의 민속학은 향후에도 인간의 본질과 삶의 의미를 둘러싼 연구로서 계속 발전해 나갈 것이다.

---

4) 이런 사상도 인도의 전통 사상을 불교가 차용한 것으로써 석가 자신은 사후세계에 관해 거의 중시하지 않았다.

39

독창성이 뛰어난 니시다 철학

1. 독창적 사상가 니시다 기타로

유럽 철학의 수입에서 시작된 일본의 근대 사상은 여러 가지 일본적 요소를 부가함으로써 이른바 일본 사상으로서의 재생에 성공했다. 바꿔 말하자면, 유럽 철학을 골격으로 삼고 거기에 일본적인 것의 살을 입혀 새로운 사상 형태를 만들어 낸 것이다. 하지만 이런 방법은 근대 사상에만 관련된 것은 아니다. 생각건대 일본 불교는 중국에서 진래한 불교에다 일본적 종교관을 가미함으로써 독자적인 형태로 발전된 것이다. 일본 유교 또한 중국의 정통 유교(공자의 사상, 주자학, 양명학)를 골격으로 하여 그 위에 일본적인 사회관과 미의식의 살을 입혀 본토 중국과는 아주 상이한 유교를 만들어 낸 것이다.

이처럼 외래 사상을 가공하는 능력은 일본인들이 '사상을 생산하는 방식'의 기본이었다. 그러나 니시다 기타로(西田幾多郎, 1870~ 1945)는 자신의 사상을 형성함에 있어 이와는 좀 다른 방법을 썼다. 그는 유럽 철학과 일본의 전통 사상 중에서 어느 하나를 골격으로 삼지 않은 채 양자를 완전히 '대등한 재료'로 취급했다. 그리하여 이 양자를 융합함으로써 니시다 특유의 새로운 사상을 제시했다. 때문에 그의 사상은 통상 '니시다 철학'이라고 불린다. 이렇게 어떤 사상에 개인의 이름이 붙여지는 경우는 유럽 철학에서도 몇몇 사례가 없지는 않으나, 일본 사상에서는 유례없는 일이다. 가령 나쓰메 소세키의 사상은 특정한 주의를 넘어선 일본인의 아이덴티티를 제시한 것으로서 탁월한 사상임에 틀림없다.[1] 하지만 그렇다고 해서 '나쓰메 철학'이라고 부르지는 않는다. 그만큼 니시다의 사상은 독창성이 뛰어났다.

니시다가 태어난 해는 메이지 3년에 해당한다. 그의 집안은 대대로 가가(加賀) 번의 촌장을 지냈으며, 무사 집안은 아니었지만 그 지방의 명문가였다. 그리하여 니시다는 집안 형편으로 보자면 충분한 학교 교육을 받을 만한 처지였다. 그러나 그의 '학교 교육' 경험은 불운의 연속이었다. 그는 병으로 인해 이시가와(石川) 현 사범학교를 중퇴했다. 이어 이시가와 현 전문학교를 들어갔으나 교장의 국수주의적 교육에 반발한 나머지 젊은 혈기의 소치로 중퇴하고 만다. 나아가 그는 동경제국대학 철학과의 선과選科[2]에 진학했지만, 본과생에 비해 차별 대우를 받는 데에 대해 졸업할 때까지 줄곧 큰 굴욕감과 좌절감을 느꼈다.

---

1) 36장 '이데올로기를 넘어선 사회정의' 참조.
2) 모든 수업이 아니라 몇몇 수업만을 선택하여 수강하는 제도.

요컨대 그는 체제 내적 교육 세계와 학문 세계의 권위에 편입될 기회를 전혀 가지지 못한 채 홀로 초연히 공부하지 않으면 안 되었다. 하지만 돌이켜 보건대 이런 처지가 그로 하여금 아카데미즘적인 기존 사상에 매몰되지 않은 채 독창적 사상을 키워 내는 밑거름이 되었다고 보여진다. 하여간 동경제국대학을 졸업한 후 공적으로든 사적으로든 순탄치 못한 생활을 수년간 보내면서 30세 때 무렵에 참선參禪을 시도한다. 이런 '선 체험'을 계기로 그의 '니시다 철학'이 틀 지워지기 시작했다.

2. 니시다 철학에 있어서의 '선'

니시다는 인간이 '선한 것 혹은 올바른 것을 안다'는 것이 무엇인지를 설명하고자 했다. 그는 일본(동양)의 전통 사상으로서 먼저 '선 사상'에 착목했다. 선은 자신의 의식이 우주와 일체가 되는 상태를 추구하는데, 이를 '깨달음'이라고 한다.[3] 그는 여기에서 이른바 '논리를 초월하여 진실을 감지하는' 가능성을 발견했다. 나아가 그는 유럽 철학의 기본 개념인 '주관과 객관'이란 무엇인가를 숙고했다.

가령 눈앞에 어떤 사물이 있다고 하자. 사람은 그것을 보고 "어, 무언가가 있구나"라고 인식한다. 그렇다면 중요한 것은 거기에 존재하는 사물 그 자체일까, 아니면 그 사물을 '있다'고 감지하는 인간의 마음일까? 바꿔 말하자면 사물이란 사람이 그걸 알아채든 아니든, 인정하든 아니든 '존재한다'고 말할 수 있을까? 아니면 사람

3) 10장 '일본 특유의 선종이 일어나다' 참조.

이 그것을 '있다'고 생각함으로써 비로소 '존재하게 되는' 그런 것일까?

유럽 철학에서는 이런 문제를 오랫동안 사색해 왔다. 사물의 존재를 인간의 마음과 관계없이 '있다'고 보는 입장, 즉 세계를 완전히 객관적으로 인정하는 입장을 '유물론'이라 한다. 한편, 사람이 '마음으로 인식'함으로써 비로소 사물이 존재한다고 보는 입장, 즉 세계를 주관적으로 인정하는 입장을 '유심론'이라 한다. 유럽 사상은 이 양자 사이에서 어떻게 세상의 존재 양태를 설명하면 좋을지를 모색해 왔다.

그러나 니시다는 주관과 객관 중 어느 하나로 세계의 양태를 설명한다는 것 자체가 문제가 있으며, 한쪽에 치우치는 오류를 범하는 태도라고 생각했다. '주관이냐 객관이냐를 구별할 필요가 없다'는 것이 그의 생각이었다. 즉 그는 유럽 철학의 근본적 입장 자체에 의문을 품었다. 이처럼 니시다가 '유럽 철학에 대한 비판적 관점'을 가질 수 있었던 것은 물론 선 체험에 힘입은 바 크다고 할 것이다.

3. 프래그머티즘 사상과 순수경험

니시다는 '프래그머티즘 사상'으로부터도 영향을 받았다. 프래그머티즘은 윌리엄 제임스(1842~1910)라는 유럽 출신의 사상가가 제시한 사상이다. 그것은 모든 존재를 실제로 도움이 되느냐 안 되느냐로 가치를 판단하는 사상이다.[4] 제임스는 이 사상을 확대

---

4) 20장 '화혼양재 정신을 낳은 프래그머티즘적 주자학' 참조.

해석하여 이렇게 말한다.

> 인간의 신앙심도 마음에 만족과 평온을 가져다준다는 의미에서 도움이 된
> 다. 때문에 현실적으로 그 존재를 증명할 수 없는 신도 '현실에 도움이 되는
> 존재'로서 진실이라 할 수 있다.[5]

즉 '신을 믿는다'는 개인의 주관이 신이라는 '도움이 되는 존재'
를 성립시킨다는 것이다. 니시다는 이런 사고방식으로부터 중요
한 시사를 받았다.

이렇게 해서 니시다는 동서 사상을 비판적으로 자기 안에 흡수
하여, 그것을 나름대로의 방식으로 융합함으로써 하나의 결론을
얻었다. 그것이 바로 '순수경험'이라는 개념이다. 여기서 순수경험
이란 한 마디로 '주관과 객관의 구별이 없는 경험'이라 할 수 있다.
니시다에 의하면, 인간은 실로 '선善 체험'을 할 때 주관과 객관의
구별을 하지 않는다. 그러나 이런 추상적 논의만으로는 순수경험
이 무엇인지를 이해하기 어렵다. 여기서 니시다는 구체적 사례를
들고 있다.

가령 아름다운 음악에 심취하여 듣고 있다고 하자. 이 체험에서
사람은 단지 음악에만 마음을 쏟고 있다. 그 때 "여기에 악기가 있
고 거기서 음이 나온다"는 식으로 자기 마음을 의식한 주관적 판
단이 있을 턱이 없다. 말하자면 그는 음악에 빠져들어 음악과 일
체가 되는 상쾌한 감동 안에 있는 것이다. 무언가 아름다운 것에
접하여 넋을 잃고 빠져들어 '자기 마음과 자기 주변의 현실 세계

---

5) 윌리엄 제임스, 『프래그머티즘』.

를 별개의 것으로 구별하는 의식'이 없어진 상태, 이는 주관과 객관을 '초월한' 상태라기보다는 주관과 객관으로 '나뉘어지기 이전'의 상태라고 말할 수 있다. 니시다는 이런 상태야말로 '순수경험'이라고 말한다.

4. 『선의 연구』와 니시다 철학

이와 같은 '순수경험'에 관해 설명한 저서에다 니시다는 『선善의 연구』라는 제목을 붙였다. 왜 그랬을까? 니시다는 인간에게 있어 '순수경험'을 얻는 것이야말로 '최고의 선'이라고 주장하기 때문이다.

> 인간이 자기 마음의 요구에 따라 행하고 거기서 만족을 얻는다는 것은 주변 세계를 자기 혼자 지배한다는 것을 뜻하지 않는다. '나는 주변 세계와 동떨어진 독립적 존재이다'라는 '주관적 공상'이 지워지고 '나의 마음과 주변 세계는 하나가 될 수 있다'는 사실에 눈을 뜨는 것이다. 그럴 때 비로소 '지고의 선행'에 도달하여 참된 만족을 얻게 되는 것이다.6)

이리하여 니시다는 '인간의 궁극적 행복이란 무엇인가'라는 물음에 대해 하나의 대답을 내놓았다. 당시 근대 일본의 많은 지식인과 학생들은 그의 사상에 고무되었다. 왜냐하면 메이지 시대 후기 일본의 젊은 지식인들은 강한 자아의식을 지니면서도 주변과의 일체감을 얻지 못한 채 고독에 시달리는 경우가 많았기 때문이

---

6) 니시다 기타로(西田幾多郎), 『선의 연구』(善の研究).

다. 그들에게 니시다의 사상은 납득할 수 있는 새로운 방법의 제시로 받아들여졌다.

『선의 연구』는 니시다가 41세 때 펴낸 책으로 1911년에 발행되었다. 이 책은 당시 많은 독자들을 획득했고, 학생들의 필독 도서가 되었다. 사상 관련 서적이 이만큼 애독된 사례는 매우 드물 것이다. 니시다는 이후에도 유럽 철학의 여러 사상을 비판적으로 연구하면서 자신의 사상을 세련되게 전개시켜 나갔다. 그는 또한 동양 사상이 '자주적이고 독립적이지 못하다'는 결함을 인식하면서 그것을 극복할 수 있는 사상을 모색했다. 그리하여 다이쇼 시대 후반부에 이르러 '니시다 철학'은 논리적으로 면밀한 완성을 이루게 되었다. 이런 니시다 철학은 오늘날까지도 '인생의 의의를 이해하는 길' 중의 하나로서 탁월한 시사를 던져 준다. 요컨대 니시다 철학은 '근대 일본 사상의 하나의 도달점'이었다고 평가될 만하다.

40

지극히 일본적인 사상가가 설한 윤리학

1. 지극히 일본적인 사상가 와쓰지 데쓰로

정의의 영웅이 세계를 좌지우지하는 악의 정부를 때려부순다는 내용은 할리우드 영화 같은데 보면 단골손님처럼 등장하는 메뉴 중의 하나다. 이런 이야기 패턴에는 하나의 사회관이 근저에 있다. 즉 '악한 사회'와 '선한 인간'이 별개로 존재한다는 인식이다. 유럽의 개인주의적 사고방식에서 개인은 어디까지나 '개인으로서 독립적인 존재'로 이해된다. 사회는 이른바 개인의 자유를 구속하는 큰 힘으로서 개인과 대립된다. 방금 언급한 영웅영화의 장르에서도 그런 인식하에서 개인과 사회가 한쪽은 '선한 존재'이고 다른 쪽은 '악한 존재'라는 식으로 단절된 별개의 것으로 묘사된다.

그러나 '사회는 개인의 집합체'이다. 악한 사회가 존재한다면 사회의 일원인 개인에게도 조금이나마 그 책임이 있을 것이다. 사회와

304 일본사상이야기 40

개인을 별개로 파악해서는 진짜 올바른 인간상을 이해하기 어렵다. 이런 입장에서 유럽적인 개인주의를 비판하고 사회와 개인의 관계를 독자적으로 제시한 사상가가 바로 와쓰지 데쓰로(和辻哲郎, 1889~1960)였다. 와쓰지는 자신의 사상을 '윤리학'이라는 영역에 적용했다. 윤리란 '인륜의 이법'을 줄인 말인데, 여기서 인륜이란 '인간의 공동체'를 가리킴과 동시에 '질서·도의·규칙' 등을 의미하는 말이다.

와쓰지 데쓰로는 효고 현의 의사 집안에 태어났고, 그곳에서 중학교를 나온 후 제일고등학교에 진학했다. 그는 시적 감수성이 뛰어난 인물로서 재학중 교우 회지에 시와 소설 등을 다수 발표했다. 당시 제일고등학교에서는 나쓰메 소세키가 영어 교사로 봉직하고 있었다. 와쓰지는 소세키 수업의 열렬한 팬이었는데, 소세키가 그의 학급 담임이 아니었으므로 일부러 자기 교실을 빠져 나와 교실 창 밖에서 소세키의 수업을 청강했다고 한다. 그 후 와쓰지는 동경제국대학을 졸업하고 다시 소세키의 문하생이 되었다. 이와 아울러 그는 교사의 길에 들어섰고, 몇몇 대학 교수직을 거치면서 많은 학생들에게 윤리학을 가르쳤다. 1955년에는 그의 사상적 업적이 높은 평가를 받아 문화훈장을 받기도 한다. 요컨대 그는 일관되게 체제측에 서서 일본 사회와 직접 연결된 입장에서 사상을 전개한 인물이었다.

와쓰지는 애초에 유럽 철학을 일본에 소개한 학자였다. 이윽고 그의 시적 감성은 일본의 전통 문화를 알고 싶다는 쪽으로 기울어지게 된다. 타국을 알고 그 위에 새롭게 일본이라는 나라를 '상대적인 눈'으로 돌아보자고 생각했던 것이다. 이런 입장에서 그는 『고사순례古寺巡禮』(1919년), 『일본고대문화』(1920년), 『일본정신사연구』(1926년) 등 일본을 고찰하는 연구서를 계속 발표했다.

2. 와쓰지 데쓰로와 하이데거와의 연관성

와쓰지가 독자적 윤리학에 눈뜬 것은 쇼와(昭和)기에 들어서면서부터이다. 그는 독일의 철학자인 하이데거(Hidegger Martin, 1889~1976)의 사상에 많은 공감을 느끼는 한편, 장년에는 일본 문화 연구와 사색을 통해 하이데거 사상에 대해 의문을 품게 된다. 하이데거는 '실존주의'라는 사상의 계보에 속한 철학자이다. 여기서 실존주의란 간단히 말해 인간이 '나는 나로서 존재한다'고 분명하게 자각함으로써 삶의 의의를 발견할 수 있다고 주장하는 사상이다. 때문에 이 사상에서는 하루하루의 나날을 타성에 젖어 무기력하게 보내면서 주변에 매몰되는 삶은 참으로 살아 있는 삶이 아니라고 엄격하게 비난한다.

하이데거는 그렇게 '살아 있음을 자각하는 인간의 마음'을 '현존재'라고 부른다. 그리고 이런 '현존재'의 지속(인간이 언제나 '나는 여기에 존재한다'고 자각하면서 살아가는 것)이 중요하다고 설했다. 그러니까 '삶의 시간 즉 어떤 사람이 살아가는 삶의 흐름'을 중시한 것이다. 이렇게 '시간'에 주목했다는 점에서 하이데거는 실존주의 사상을 보다 깊이 확립시켰다고 평가받는다. 그리하여 그는 실존주의의 대표적 사상가로서 오늘날까지 상찬되고 있다.

와쓰지 또한 하이데거의 진지한 인간 이해에 감동했다. 하지만 그는 하이데거의 사상에서 '무언가 부족함이 있다'고 느끼게 된다. 예컨대 와쓰지는 인간의 의의를 이해할 때 '시간'뿐만 아니라 '공간'의 측면도 중시해야 한다고 생각했다. 여기서 '공간'이란 삶을 살아가는 내 자신의 주변 세계, 나와 연관된 타인들, 내게 영향을 미치는 '풍토' 등을 가리킨다. 하이데거 사상은 '개인적 삶의 시간'에서 인간의 의의를 보았다는 점에서 매우 개인주의적이다. 이는 역시 '개인을 중시하는 유럽 사상'의 틀 안에 있음을 알 수 있다. 와쓰지는 하이데거의 개인주의적 유럽 사상을 넘어서고자 했다. 그리하여 그는 '인간이란 무엇인가'라는 물음에 대해 다음과 같이 대답하고 있다.

> 인간이란 세계를 지탱하는 부품임과 동시에 세계 안에 있는 개인이기도 하다. 때문에 이는 '그저 개인에 불과하다'고 말할 수 없으며, '그저 세계를 지탱하는 일부품에 지나지 않는다'고 말할 수도 없다. 여기에 인간의 이중성이 있다. 인간은 개인으로 존재하는 한 사회로부터 분리된 존재이다. 그러나 인간세계를 지탱하는 일원인 한 그는 사회로부터 고립되어 있지 않다.[1]

와쓰지는 사회를 '개인을 포괄하는 공간'으로 이해함으로써 인간이 '개인'과 '사회의 일원'이라는 양면성을 분명하게 볼 수 있었다. 그리고 그는 '존재'라는 말 자체가 그러한 인간의 이중성을 보여 준다는 점을 독특한 방식으로 설명하고 있다.

> '존存'이란 말은 '알다'라는 뜻으로 쓰이기도 한다. 이런 용법은 '그것이 내 마음 안에 있다'라는 의미를 함축한다. 즉 '존'이란 단순히 '무언가가 있다'는 것만을 나타내지는 않는다. '무언가가 있다는 사실을 사람이 자각한다'는 의미도 들어가 있는 것이다. 게다가 '존명存命'이라든가 '생존'이라는 용법에서도 알 수 있듯이, '존'이란 '계속 존재한다'는 의미이며, 거기에 시간의 의미가 함축되어 있다. 한편, '재在'란 말에는 '재숙在宿'이라든가 '재택在宅'이라는 어법에서 알 수 있듯이, '어딘가의 장소에 있다'는 공간적 의미

---

1) 와쓰지 데쓰로(和辻哲郎), 『윤리학』.

가 들어가 있다. 이 때의 장소란 '사회의 어딘가'를 나타낸다. 즉 이는 '사람이 사회와 관계를 가지고 산다는 것, 같은 사회에 사는 타인들과의 관계를 가지고 산다는 것'을 나타내는 말이다. 그러니까 인간이 '존재한다'는 것은 자각적으로 이 세상 안에 있다는 것, '나는 사회의 일원으로서 살고 있다'는 자각을 계속 견지한다는 것을 의미한다. 인간은 여러 가지 행동을 통해 타인과 서로 관계를 맺으면서 개인의 인생을 영위해 나가는 존재이다.[2]

이처럼 와쓰지는 언어에 주어진 의미를 깊이 있게 분석하여 보여 줌으로써 그 언어가 나타내는 '사물의 본질'을 알기 쉽게 설명하고 있다. 이런 논리 전개는 설득력을 가지고 있다. 이것은 그의 시인적 감수성 때문에 비로소 가능한 것이었다고 보인다.

3. 일본적 자아와 천황의 부정

와쓰지는 인간의 자립이란 주변에 휩쓸리지 않고 '나는 나다'라는 확고한 자각을 가지면서, 한편으로 자기 자신에게만 집착하는 마음을 버리고 사회의 일원으로서의 자신을 만들어 나가는 데에 있다고 생각했다. 이 때 먼저 '나를 삼키려 하는 사회를 부정'하고, 거기서 '그 사회를 부정한 개인을 부정'한다. 이와 같은 '부정의 부정'을 거친 다음에야 비로소 '개인의 자각'과 '사회를 지탱하는 신념'을 동시에 지닐 수 있는 '완성된 인격'이 이루어진다고 보았다. 이러한 일련의 전개야말로 바로 하이데거를 대표로 하는 유럽 철학의 개인주의를 넘어선 와쓰지의 '윤리학'이었다.

이와 같은 와쓰지의 윤리학은 메이지유신 이후 근대 일본인들

---

2) 와쓰지 데쓰로(和辻哲郎), 『인간학으로서의 윤리학』.

이 끊임없이 묻고 또 추구해 마지않았던 '자아의 확립'에 관해 일본인들에게 적절한 답변을 매우 명쾌하게 보여 주었다. 그의 주장이 많은 일본인들에게 받아들여질 수 있었던 것은 그가 체제의 권위에 의지했기 때문만은 결코 아니었다. 이는 아마도 근대 일본인들이 그의 주장에 대해 순수하게 공감했기 때문일 것이다.

그런데 와쓰지의 윤리학과 관련하여 하나의 문제점이 후대에 지적되었다. 즉 와쓰지의 사상은 개인뿐만 아니라 사회를 중시하고 있고, 구체적으로 국가에 대해서도 긍정적으로 파악한다. 그 결과 와쓰지의 사상은 쇼와 전기의 일본 국가 즉 암흑기의 일본을 분명하게 비판하는 에너지와는 거리가 멀었다. 일본의 전통 문화에서 아름다움을 발견한 와쓰지는 사상적으로 '천황을 정점으로 조직된 일본사회'를 하나의 순수한 이상으로 파악한다(이런 경향은 요시다 쇼인과 가깝다). 그 결과 그는 쇼와 전기라는 시대가 천황이 정점에 있는 듯이 보이지만 실제로 군부가 일본을 지배했던 '허구적 천황 숭배 국가'였음을 알아채지는 못했다.

이 점에서 와쓰지를 비판하는 후대인들도 적지 않다. 그러나 이와 같은 와쓰지의 사상적 약점은 단지 와쓰지만의 약점은 아니었다. 천황이라는 '존재'의 본질과 역사적 현상으로 실재했던 '쇼와 전기의 천황제' 사이에 이떤 연관성이 있고 또 어떤 치이가 있는가? 이 문제를 분명히 규명하는 것은 일본사상사에 있어 큰 과제가 아닐 수 없다. 이러한 과제를 남겨 놓았다는 점에서, 그리고 일본 사상가들에게 공통된 '한계'를 보여 주었다는 점에서, '와쓰지 데쓰로'라는 이름은 '대단히 일본적 사상가'이자 근대 일본 사상의 상징으로 기억될 만하다.

◀ 예문서원의 책들 ▶

한국철학총서

한국철학사상사 (韓國哲學思想史) 朱紅星·李洪淳·朱七星 지음, 김문용·이홍용 옮김, 548쪽, 10,000원
기호학파의 철학사상 충남대학교 유학연구소 편저, 665쪽, 18,000원
실학파의 철학사상 朱七星 지음, 288쪽, 8,000원
조선 유학의 학파들 한국사상사연구회 편저, 688쪽, 24,000원
실학의 철학 한국사상사연구회 편저, 576쪽, 17,000원
윤사순 교수의 한국유학사상론 윤사순 지음, 528쪽, 15,000원
실학사상과 근대성 계명대학교 철학연구소 홍원식 외 지음, 216쪽, 7,500원
조선 유학의 자연철학 한국사상사연구회 편저, 420쪽, 15,000원
한국유학사 1 김충열 지음, 372쪽, 15,000원
퇴계의 생애와 학문 이상은 지음, 248쪽, 7,800원
율곡학의 선구와 후예 황의동 지음, 480쪽, 16,000원
한국유학과 리기철학 송영배·금장태 외 지음, 304쪽, 10,000원
圖說로 보는 한국 유학 한국사상사연구회 지음, 400쪽, 14,000원
다카하시 도루의 조선유학사 — 일제 황국사관의 빛과 그림자 다카하시 도루 지음, 이형성 편역, 416쪽, 15,000원
퇴계 이황, 예 잇고 뒤를 열어 고금을 꿰뚫으셨소 — 어느 서양철학자의 퇴계연구 30년 신귀현 지음, 328쪽, 12,000원
조선유학의 개념들 한국사상사연구회 지음, 648쪽, 26,000원
유교개혁사상과 이병헌 금장태 지음, 336쪽, 17,000원
남명학파와 영남우도의 사림 박병련 외 지음, 464쪽, 23,000원

연구총서

논쟁으로 보는 중국철학 중국철학연구회 지음, 352쪽, 8,000원
김충열 교수의 중국철학사 1 — 중국철학의 원류 김충열 지음, 360쪽, 9,000원
논쟁으로 보는 한국철학 한국철학사상연구회 지음, 326쪽, 10,000원
반논어 (論語新探) 趙紀彬 지음, 조남호·신정근 옮김, 768쪽, 25,000원
논쟁으로 보는 불교철학 이효걸·김형준 외 지음, 320쪽, 10,000원
중국철학과 인식의 문제 (中國古代哲學問題發展史) 方立天 지음, 이기훈 옮김, 208쪽, 6,000원
문제로 보는 중국철학 — 우주, 본체의 문제 (中國古代哲學問題發展史) 方立天 지음, 이기훈·황지원 옮김, 232쪽, 6,800원
중국철학과 인성의 문제 (中國古代哲學問題發展史) 方立天 지음, 박경환 옮김, 191쪽, 6,800원
중국철학과 지행의 문제 (中國古代哲學問題發展史) 方立天 지음, 김학재 옮김, 208쪽, 7,200원
중국철학과 이상적 삶의 문제 (中國古代哲學問題發展史) 方立天 지음, 이홍용 옮김, 212쪽, 7,500원
현대의 위기 동양 철학의 모색 중국철학회 지음, 340쪽, 10,000원
역사 속의 중국철학 중국철학회 지음, 448쪽, 15,000원
일곱 주제로 만나는 동서비교철학 (中西哲學比較面面觀) 陳衛平 편저, 고재욱·김철운·유성선 옮김, 320쪽, 11,000원
중국철학의 이해 김득만·장윤수 지음, 318쪽, 10,000원
중국철학의 이단자들 중국철학회 지음, 240쪽, 8,200원
유교의 사상과 의례 금장태 지음, 296쪽, 10,000원
공자의 철학 (孔孟荀哲學) 蔡仁厚 지음, 천병돈 옮김, 240쪽, 8,500원
맹자의 철학 (孔孟荀哲學) 蔡仁厚 지음, 천병돈 옮김, 224쪽, 8,000원
순자의 철학 (孔孟荀哲學) 蔡仁厚 지음, 천병돈 옮김, 272쪽, 10,000원
서양문학에 비친 동양의 사상 한림대학교 인문학연구소 엮음, 360쪽, 12,000원
유학은 어떻게 현실과 만났는가 — 선진 유학과 한대 경학 박원재 지음, 218쪽, 7,500원
유교와 현대의 대화 황의동 지음, 236쪽, 7,500원
동아시아의 사상 오이환 지음, 200쪽, 7,000원
역사 속에 살아있는 중국 사상 (中國歷史に生きる思想) 시게자와 도시로 지음, 이혜경 옮김, 272쪽, 10,000원
덕치, 인치, 법치 — 노자, 공자, 한비자의 정치 사상 신동준 지음, 488쪽, 20,000원
육경과 공자 인학 남상호 지음, 312쪽, 15,000원
리의 철학 (中國哲學範疇精髓叢書一理) 張立文 주편, 안유경 옮김, 524쪽, 25,000원
기의 철학 (中國哲學範疇精髓叢書一氣) 張立文 주편, 김교빈 외 옮김, 572쪽, 27,000원

강좌총서

강좌 중국철학 (中國哲學) 周桂鈿 지음, 문재곤 외 옮김, 420쪽, 7,500원
강좌 한국철학 ― 사상, 역사, 논쟁의 세계로 초대 한국철학사상연구회 지음, 472쪽, 12,000원

일본사상총서

일본 신도사 (神道史) 무라오카 츠네츠구 지음, 박규태 옮김, 312쪽, 10,000원
도쿠가와 시대의 철학사상 (德川思想小史) 미나모토 료엔 지음, 박규태·이용수 옮김, 260쪽, 8,500원
일본인은 왜 종교가 없다고 말하는가 (日本人はなぜ 無宗教のか) 아마 도시마로 지음, 정형 옮김, 208쪽, 6,500원
일본사상이야기 40 (日本がわかる思想入門) 나가오 다케시 지음, 박규태 옮김, 312쪽, 9,500원
사상으로 보는 일본문화사 (日本文化の歷史) 비토 마사히데 지음, 엄석인 옮김, 252쪽, 10,000원

예술철학총서

중국철학과 예술정신 조민환 지음, 464쪽, 17,000원
풍류정신으로 보는 중국문학사 최병규 지음, 400쪽, 15,000원
율려와 동양사상 김병훈 지음, 272쪽, 15,000원

동양문화산책

공자와 노자, 그들은 물에서 무엇을 보았는가 사라 알란 지음, 오만종 옮김, 248쪽, 8,000원
주역산책 (易學漫步) 朱伯崑 외 지음, 김학권 옮김, 260쪽, 7,800원
공자의 이름으로 죽은 여인들 田汝康 지음, 이재정 옮김, 248쪽, 7,500원
동양을 위하여, 동양을 넘어서 홍원식 외 지음, 264쪽, 8,000원
서원, 한국사상의 숨결을 찾아서 안동대학교 안동문화연구소 지음, 344쪽, 10,000원
안동 금계마을 ― 천년불패의 땅 안동대학교 안동문화연구소 지음, 272쪽, 8,500원
녹차문화 홍차문화 츠노야마 사가에 지음, 서은미 옮김, 232쪽, 7,000원
안동 풍수 기행, 와혈의 땅과 인물 이완규 지음, 256쪽, 7,500원
안동 풍수 기행, 돌혈의 땅과 인물 이완규 지음, 328쪽, 9,500원
영양 주실마을 안동대학교 안동문화연구소 지음, 332쪽, 9,800원
거북의 비밀, 중국인의 우주와 신화 사라 알란 지음, 오만종 옮김, 296쪽, 9,000원
문학과 철학으로 떠나는 중국 문화 기행 양회석 지음, 256쪽, 8,000원
류짜이푸의 얼굴 찌푸리게 하는 25가지 인간유형 류짜이푸(劉再復) 지음, 이기면·문성자 옮김, 320쪽, 10,000원
예천 금당실·맛질 마을 ― 정감록이 꼽은 길지 안동대학교 안동문화연구소 지음, 284쪽, 10,000원

동양사회사상총서

주역사회학 김재범 지음, 296쪽, 10,000원
유교사회학 이영찬 지음, 488쪽, 17,000원
깨달음의 사회학 홍승표 지음, 240쪽, 8,500원

예문동양사상연구원총서

한국의 사상가 10人 ― 원효 예문동양사상연구원/고영섭 편저, 572쪽, 23,000원
한국의 사상가 10人 ― 의천 예문동양사상연구원/이병욱 편저, 464쪽, 20,000원
한국의 사상가 10人 ― 지눌 예문동양사상연구원/이덕진 편저, 644쪽, 26,000원
한국의 사상가 10人 ― 퇴계 이황 예문동양사상연구원/윤사순 편저, 464쪽, 20,000원
한국의 사상가 10人 ― 남명 조식 예문동양사상연구원/오이환 편저, 576쪽, 23,000원
한국의 사상가 10人 ― 율곡 이이 예문동양사상연구원/황의동 편저, 600쪽, 25,000원

민연총서 ― 한국사상

자료와 해설, 한국의 철학사상 고려대 민족문화연구원 한국사상연구소 편, 880쪽, 34,000원
여헌 장현광의 학문 세계, 우주와 인간 고려대 민족문화연구원 한국사상연구소 편, 424쪽, 20,000원